EIN LEITFADEN FÜR DIE ANWALTSKANZLEI

Das Gebührenrecht

von
Dr. jur. Herwig Kageler
Assessor und Studienrat
Otmar Kury
Rechtsanwalt
Eckart Schoenemann
Assessor und Studiendirektor

1998
Verlag Dr. Max Gehlen · Bad Homburg vor der Höhe
Gehlenbuch 04304

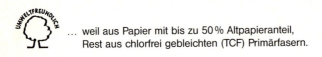 ... weil aus Papier mit bis zu 50% Altpapieranteil, Rest aus chlorfrei gebleichten (TCF) Primärfasern.

Dieses Werk folgt der reformierten Rechtschreibung und Zeichensetzung. Ausnahmen bilden Texte, bei denen künstlerische, philologische und lizenzrechtliche Gründe einer Änderung entgegenstehen.

Verlag Dr. Max Gehlen GmbH & Co. KG
Daimlerstraße 12 · 61352 Bad Homburg vor der Höhe
Internet: http://www.gehlen.de
E-Mail: info@gehlen.de

Umschlaggestaltung: Ulrich Dietzel, Frankfurt am Main

ISBN 3-441-**04304**-9

© 1998 Verlag Dr. Max Gehlen · Bad Homburg vor der Höhe
Herstellung: Druckerei Taunusbote · Bad Homburg vor der Höhe

Vorwort

Gebührenrecht muss man kennen. Das gilt für die Rechtsanwaltsfachangestellten, die Auszubildenden und die Bürovorsteher genauso wie für die Rechtsanwälte und Rechtsreferendare.

Dieses Buch will allen, die in einer Anwaltskanzlei tätig sind, einen schnellen und übersichtlichen Einstieg in das anwaltliche Gebührenrecht vermitteln und einen sicheren Erwerb gebührenrechtlicher Kenntnisse gewährleisten. Es eignet sich dadurch auch als Nachschlagewerk für diejenigen, die ihre Kenntnisse im Gebührenrecht auffrischen und vertiefen wollen.

Die Gebührenabrechnung des Rechtsanwalts in bürgerlichen Rechtsstreitigkeiten und ähnlichen Verfahren sowie in Straf- und Bussgeldsachen sind die Schwerpunkte dieses Lehrbuchs. Praxisrelevante Abrechnungsprobleme werden anschaulich dargestellt; zahlreiche Abrechnungsbeispiele und Übersichten erleichtern die Aufnahme des Stoffes.

Die Gebühren in bürgerlichrechtlichen Streitigkeiten und in Straf- und Bussgeldsachen finden eine differenzierte Darstellung. Den Gebühren in Strafsachen widmet das Gesetz nur wenige Vorschriften; effiziente Abrechnungen setzen die Darstellung des strafprozessualen Hintergrunds voraus.

Zitate aus der Rechtsprechung sind auf das Notwendigste beschränkt worden, um die hinter dem Werk stehende Idee der pädagogisch und didaktisch sinnvollen Vermittlung nicht zu gefährden.

Für die freundliche Unterstützung bei der der Arbeit an diesem Buch danken wir Frau Mechthild Kehrl, Sigrun Knoop, Monika Reber und Monika Schlechte.

Die Verfasser

Inhaltsverzeichnis

I. Teil: Allgemeine Vorschriften

1	**Vergütungsanspruch des Rechtsanwalts**	10
1.1	Grundlagen des Vergütungsanspruchs	10
1.2	Durchsetzung des Vergütungsanspruchs	10
1.2.1	Vorschuss, § 17	10
1.2.2	Fälligkeit, § 16	11
1.2.3	Berechnung, § 18	12
1.2.4	Festsetzung, § 19	14
1.2.5	Verjährung	15
2	**Gebühr – Arten, Grundsätze, Abgeltungsbereich**	16
2.1	Gebührenarten	16
2.1.1	Wertgebühr	17
2.1.2	Rahmengebühr	17
2.1.3	Sonstige Gebühren	19
2.2	Grundsätze für Wertgebühren, § 11	20
2.3	Abgeltungsbereich der Gebühr, § 13	21
2.3.1	Pauschgebühr, § 13 Abs. 1	21
2.3.2	Dieselbe Angelegenheit/derselbe Rechtszug, § 13 Abs. 2	21
2.3.3	Verschiedene Gebührensätze für Teile des Gegenstandes, § 13 Abs. 3	22
2.3.4	Vorzeitige Erledigung/Beendigung, § 13 Abs. 4	25
2.3.5	Weiteres Tätigwerden, § 13 Abs. 5	26
2.3.6	Beauftragung mit Einzelhandlungen, § 13 Abs. 6	26
2.4	Verweisung, Zurückverweisung, §§ 14, 15	27
3	**Berechnung des Gegenstandswertes**	31
3.1	Grundlagen	31
3.2	Wertvorschriften	33
3.2.1	Gerichtliche und gerichtsverfahrensmögliche Angelegenheiten, § 8 Abs. 1	33
3.2.2	Andere Angelegenheiten, § 8 Abs. 2	34
3.3	Einzelne Bestimmungen zur Wertermittlung	35
4	**Gemeinsame Vorschriften über Gebühren und Auslagen in sämtlichen Verfahrensarten**	42
4.1	Gebühr für Rat, Auskunft, Erstberatung, § 20	42
4.2	Gebühr für Gutachten, §§ 21, 21 a	44
4.3	Hebegebühr, § 22	44
4.4	Vergleichsgebühr, § 23	46
4.4.1	Begriff und Voraussetzungen	46
4.4.2	Höhe der Gebühr	47
4.4.3	Ergänzende Vorschriften	48
4.5	Mehrere Auftraggeber, § 6	49
4.5.1	Mehrheit von Auftraggebern	50

© Verlag Gehlen

4.5.2	Erhöhung der Betriebsgebühr	52
4.5.3	Berechnung und Umfang der Erhöhung	53
4.5.4	Derselbe Gegenstand/verschiedene Gegenstände	56
4.5.5	Haftung mehrerer Auftraggeber	57
4.5.6	Schreibauslagen	58
4.6	Gemeinsame Vorschriften über Auslagen	59
4.6.1	Geschäftsunkosten, § 25 Abs. 1	59
4.6.2	Umsatzsteuer/Mehrwertsteuer, § 25 Abs. 2	59
4.6.3	Kostenerstattung der Mehrwertsteuer	60
4.6.4	Post- und Telekommunikationsentgelte, § 26	61
4.6.5	Schreibauslagen, § 27	62
4.6.6	Geschäftsreisen, §§ 28, 29	64

II. Teil: Bürgerliche Rechtstreitigkeiten und ähnliche Verfahren

1	**Regelgebühren des Prozeßbevollmächtigten**	**67**
1.1	Prozessgebühr, § 31 Abs. 1 Nr. 1	68
1.1.1	Entstehung und Abgeltungsbereich	68
1.1.2	Volle Gebühr	69
1.1.3	Halbe Gebühr, § 32	69
1.1.4	Gegenstandswert	71
1.2	Verhandlungsgebühr, § 31 Abs. 1 Nr. 2	72
1.2.1	Entstehung und Abgeltungsbereich	72
1.2.2	Volle Gebühr	73
1.2.3	Halbe Gebühr, § 33	74
1.2.4	Gegenstandswert	77
1.3	Beweisgebühr, § 31 Abs. 1 Nr. 3	77
1.3.1	Entstehung und Abgeltungsbereich	77
1.3.2	Gebührenhöhe und Gegenstandswert	78
1.3.3	Beweis durch Akten und andere Urkunden, § 34	78
1.4	Erörterungsgebühr, § 31 Abs. 1 Nr. 4	79
1.4.1	Entstehung und Abgeltungsbereich	80
1.4.2	Gebührenhöhe und Gegenstandswert	80
1.4.3	Anrechnung, § 31 Abs. 2	80
1.5	Wechselnde Gegenstandswerte	82
2	**Besondere Verfahren**	**84**
2.1	Einspruch gegen Versäumnisurteil, § 38	84
2.1.1	Einspruchsverfahren, § 38 Abs. 1	84
2.1.2	Sondergebühr, § 38 Abs. 2	86
2.2	Urkundenprozess und Nachverfahren, § 39	88
2.3	Arrest- und einstweiliges Verfügungsverfahren, § 40	89
2.4	Mahnverfahren, § 43	93
2.4.1	Gebühren für den RA des Antragstellers	93
2.4.2	Gebühren für den RA des Antragsgegners	95
2.4.3	Anrechnung, § 43 Abs. 2	95
2.4.4	Urkunden-Mahnverfahren	98

© Verlag Gehlen

2.5	Selbständiges Beweisverfahren, § 48	99
2.5.1	Nichtanhängiges Hauptsacheverfahren	99
2.5.2	Anhängiges Hauptsacheverfahren	100
2.5.3	Kostenerstattung	102
2.6	Prozesskostenhilfeverfahren und Beratungshilfe, §§ 51, 121 ff.	102
2.6.1	Bewilligungsverfahren, § 51	102
2.6.2	Vergütung des beigeordneten RA, §§ 121 ff.	105
2.6.3	Anrechnung von Vorschüssen und Zahlungen, § 129	109
2.6.4	Beratungshilfe, §§ 131 ff.	110
2.7	Beschwerde- und Erinnerungsverfahren, § 61	112
2.7.1	Beschwerdeverfahren	112
2.7.2	Erinnerungsverfahren	114
3	**Nichtprozessbevollmächtigte Anwälte, §§ 52 ff.**	**114**
3.1	Verkehrsanwalt, § 52	114
3.2	Verhandlungsvertreter/Unterbevollmächtigter, § 53	119
3.3	Beweisanwalt, § 54	122
3.4	Sonstige Einzeltätigkeiten, § 56	124
4	**Vollstreckungsverfahren**	**124**
4.1	Zwangsvollstreckung, §§ 57, 58	124
4.1.1	Gebühren	125
4.1.2	Gegenstandswert	126
4.1.3	Umfang und Begriff der Angelegenheiten	128
4.1.4	Ausgewählte Angelegenheiten	132
4.1.5	Erstattungsfähigkeit	135
4.2	Immobiliarvollstreckung	136
4.2.1	Zwangshypothek	136
4.2.2	Zwangsversteigerung	136
4.2.3	Zwangsverwaltung	137
4.3	Vorläufige Einstellung, Beschränkung oder Aufhebung der Zwangsvollstreckung, § 49	137
4.4	Vollstreckbarerklärung von Schiedssprüchen und Anwaltsvergleichen, § 46	138
4.5	Insolvenzverfahren, §§ 72 ff.	138
5	**Ehe- und andere Familiensachen**	**139**
5.1	Gegenstandswerte	139
5.1.1	Scheidung	140
5.1.2	Sorgerecht, Umgangsrecht, Kindesherausgabe	142
5.1.3	Ehegattenunterhalt	142
5.1.4	Kindesunterhalt	143
5.1.5	Versorgungsausgleich	144
5.1.6	Ehewohnung	144
5.1.7	Hausrat	145
5.1.8	Güterrecht/Zugewinnausgleich	145
5.1.9	Zugewinnstundung	146
5.1.10	Sonstige einstweilige Anordnungen	146
5.2	Gebühren	148

© Verlag Gehlen

5.2.1	Verbundverfahren	148
5.2.2	Isolierte Verfahren	151
5.2.3	Einstweiliges Anordnungsverfahren	153
5.3	Rechtsmittelverfahren	154
5.4	Außergerichtliche Scheidungsvereinbarung	155
5.5	Abrechnungsbeispiel: Mehrere Verfahren	157
6	**Sonstige Angelegenheiten, §§ 118 ff.**	**159**
6.1	Anwendungsbereich	159
6.2	Gebühren des § 118	160
6.2.1	Geschäftsgebühr, § 118 Abs. 1 Nr. 1	160
6.2.2	Besprechungsgebühr, § 118 Abs. 1 Nr. 2	161
6.2.3	Beweisaufnahmegebühr, § 118 Abs. 1 Nr. 3	162
6.2.4	Anrechnung, § 118 Abs. 2	162
6.2.5	Gebühren bei der Unfallschadenregulierung (DAV-Abkommen)	164
6.2.6	Kostenerstattung	166
6.3	Einfaches Schreiben, § 120	166
7	**Vertiefung: Anrechnungsprobleme bei §§ 39, 43, 118**	**166**
7.1	Gleich bleibende Gebührensätze	168
7.2	Unterschiedliche Gebührensätze	171

III. Teil: Verfahren der besonderen Gerichtsbarkeit

1	**Arbeitsgerichtsverfahren**	**174**
1.1	Urteilsverfahren	174
1.1.1	Gebührenrechtliche Besonderheiten	174
1.1.2	Gegenstandswert	174
1.1.3	Kostenerstattung	176
1.2	Beschlussverfahren	178
1.3	Außergerichtliche Verfahren	179
1.3.1	Verfahren vor der Einigungsstelle	179
1.3.2	Schlichtungsausschüsse (Auszubildende)	180
1.3.3	Schiedsgerichtliches Verfahren	181
2	**Sozialgerichtsverfahren**	**181**
2.1	Verwaltungsverfahren/Vorverfahren	181
2.2	Gerichtliches Verfahren	183
2.3	Weitere Verfahren	184
3	**Verwaltungsgerichtsverfahren**	**185**
3.1	Verwaltungsverfahren/Vorverfahren	185
3.2	Gerichtliches Verfahren	185
3.3	Gegenstandswert	186
3.4	Weitere Verfahren	187
4	**Finanzgerichtsverfahren**	**188**
5	**Verfassungsgerichtsverfahren**	**189**

© Verlag Gehlen

IV. Teil: Strafsachen und Bußgeldverfahren

1	**Gebühren des Wahlverteidigers in Strafsachen**	190
1.1	Hauptverhandlung: Erster Hauptverhandlungstag	190
1.2	Hauptverhandlung: Fortsetzungstermin	193
1.3	Vorverfahren	194
1.4	Gerichtlich anhängiges Verfahren außerhalb einer Hauptverhandlung	196
1.5	Trennung, Verbindung, Zurückverweisung und Verweisung	198
1.6	Rechtsmittelverfahren	200
1.7	Einlegen von Rechtsmitteln zwischen den Instanzen	201
1.8	Bestimmung der Höhe der Gebühren, § 12	204
1.8.1	Kriterien des § 12	204
1.8.2	Beispiele für Kriterien	205
2	**Besondere Gebühren des Rechtsanwalts in Strafsachen**	206
2.1	Einziehung und verwandte Maßnahmen, § 88	206
2.2	Vermögensrechtliche Ansprüche, § 89	207
2.3	Wiederaufnahme, § 90	208
2.4	Einzelne Tätigkeiten, § 91	209
2.5	Gnadengesuche, § 93	209
2.6	Privatklage, § 94	209
2.7	Nebenklage, § 95	210
3	**Gebühren des Verteidigers in Bußgeldverfahren, § 105**	211
3.1	Vorverfahren	211
3.2	Hauptverhandlung	211
3.3	Rücknahme des Einspruchs	212
3.4	„Doppeltes Vorverfahren"	212
4	**Gebühren des Pflichtverteidigers**	213
4.1	Übersicht über die Gebühren, § 97	213
4.2	Besonderheiten bei der Rücknahme des Rechtsmittels	215
4.3	Zeitpunkt der Bestellung	215
4.4	Auslagen	216
4.5	Pauschgebühr, § 99	216
4.6	Anrechnung von Vorschüssen und Zahlungen, § 101	216
5	**Kostenfestsetzung**	218
5.1	Allgemeines	218
5.2	Aufrechnung durch die Staatskasse bei Wahlverteidigung	219
5.3	Kostenfestsetzungsantrag und Teilfreispruch bei Wahlverteidigung	220
5.4	Pflichtverteidigung und Freispruch	221
6	**Honorarvereinbarung und Honorarsicherung**	222
	Abkürzungsverzeichnis	225
	Sachwortverzeichnis	227

© Verlag Gehlen

I. Teil Allgemeine Vorschriften

Der Anspruch des Rechtsanwalts (RA) auf Vergütung für seine Berufstätigkeit ist in der Bundesgebührenordnung für Rechtsanwälte vom 26. Juli 1957, zuletzt geändert durch Gesetze vom 5. Oktober 1994 (BGBl. I S. 2911), 25. Oktober 1994 (BGBl. I S. 3082) und 26. Oktober 1994 (BGBl. I S. 3210), geregelt. Die Bundesgebührenordnung wird seit der Novelle 1975 amtlich als BRAGO (= Bundesrechtsanwaltsgebührenordnung) abgekürzt.

Da die Berufstätigkeit des RA sehr vielfältig sein kann, hat der Gesetzgeber die BRAGO in **fünfzehn** Abschnitte untergliedert. Vorangestellt wurden zunächst zwei Abschnitte mit Vorschriften, die für **jede** Tätigkeit des RA gelten, gleichgültig, ob er in einem Zivil-, Strafprozess oder anderen Verfahren beauftragt wurde.

In den weiteren Abschnitten folgen die Vorschriften, welche die Gebühren des RA in **bestimmten Verfahren bzw. Tätigkeitsbereichen** regeln.

Die BRAGO – vereinfachte Übersicht nach Abschnitten		
1. Abschnitt	Allgemeine Vorschriften	(§§ 1–19)
2. Abschnitt	Gemeinsame Vorschriften über Gebühren und Auslagen	(§§ 20–30)
3. Abschnitt	Gebühren in bürgerlichen Rechtsstreitigkeiten und ähnlichen Verfahren *(insbesondere: ZPO-Sachen)*	(§§ 31–67)
4., 5. Abschnitt	Gebühren in der Zwangsversteigerung, -verwaltung; Konkurs- und Vergleichsverfahren	(§§ 68–82)
6.–10. Abschnitt	Gebühren in Strafsachen und ähnliche Verfahren	(§§ 83–112)
11. Abschnitt	Gebühren in der Verfassungs-, Verwaltungs-, Sozial- und Finanzgerichtsbarkeit	(§§ 113–117)
12. Abschnitt	Gebühren in sonstigen Angelegenheiten *(insbesondere: außergerichtliche Tätigkeiten; Tätigkeiten in behördlichen Verfahren und in FGG-Sachen)*	(§§ 118–120)
13.+14. Abschnitt	Vergütung bei PKH und Beratungshilfe	(§§ 121–133)
15. Abschnitt	Übergangs- und Schlussvorschriften	(§§ 134–135)

© Verlag Gehlen

1 Vergütungsanpruch des Rechtsanwalts

1.1 Grundlagen des Vergütungsanspruchs

Die Bestimmung des § 1 Abs. 1[1] regelt ausdrücklich, dass sich die Vergütung des RA nach den Vorschriften der BRAGO bemisst. Unter den Oberbegriff „Vergütung" sind namentlich sowohl die Gebühren als auch die Auslagen zu verstehen.

Rechtsgrundlage für den Vergütungsanspruch ist regelmäßig ein nach bürgerlichem Recht zustande gekommener Vertrag zwischen dem RA (= Auftragnehmer) und dem Mandanten (= Auftraggeber). Ausnahmsweise regelt auch die BRAGO den Rechtsgrund für die Vergütung, nämlich für den im Wege der Prozesskostenhilfe beigeordneten RA und für den Pflichtverteidiger.

Der Vertrag zwischen RA und Auftraggeber ist meist ein Dienstvertrag, der eine Geschäftsbesorgung zum Gegenstand hat (§§ 611 ff., 675 BGB).

1.2 Durchsetzung des Vergütungsanspruchs

Für die Realisierung des Vergütungsanspruchs des RA sind neben den allgemeinen Vorschriften des BGB auch besondere Vorschriften der BRAGO sowie der BRAO bzw. BO zu beachten.

1.2.1 Vorschuss, § 17

Dem RA steht bereits nach §§ 675, 669 BGB ein Vorschussrecht für die zur Ausführung des Auftrages erforderlichen Aufwendungen zu. Die Vorschrift des § 17 erweitert dieses Recht dahingehend, dass er von seinem Auftraggeber nicht nur für die schon entstandenen, sondern auch für die voraussichtlich noch entstehenden Gebühren und Auslagen einen angemessenen Vorschuss verlangen kann.

Das Vorschussrecht gegenüber dem Auftraggeber haben:
- Der Wahlanwalt (in außergerichtlichen Angelegenheiten und als Prozessbevollmächtigter),
- der Wahlverteidiger,
- der gem. §§ 78 b und 78 c ZPO beigeordnete RA (§ 78 c Abs. 2 ZPO).

[1] Für folgende Paragraphen ohne weitere Angabe gilt die BRAGO.

Das Vorschussrecht gegenüber der Staatskasse hat:
- der PKH-Anwalt gem. § 127.

Kein Vorschussrecht haben:
- der gem. § 625 ZPO beigeordnete RA (§ 36a Abs. 1, 2. Halbsatz),
- der in Strafsachen gerichtlich bestellte RA (§ 100 Abs. 1, 2. Halbsatz),
- der gemäß § 67 Abs. 1, S. 2 VwGO gerichtlich bestellte RA (§ 115).

Die Vorschussanforderung unterliegt zwar nicht den Formerfordernissen des § 18; es empfiehlt sich jedoch eine erläuternde Berechnung, damit gegebenenfalls deren Angemessenheit überprüft werden kann.

Stellt der RA im Laufe seiner Tätigkeit fest, dass der angeforderte Vorschuss zu gering bemessen war, kann er einen weiteren Vorschuss vom Auftraggeber verlangen.

Hat er die Aufnahme seiner Tätigkeit von der Leistung eines Vorschusses abhängig gemacht, kann er für den Fall der **Nichtzahlung** die Durchführung seines Auftrages ablehnen. Gem. § 44 BRAO muss die Ablehnung unverzüglich erklärt werden, da bei einer schuldhaften Verzögerung etwaige Schadenersatzansprüche des Auftraggebers drohen.

1.2.2 Fälligkeit, § 16

Unter Fälligkeit eines Anspruchs versteht man grundsätzlich den Zeitpunkt, von dem ab ein Gläubiger seine Vergütung vom Schuldner verlangen kann. Für die Fälligkeit des Vergütungsanspruchs des RA bestimmt § 16 verschiedene Zeitpunkte, von denen zumindest einer erfüllt sein muss:

▶ *Erledigung des Auftrages*

Beispiele:
a) Niederlegung des Mandats durch den RA,
b) Kündigung des Mandats durch den Auftraggeber.

▶ *oder Beendigung der Angelegenheit*

Beispiele:
a) auftragsgemäß durchgeführte Erteilung eines Rates oder einer Auskunft,
b) Abschluss eines Verfahrens vor einer Behörde oder Schiedsstelle.

© Verlag Gehlen

Für **gerichtliche** Verfahren wird in § 16 S. 2 **zusätzlich** bestimmt:

▶ **Ergehen einer Kostenentscheidung**

Beispiele:
a) durch Endurteil werden die Kosten des Rechtsstreits dem Kläger **auferlegt,**
b) durch Beschluss nach Erledigung der Hauptsache gem. § 91 a ZPO werden die Kosten des Rechtsstreits **verquotet.**

▶ **Beendigung des Rechtszugs**

Beispiele:
a) durch Klagerücknahme gem. § 269 ZPO,
c) durch Rechtsmittelrücknahme,
c) durch gerichtlich protokollierten Vergleich.

▶ **Ruhen des Verfahrens länger als drei Monate**

Das Ruhen des Verfahrens im Sinne des § 16 umfasst nicht nur das prozessuale Ruhen gem. § 251 ZPO, sondern auch jede tatsächliche Untätigkeit des Gerichts.

Beispiele:
a) das Gericht trifft wegen Arbeitsüberlastung länger als drei Monate keine Veranlassung zur Weiterführung des Prozesses,
b) auf Anordnung des Gerichts ruht das Verfahren gem. § 251 ZPO länger als drei Monate, weil das Ergebnis einer Beweisaufnahme in einer anderen Sache abgewartet werden soll.

1.2.3 Berechnung, § 18

Die Berechnung der Vergütung muss gem. § 18 Abs. 1 S. 1 zum einen **schriftlich** erfolgen und zum anderen vom RA **eigenhändig unterschrieben** werden.

Mit seiner eigenhändigen Unterschrift übernimmt der RA die standes-, zivil- und strafrechtliche Verantwortung für die Richtigkeit der Berechnung. Die Unterschrift seines allgemeinen Vertreters oder seines Sozius genügt, während eine Unterschrift der Bürovorsteherin oder der Rechtsanwaltsfachangestellten nicht ausreicht.

Gem. § 18 Abs. 2 ist eine **detaillierte Berechnung** der Vergütung vorzunehmen, damit der Rechnungsempfänger die Möglichkeit hat, die ihm in Rechnung gestellten Beträge nachzuvollziehen und zu überprüfen.

© Verlag Gehlen

Die Vergütungsberechnung muss im Einzelnen folgende Angaben enthalten:

▶ Angaben zu den Gebühren

- Bezeichnung des jeweiligen **Gebührentatbestandes**, z. B. *„Geschäftsgebühr"* oder *„Prozessgebühr"*,
- angewandte **Kostenvorschriften** mit Angabe der Paragraphen, ggf. nach Absatz, Satz und Nummer,
  Hinweis: Wenn in der Vergütungsberechnung eingangs vermerkt wird **„Berechnet nach den Vorschriften der Bundesrechtsanwaltsgebührenordnung (BRAGO)"**, ist es nicht erforderlich, jedem Paragraphen die Abkürzung BRAGO hinzuzufügen.
- Höhe des **Gebührensatzes** bei Wertgebühren, z. B. *5/10, 10/10* oder *13/10*,
- Angabe des **Gegenstandswertes**, soweit eine Gebühr nach dem Gegenstandswert berechnet wird. Wenn für einzelne Gebühren unterschiedliche Gegenstandswerte vorliegen, ist für die betreffende Gebühr der jeweilige Gegenstandswert gesondert aufzuführen.
  Die Nennung der Wertbestimmungsvorschriften z. B. nach dem GKG ist in der Regel nicht erforderlich; sie sollte jedoch dann erfolgen, wenn der Auftraggeber die Wertermittlung anders nur schwer nachvollziehen kann,
- bezifferter **Betrag** der jeweiligen Gebühr in DM.

▶ Angaben zu den Auslagen mit Einzelbeträgen

- **Post- und Telekommunikationsentgelte** als *Pauschale* oder *Einzelberechnung*, wobei die Angabe des Gesamtbetrages gem. § 18 Abs. 2 S. 2 ausreichend ist,
- **Schreibauslagen** mit Ausweisung der Seitenzahl und Betrag je Seite,
- **Reisekosten** mit Aufschlüsselung von Fahrtkosten, Tage- und Abwesenheitsgeld und Übernachtungskosten unter Angabe des Datums,
- **Mehrwertsteuer** unter Angabe des angesetzten Prozentsatzes.

▶ Weitere Angaben

- erhaltene **Vorschüsse** unter jeweiliger Angabe des Betrages und Datums,
- verauslagte **Gerichtskosten** unter jeweiliger Angabe des Betrages und Datums,
- eigenhändige **Unterschrift des RA**.

Beispiel:

RAin Albrecht hat für ihren Auftraggeber einen Prozess wegen einer Kaufpreisforderung von 10 000,00 DM geführt. Im frühen ersten Termin wurde streitig verhandelt. Aufgrund eines Beweisbeschlusses wurde im Haupttermin ein Zeuge zur strittigen Kaufpreisforderung vernommen. Sodann schließen die Parteien nach Erörterung der Sach- und Rechtslage zu Protokoll einen Vergleich, durch welchen sich der Beklagte verpflichtet, zur Abgeltung der Klageforderung an den Kläger 7 200,00 DM zu zahlen. Der Kläger hatte Gerichtskosten direkt entrichtet und der RAin den angeforderten Kostenvorschuss am 2. Mai .. überwiesen.

Die Kostenberechnung kann unter Beachtung des § 18 wie folgt vorgenommen werden:
Kostenberechnung berechnet nach den Vorschriften der Bundesrechtsanwaltsgebührenordnung (BRAGO)
Gegenstandswert: 10 000,00 DM

10/10 Prozessgebühr	§§ 11, 31 Abs. 1 Nr. 1	595,00 DM
10/10 Verhandlungsgebühr	§§ 11, 31 Abs. 1 Nr. 2	595,00 DM
10/10 Beweisgebühr	§§ 11, 31 Abs. 1 Nr. 3	595,00 DM
10/10 Vergleichsgebühr	§§ 11, 23 Abs. 1 S. 3	595,00 DM
Schreibauslagen (77 Seiten) § 27		
50 Seiten à 1,00 DM = 50,00 DM		
22 Seiten à 0,30 DM = 6,60 DM		56,60 DM
Post- und Telekommunikationsentgelte, § 26 S. 2		40,00 DM
Zwischensumme		2 476,60 DM
16 % Mehrwertsteuer, § 25 Abs. 2		396,26 DM
Gesamtbetrag		2 872,86 DM
abzüglich Vorschusszahlung vom 2. Mai ..		1 426,80 DM
		1 446,06 DM

Eine **mangelhafte Vergütungsberechnung** des RA führt regelmäßig dazu, dass
- der Auftraggeber nicht in den Schuldnerverzug gerät,
- ein Kostenfestsetzungsantrag zurückzuweisen ist
- und – soweit § 19 nicht anwendbar ist – eine Gebührenklage abzuweisen ist.

Soweit der RA im Klageverfahren die ordnungsgemäße Berechnung nachholt, hat er die Kosten des Verfahrens gem. § 93 ZPO zu tragen, wenn der Auftraggeber den Anspruch dann sofort anerkennt.

1.2.4 Festsetzung, § 19

Mit der Vorschrift des § 19 hat der Gesetzgeber ein vereinfachtes und gebührenfreies Vergütungsfestsetzungsverfahren geschaffen. Der RA erhält somit auf schnelle Art und Weise einen Titel für seinen Vergütungsanspruch.

Der RA hat den **Antrag** auf Festsetzung beim Gericht des ersten Rechtszuges zu stellen, sofern die Vergütung fällig ist (§ 19 Abs. 1 S. 1 und § 19 Abs. 2 S. 1).

Vor der Festsetzung sind die Beteiligten zu hören (§ 19 Abs. 2 S. 2). Erhebt nun der Antragsgegner Einwände **nichtgebührenrechtlicher Art,** wie z. B.
- Vorliegen einer Honorarvereinbarung,
- Stundungsvereinbarung,
- Schlechterfüllung,
- Verjährung,

so erfolgt keine Festsetzung der Vergütung durch das Gericht (§ 19 Abs. 5).

Vergütungsanspruch des Rechtsanwalts 15

Der RA hat dann einen Gebührenprozess zu führen.

> **Merke:**
> Wegen des Rechtsschutzbedürfnisses für die Gebührenklage ist darauf hinzuweisen, dass eine Festsetzung gem. § 19 nicht möglich ist.

Von der Rechtsprechung sind als **nichtgebührenrechtliche Einwände** u. a. anerkannt:
- unterlassener Hinweis, Prozesskostenhilfe zu beantragen,
- Einreichung einer unzulässigen Klage,
- Verursachung vermeidbarer Kosten,
- Verjährung der Honorarforderung des RA,
- mangelhafte Prozessführung,
- nicht nachdrückliche Beitreibung zu erstattender Prozesskosten beim Gegner.

Nicht anerkannt werden z. B.:
- völlig unsubstanziierter, nicht fallbezogener Einwand, wie „... *fühle mich schlecht beraten*",
- der Einwand, der RA habe ohne Prozessauftrag gehandelt.

1.2.5 Verjährung

Für die Verjährung des Vergütungsanspruchs gilt die so genannte „kurze Verjährungsfrist" von **zwei Jahren** (§ 196 Abs. 1 Nr. 15 BGB). Die Verjährungsfrist beginnt mit dem Ende des Jahres, in welchem der Vergütungsanspruch fällig geworden ist (§ 201 BGB). Ausdrücklich wird in § 18 Abs. 1 S. 2 bestimmt, dass der Lauf der Verjährungsfrist von der Mitteilung der Berechnung nicht abhängig ist. Damit wird verhindert, dass der RA die Verjährung nicht verzögern kann, wenn er die Berechnung unterlässt.

> **Merke:**
> Die Verjährungsfrist kann auch schon vor der Mitteilung der Vergütungsberechnung beginnen.

> **Beispiel:**
> RA Bloch wird am 25. Juli 1997 beauftragt, für seinen Auftraggeber eine Kaufpreisforderung über 9 000,00 DM einzuklagen. Am 5. Dezember 1997 wird in dieser Sache ein Endurteil verkündet, wonach die Klage abgewiesen wird und die Kosten des Rechtsstreits dem Kläger auferlegt werden. Das Urteil wird dem RA Bloch von Amts wegen am 22. Dezember 1997 zugestellt. Die von RA Bloch am 4. Januar 1998 erstellte Vergütungsberechnung wird dem Auftraggeber am 7. Januar 1998 übermittelt.
> Der Vergütungsanspruch ist hier mit Zustellung des Urteils am 21. Dezember 1997 fällig geworden. Der Zeitpunkt der Übermittlung der Vergütungsberechnung spielt keine Rolle. Demnach beginnt die Verjährung am 31. Dezember 1997 (24:00 Uhr).
> Die Verjährung endet nach zwei Jahren hier am 31. Dezember 1999 (24:00 Uhr).
> Der Vergütungsanspruch ist somit am 1. Januar 2000 (0:00 Uhr) verjährt.

© Verlag Gehlen

Eine **Unterbrechung der Verjährung** des Vergütungsanspruches ist jedoch möglich. Sie bewirkt, dass die volle Verjährungsfrist **neu** zu laufen beginnt (§ 217 BGB).

Die Verjährung kann unterbrochen werden, insbesondere durch

- **Anerkenntnis,** wenn der Vergütungsschuldner dem RA gegenüber den Anspruch z. B. durch Abschlagszahlung oder Stundungsgesuch anerkennt (§ 208 BGB),
- **gerichtliche Geltendmachung,** etwa durch Klageerhebung (= Zustellung der Klageschrift gem. § 253 Abs. 1 ZPO) oder Zustellung eines Mahnbescheides (§ 209 BGB) und durch Antrag auf Festsetzung der Vergütung gem. § 19 Abs. 7.

> *Merke:*
> Bei der Unterbrechung durch Klageerhebung oder durch Zustellung des Mahnbescheides ist zu beachten, dass gem. § 270 Abs. 3 ZPO bzw. § 693 Abs. 2 ZPO bereits die Einreichung der Klageschrift oder des Mahnbescheidsantrages die Verjährung unterbricht, wenn die Zustellung **demnächst** erfolgt.

Eine **Hemmung der Verjährung** des Vergütungsanspruches ist ebenfalls möglich. Sie hat zur Folge, dass die Verjährung für den Zeitraum der Hemmung ruht und nach deren Wegfall weiter läuft (§ 205 BGB).

Der Lauf der Verjährung wird z. B. gehemmt, durch

- Stundung der Vergütung (§ 202 Abs. 1 BGB),
- so genannte Stillhalteabkommen.

2 Gebühr – Arten, Grundsätze, Abgeltungsbereich

Die Rechtsanwaltsgebühren sind grundsätzlich so genannte **Pauschgebühren**, d. h. sie gelten die Tätigkeit des RA im Allgemeinen – unabhängig von dessen Arbeitsaufwand – pauschal ab.

2.1 Gebührenarten

Je nach Tätigkeit und Betätigungsfeld hat der Gesetzgeber unterschiedliche Gebühren festgelegt, die man nach ihrer Art entsprechend unterteilen kann.

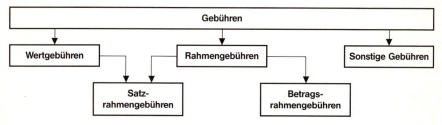

© Verlag Gehlen

2.1.1 Wertgebühr

Wird der RA in gerichtlichen Verfahren, insbesondere in **bürgerlichen Rechtsstreitigkeiten,** tätig, bei denen sich die Gebühren nach dem Wert des Streitgegenstandes richten, so bindet der Gesetzgeber den RA an einen festgelegten Wert – den **Gegenstandswert** – und schreibt ihm die Abrechnung nach einer so genannten Gebührentabelle vor. Diese Gebühren bezeichnet man deshalb als **Fest-** oder **Wertgebühren.**

Hierunter fallen alle Gebühren, die in der BRAGO mit **voller Gebühr** oder mit **Bruchteilen** der vollen Gebühr bezeichnet sind.

Beispiele:
a) **10/10** Prozessgebühr, § 31 Abs. 1 Nr. 1,
b) **5/10** Vollstreckungsbescheidsgebühr, § 43 Abs. 1 Nr. 3,
c) **3/10** Widerspruchsgebühr, § 43 Abs. 1 Nr. 2.

Zu den Wertgebühren gehören auch die in **außergerichtlichen Angelegenheiten** anfallenden **Satzrahmengebühren,** die sich ebenfalls nach dem Gegenstandswert richten und im nachfolgenden Abschnitt behandelt werden.

2.1.2 Rahmengebühr

Rahmengebühren sind Gebühren, bei denen nur die obere und die untere Grenze bestimmt ist. Der RA muss die Gebühr jeweils für den konkreten Fall nach gesetzlich vorgeschriebenen Bestimmungen ermitteln.

Die BRAGO kennt zwei Arten der Rahmengebühren:

▶ *(1) Satzrahmengebühr*

Bei Satzrahmengebühren, die zu den **Wertgebühren** gehören, bewegt sich die Höhe des Gebührensatzes in einem bestimmten Rahmen, der einen **Mindest-** und einen **Höchstgebührensatz** vorgibt.

Beispiele:
a) **1/10 bis 10/10** der vollen Gebühr für die Erteilung von **Rat oder Auskunft,** § 20,
b) **5/10 bis 10/10** der vollen Gebühr für **außergerichtliche Tätigkeit,** § 118 Abs.1.

▶ *(2) Betragsrahmengebühr*

Bei Betragsrahmengebühren bewegt sich die Höhe der Gebühr in einem bestimmten Rahmen, der jeweils einen **Mindestbetrag und** einen **Höchstbetrag** in Deutsche Mark vorgibt. Diese Gebühren kommen vornehmlich bei Tätigkeiten des RA im **Strafverfahren** oder im **Sozialgerichtsverfahren** vor.

© Verlag Gehlen

> **Beispiele:**
> a) **100,00 DM bis 1 300,00 DM** für das Verfahren vor dem **Sozialgericht,** § 116 Abs. 1 S. 1 Nr.1,
> b) **170,00 DM bis 2 540,00 DM** für die **Strafverteidigung** in der Hauptverhandlung vor dem Oberlandesgericht, § 83 Abs. 1 Nr. 1.

Für die **Bestimmung der Gebührenhöhe** bei den **Satz- und Betragsrahmengebühren** sind die Kriterien des § **12** heranzuziehen. Danach sind im Einzelfall nach billigem Ermessen des RA alle Umstände zu berücksichtigen, insbesondere:

- **Bedeutung der Angelegenheit**

> **Beispiel:**
> Stellung des Auftraggebers im öffentlichen Leben; Auswirkungen wirtschaftlicher Art

- **Umfang der anwaltlichen Tätigkeit**

> **Beispiel:**
> Zeitlicher Aufwand für Vorbereitungen, Besprechungen und Terminwahrnehmungen

- **Schwierigkeit der anwaltlichen Tätigkeit**

> **Beispiel:**
> Intensität der Arbeit bei nicht alltäglichen Rechtsfragen

- **Einkommensverhältnisse des Auftraggebers**

> **Beispiel:**
> Auftraggeber erzielt ein weit über dem Durchschnitt liegendes Einkommen, wobei die Höhe seiner laufenden Ausgaben, Schulden, Unterhaltsverpflichtungen zu berücksichtigen ist.

- **Vermögensverhältnisse des Auftraggebers**

> **Beispiel:**
> Auftraggeber ist weit über dem Durchschnitt vermögend; auch seine etwaigen Freistellungs- oder Ersatzansprüche, z. B. gegenüber Versicherungen, sind zu berücksichtigen.

> **Merke:**
> Merkbegriff für die Kriterien des § 12: „**Bus e. V.**":
>
> | „**B**" | „**U**" | „**S**" | „**e**." | „**V**" |
> |---|---|---|---|---|
> | **B**edeutung – | **U**mfang – | **S**chwierigkeit – | **E**inkommen – | **V**ermögen |

© Verlag Gehlen

Weitere Bemessungskriterien können auch andere Umstände sein, die Einfluss auf die Arbeit des RA haben, z. B. sein erhöhtes Haftungsrisiko.

Der RA ist zur Berücksichtigung sämtlicher Umstände des Einzelfalls nicht nur berechtigt, sondern auch verpflichtet. Er muss daher ein pflichtgemäßes Ermessen ausüben und darf sich nicht von sachfremden Erwägungen leiten lassen.

Sind keine Umstände erkennbar, die eine Erhöhung oder Ermäßigung rechtfertigen, entspricht die Tätigkeit dem Durchschnitt, sodass der RA deshalb die so genannte **Mittelgebühr** in Ansatz bringen wird.

Die Berechnung der Mittelgebühr wird wie folgt vorgenommen:

Merke:

$$\text{Satzrahmengebühr} = \frac{\text{Mindestsatz} + \text{Höchstsatz}}{\text{geteilt durch 2}}$$

Beispiel:
zu § 118: 5/10 + 10/10 = 15/10 : 2 = **7,5/10**

Merke:

$$\text{Betragsrahmengebühr} = \frac{\text{Mindestbetrag} + \text{Höchstbetrag}}{\text{geteilt durch 2}}$$

Beispiel:
zu § 83 Abs. 1 Nr. 3: 100,00 DM + 1 300,00 DM = 1 400,00 DM : 2 = **700,00 DM**

2.1.3 Sonstige Gebühren

Ausnahmsweise sieht die BRAGO Gebühren vor, bei denen es sich weder um eine Wert- noch eine Rahmengebühr handelt. Hierzu gehören

▶ *Gebühr für Gutachten, § 21*

Der RA erhält für die Ausarbeitung eines schriftlichen Gutachten mit juristischer Begründung eine **angemessene Gebühr.** Hierbei sind – wie bei der Rahmengebühr – die in § 12 genannten Kriterien zu berücksichtigen.

▶ *Gebühr für Benachrichtigungsschreiben, § 120 Abs. 2*

Der RA erhält für ein Schreiben, das nur dem äußeren Betreiben eines Verfahrens dient, lediglich die **Mindestgebühr von 20,00 DM,** sofern ein derartiges Schreiben nicht im Zusammenhang mit einer anderen gebührenpflichtigen Tätigkeit steht.

© Verlag Gehlen

2.2 Grundsätze für Wertgebühren, § 11

Für die nach einem Gegenstandswert zu berechnenden Gebühren legt § 11 Abs. 1 S. 1 die Höhe der **vollen** Gebühr fest. § 11 Abs. 1 S. 2 bestimmt die Höhe des Gebührenbetrages nach gestaffelten Gegenstandswerten bis 1 000 000,00 DM. § 11 Abs.1 S. 3 verweist auf eine entsprechende Gebührentabelle, die der BRAGO als Anlage beigefügt ist.

Im Berufungs- und Revisionsverfahren erhöhen sich die Gebühren gem. § 11 Abs. 1 S. 4 um **drei Zehntel**. Im Revisionsverfahren erhöht sich jedoch die Prozessgebühr für den beim Bundesgerichtshof zugelassenen RA um 10/10.

Übersicht: Gebührensätze des Prozeßbevollmächtigten nach Instanzen						
	I. Instanz		II. Instanz (Berufung)		III. Instanz (Revision)	
	Volle Gebühr	Halbe Gebühr	Volle Gebühr	Halbe Gebühr	Volle Gebühr	Halbe Gebühr
Prozessgebühr	10/10	5/10	13/10	6,5/10	20/10	10/10
Verhandlungsgebühr	10/10	5/10	13/10	6,5/10	13/10	6,5/10
Beweisgebühr	10/10	–	13/10	–	13/10	–
Erörterungsgebühr	10/10	–	13/10	–	13/10	–
Vergleichsgebühr (anhängige Ansprüche)	10/10	–	13/10	–	13/10	–

Hinweise:
1. Die Beweisgebühr im Revisionsverfahren kommt ausnahmsweise nur bei Feststellung von Prozess- oder Rechtsmittelvoraussetzungen in Betracht.
2. Die **15/10 Vergleichsgebühr** gem. § 23 Abs. 1 S. 1 zur Erledigung nichtanhängiger Ansprüche im Rechtsmittelverfahren erhöht sich auf 19,5/10 (siehe S. 48).

Gem. § 11 Abs. 2 S. 1 beträgt der **Mindestbetrag einer Gebühr 20,00 DM.**

Für die Hebegebühr gilt die vorrangige Sondervorschrift des § 22 Abs. 3, wonach die Mindestgebühr 1,00 DM beträgt.

Pfennigbeträge der Gebühren sind gem. § 11 Abs. 2 S. 2 auf zehn Deutsche Pfennige aufzurunden. Dieses gilt gem. § 26 S. 3 ausdrücklich auch für Entgelte für Post- und Telekommunikationsdienstleistungen, jedoch nicht für die Berechnung der Umsatzsteuer.

> *Merke:*
> - Die Mindestgebühr beträgt 20,00 DM.
> - Pfennigbeträge der Gebühr und der Post- und Telekommunikationsentgelte sind auf volle zehn Pfennige aufzurunden.
> - Umsatzsteuerbeträge sind lediglich nach kaufmännischer Regel auf einen vollen Pfennig auf- bzw. abzurunden.

© Verlag Gehlen

2.3 Abgeltungsbereich der Gebühr, § 13

Die Vorschrift des § 13 beinhaltet in den einzelnen Absätzen **wichtige, grundlegende Bestimmungen für den Abgeltungsbereich aller Gebühren.**

2.3.1 Pauschgebühr, § 13 Abs. 1

Die Gebühren entgelten gem. § 13 Abs. 1 die **gesamte** Tätigkeit des RA vom Auftrag bis zur Erledigung der Angelegenheit, soweit die BRAGO nichts anderes bestimmt.

Für die Berechnung einer Gebühr kommt es grundsätzlich nicht darauf an, wie groß der Arbeitsaufwand des RA bei seiner Tätigkeit ist. Lediglich bei den Rahmengebühren kann der RA die Höhe der Gebühr nach den Kriterien des § 12 bestimmen.

2.3.2 Dieselbe Angelegenheit/derselbe Rechtszug, § 13 Abs. 2

Grundsätzlich kann der RA gem. § 13 Abs. 2 S. 1 eine Gebühr in **derselben** Angelegenheit – in gerichtlichen Verfahren in **jedem Rechtszug** – nur **einmal** fordern.

Unter **Angelegenheit** im gebührenrechtlichen Sinne ist das gesamte Geschäft zu verstehen, das der RA für den Auftraggeber besorgen soll. Ihr Inhalt bestimmt den Rahmen, innerhalb dessen der RA tätig wird. Wann eine oder mehrere Angelegenheiten vorliegen, bestimmt das Gesetz nicht ausdrücklich. Die Abgrenzung ist unter Berücksichtigung der jeweiligen Lebensverhältnisse im Einzelfall vorzunehmen. Dabei ist insbesondere der Inhalt des erteilten Auftrages maßgebend.

Beispiel:
Die auf einem einheitlichen Auftrag beruhende außergerichtliche Regulierung eines Unfallschadens ist gebührenrechtlich auch dann nur eine einzige Angelegenheit, wenn sie sich über mehrere Jahre hinzieht und sich auch auf die jeweils neu hinzukommenden Schadensbeträge erstreckt.

Der sich aus § 13 Abs. 2 ergebende Grundsatz der **Einmaligkeit der Gebühr** kommt auch dann zum Tragen, wenn durch die Tätigkeit des RA für denselben Streitgegenstand dieselbe Gebühr mehrfach als volle Gebühr und/oder als Bruchteilsgebühr ausgelöst wird.

Beispiel:
Im ersten und zweiten Verhandlungstermin wird streitig verhandelt, im dritten Termin erkennt der Beklagte den Anspruch an und auf Antrag des Klägervertreters ergeht ein Anerkenntnisurteil.
Der RA darf hier nur einmal die volle Verhandlungsgebühr gem. § 31 Abs. 1 Nr. 2 berechnen. Die halbe Verhandlungsgebühr gem. § 33 Abs. 1 S. 1 wird von der gleichartigen vollen Verhandlungsgebühr überlagert.

Die Vorschrift des § 13 Abs. 2 wird durch drei weitere grundlegende Bestimmungen ergänzt:
- § 6 hinsichtlich *derselben* Angelegenheit, und zwar bei Auftraggebermehrheit (siehe S. 50 ff.),
- § 37 hinsichtlich des Begriffes *Rechtszug* (siehe S. 68),
- §§ 14, 15 hinsichtlich *jeden* Rechtszuges, und zwar bei Verweisung bzw. Zurückverweisung (siehe S. 27 ff.).

Wird der RA in einem **gerichtlichen Verfahren** tätig, bestimmt § 13 Abs. 2 S. 2, dass der RA die Gebühren **in jedem Rechtszug** fordern kann. So kann er als Prozessbevollmächtigter die Regelgebühren des § 31 sowohl im ersten als auch im zweiten Rechtszug verdienen.

Der Begriff **Rechtszug** im gebührenrechtlichen Sinne ist nicht unbedingt mit dem Begriff des prozessualen Rechtszuges (Instanz) deckungsgleich:
- **Prozessual** wird der Rechtszug für das Klageverfahren grundsätzlich mit der Erhebung der Klage eingeleitet und mit der Zustellung des Urteils beendet.
- **Gebührenrechtlich** dagegen wird der Begriff Rechtszug näher bestimmt durch § 37. Diese Vorschrift zählt abschließend auf, welche Tätigkeiten im einzelnen zum Rechtszug gehören und von den Regelgebühren des § 31 mit abgegolten werden. So beginnt die anwaltliche Tätigkeit für den Rechtszug bereits schon mit der Auftragsannahme und den Vorbereitungshandlungen und endet mit den Tätigkeiten, die der RA nach Zustellung des Urteils noch vornimmt, wie z. B. die Empfangnahme von Rechtsmittelschriften.

Der Grundsatz der Einmaligkeit der Gebühren wird jedoch bei bestimmten Verfahren bzw. Gebühren durchbrochen. So können bei einer Verfahrenseinheit mehrere gebührenrechtliche Angelegenheiten vorliegen, die auch mehrfach die Gebühren auslösen. Solche Fälle werden von der BRAGO besonders hervorgehoben und durch folgende Begriffe zum Ausdruck gebracht:
- *„neue Angelegenheit"* (§ 13 Abs. 5),
- *„besondere Angelegenheit"* (§§ 38 Abs. 1, 39 S. 1, 40 Abs. 1, 41 Abs. 1, 58 Abs. 3),
- *„neuer Rechtszug"* (§§ 14 Abs. 1, 2, 15 Abs. 1),
- *„erhält die Gebühr besonders"* (§ 38 Abs. 2).

2.3.3 Verschiedene Gebührensätze für Teile des Gegenstandes, § 13 Abs. 3

Die Vorschrift des § 13 Abs. 3 ist anzuwenden, wenn sich die Tätigkeit des RA auf **Teile** des Gesamtgegenstandes bezieht und die Teile des Gegenstandes mit **verschiedenen Gebührensätzen** zu berechnen sind. Er erhält für diese Teile dann **gesondert berechnete Gebühren**. Jedoch darf die Summe der so errechneten Gebühren nicht mehr betragen als die aus dem **Gesamtbetrag der Wertteile** nach dem **höchsten Gebührensatz** berechnete Gebühr.

© Verlag Gehlen

Gebühr – Arten, Grundsätze, Abgeltungsbereich 23

Die Anwendung des § 13 Abs. 3 erfolgt, wenn **gleichartige** bzw. eng miteinander verwandte Gebühren mit unterschiedlichen Gebührensätzen zusammentreffen:

Gebühr für einen Teilgegenstand	+ Gebühr für den anderen Teilgegenstand
5/10 Prozessgebühr (§ 32 Abs. 1)	+ 10/10 Prozessgebühr (§ 31 Abs. 1 Nr. 1)
5/10 Prozessgebühr (§ 32 Abs. 2)	+ 10/10 Prozessgebühr (§ 31 Abs. 1 Nr. 1)
5/10 Verhandlungsgebühr (§ 33 Abs. 1 S. 1)	+ 10/10 Verhandlungsgebühr (§ 31 Abs. 1 Nr. 2)
5/10 Verhandlungsgebühr (§ 33 Abs. 2)	+ 10/10 Verhandlungsgebühr (§ 31 Abs. 1 Nr. 2)
5/10 Verhandlungsgebühr (§ 33 Abs. 1 S. 1)	+ 10/10 Erörterungsgebühr (§ 31 Abs. 1 Nr. 4)
5/10 Verhandlungsgebühr (§ 33 Abs. 2)	+ 10/10 Erörterungsgebühr (§ 31 Abs. 1 Nr. 4)
15/10 Vergleichsgebühr (§ 23 Abs. 1 S. 1)	+ 10/10 Vergleichsgebühr (§ 23 Abs. 1 S. 3)

Hinweis: Die Übersicht bezieht sich auf die Gebührensätze der I. Instanz bei einem Auftraggeber.

Wenn der RA die Gebühren nach § 13 Abs. 3 zu ermitteln hat, ist die Berechnung in **drei** Schritten vorzunehmen:

1. Die Teile des Gegenstandes sind mit ihren verschiedenen Gebührensätzen **gesondert** zu berechnen.
2. Aus dem **addierten** Wert aller Gegenstandsteile ist der Gebührenbetrag mit dem – zuvor angewandten – höchsten Gebührensatz festzustellen.
3. Die gesondert berechneten Gebührenbeträge sind mit dem Gebührenbetrag aus dem addierten Wert zu **vergleichen:**

- Ist dieser Gebührenbetrag **höher** als die gesondert berechneten Gebührenbeträge, so ist in der Kostenberechnung unter den geprüften Gebühren zu vermerken „**geprüft gem. § 13 Abs. 3**".

> *Merke:*
> Der RA erhält hier die gesondert berechneten Gebührenbeträge in vollem Umfang.

- Ist dieser Gebührenbetrag **niedriger** als die gesondert berechneten Gebührenbeträge, so ist in der Kostenberechnung unter den geprüften Gebühren zu vermerken „**geprüft und ermäßigt gem. § 13 Abs. 3**".

> *Merke:*
> In diesem Fall reduzieren sich die gesondert berechneten Gebührenbeträge auf den zuvor ermittelten Gebührenbetrag aus dem addierten Wert aller Gegenstandsteile.

Beispiele:

a) *RA Koch erhält den Auftrag, Zahlungsklage über 12 000,00 DM zu erheben. Bevor er die Klage einreicht, teilt sein Auftraggeber mit, dass der Schuldner zwischenzeitlich einen Teilbetrag auf die Hauptforderung in Höhe von 1 500,00 DM bezahlt habe. Daraufhin reicht RA Koch die Klage nur wegen der verbleibenden 10 500,00 DM ein. Die Prozessgebühr ist wie folgt zu berechnen:*

© Verlag Gehlen

1. **Die gesonderte Berechnung der Gebühren ergibt:**
   5/10 Gebühr nach einem Wert von   1 500,00 DM =   65,00 DM
   10/10 Gebühr nach einem Wert von 10 500,00 DM = 665,00 DM
   Summe = 730,00 DM

2. **Der RA darf aber insgesamt nicht mehr erhalten als:**
   10/10 (höchster Gebührensatz) nach einem Wert von 12 000,00 DM = 665,00 DM.

3. Da der Betrag der vollen Gebühr (nach dem höchsten Gebührensatz) aus dem Gesamtwert geringer ist als die Summe der gesondert berechneten Gebühren, darf der RA nur 665,00 DM berechnen.

In der Kostenrechnung wird die Prozessgebühr wie folgt aufgeführt:
5/10 Prozessgebühr §§ 11, 31 Abs. 1 Nr. 1, 32 Abs. 1
(Wert: 1 500,00 DM)   65,00 DM
10/10 Prozessgebühr §§ 11, 31 Abs. 1 Nr. 1
(Wert: 10 500,00 DM) 665,00 DM

**geprüft (10/10 aus 12 000,00 DM) und ermäßigt
gem. § 13 Abs. 3**   von 730,00 DM auf 665,00 DM

b) RA Müller hat für seinen Auftraggeber Zahlungsklage über 43 000,00 DM gegen den Beklagten erhoben. Im frühen ersten Termin erkennt der Beklagte sofort einen Teilbetrag der Hauptforderung in Höhe von 30 000,00 DM an und RA Müller erwirkt insoweit ein Anerkenntnisteilurteil. Im Übrigen wird wegen 13 000,00 DM streitig verhandelt. Am Schluss der Sitzung ergeht ein Endurteil.

Die Verhandlungsgebühr ist wie folgt zu berechnen:

1. **Die gesonderte Berechnung der Gebühren ergibt:**
   5/10 Gebühr nach einem Wert von 30 000,00 DM =   552,50 DM
   10/10 Gebühr nach einem Wert von 13 000,00 DM =   735,00 DM
   Summe = 1 287,50 DM

2. **Der RA darf aber insgesamt nicht mehr erhalten als:**
   10/10 (höchster Gebührensatz) nach einem Wert: 43 000,00 DM = 1 345,00 DM.

3. Da der Betrag der vollen Gebühr (nach dem höchsten Gebührensatz) aus dem Gesamtwert die Höhe der gesondert berechneten Gebühren nicht übersteigt, hat der RA 1 287,50 DM zu berechnen.

In der Kostenrechnung wird die Verhandlungsgebühr wie folgt aufgeführt:
5/10 Verhandlungsgebühr §§ 11, 31 Abs. 1 Nr. 2, 33 Abs. 1 S. 1
(Wert: 30 000,00 DM) 552,50 DM
10/10 Verhandlungsgebühr §§ 11, 31 Abs. 1 Nr. 2
(Wert: 13 000,00 DM) 735,00 DM

geprüft (10/10 aus 43 000,00 DM) gem. § 13 Abs. 3   1 287,50 DM

c) RA Schmahl erhebt für seinen Auftraggeber Zahlungsklage wegen eines Schadenersatzanspruches über 50 000,00 DM. Im ersten Termin erkennt der Beklagte sofort einen Teilbetrag in Höhe von 20 000,00 DM an und RA Schmahl erwirkt insoweit ein Anerkenntnisteilurteil. Im Übrigen wird wegen 30 000,00 DM streitig verhandelt. Nach Erörterung der Sach- und Rechtslage schließen die Parteien zu Protokoll einen Vergleich. Mit diesem

Vergleich werden zum einen die noch strittige Schadenersatzforderung von 30 000,00 DM und zum anderen eine weitere zwischen den Parteien strittige, jedoch nicht anhängig gemachte Kaufpreisforderung von 10 000,00 DM erledigt.
In der Kostenrechnung können die Gebühren wie folgt aufgeführt werden:

5/10 Prozessgebühr §§ 11, 31 Abs. 1 Nr. 1, 32 Abs. 2		
	(Wert: 10 000,00 DM)	297,50 DM
10/10 Prozessgebühr §§ 11, 31 Abs. 1 Nr. 1		
	(Wert: 50 000,00 DM)	1 425,00 DM
geprüft (10/10 auf 60 000,00 DM) und ermäßigt gem. § 13 Abs. 3	von 1 722,50 DM auf	1 565,00 DM
5/10 Verhandlungsgebühr §§ 11, 31 Abs. 1 Nr. 2, 33 Abs. 1 S. 1	(Wert: 20 000,00 DM)	472,50 DM
10/10 Verhandlungsgebühr §§ 11, 31 Abs. 1 Nr. 2		
	(Wert: 30 000,00 DM)	1 105,00 DM
geprüft (10/10 auf 50 000,00 DM) und ermäßigt gem. § 13 Abs. 3	von 1 577,50 DM auf	1 425,00 DM
15/10 Vergleichsgebühr §§ 11, 23 Abs. 1 S. 1	(Wert: 10 000,00 DM)	892,50 DM
10/10 Vergleichsgebühr §§ 11, 23 Abs. 1 S. 3		
	(Wert: 30 000,00 DM)	1 105,00 DM
geprüft (15/10 aus 40 000,00 DM) und ermäßigt gem. § 13 Abs. 3	von 1 997,50 DM auf	1 897,50 DM
Gebühren insgesamt		**4 887,50 DM**

Hinweise:
1. Soweit die Anwendung des § 13 Abs. 3 im **Berufungsverfahren** erfolgt, ist bei der Prozess- bzw. Verhandlungsgebühr darauf zu achten, dass die Prüfung nach dem höchsten Gebührensatz, nämlich 13/10 (siehe S. 20), zu erfolgen hat.
2. Beim Vorliegen einer **Auftraggebermehrheit** gem. § 6 ist zu berücksichtigen, dass eine Prüfung der Prozessgebühr nach dem um 3/10 erhöhten Gebührensatz zu erfolgen hat, z. B. bei zwei Auftraggebern 13/10, bei drei Auftraggebern 16/10 usw. (siehe S. 49 ff.).

2.3.4 Vorzeitige Erledigung/Beendigung, § 13 Abs. 4

Die Vorschrift des § 13 Abs. 4 besagt, dass bereits entstandene Gebühren grundsätzlich bestehen bleiben, wenn sich die Angelegenheit vorzeitig erledigt oder der Auftrag endigt, bevor die Angelegenheit erledigt ist. Besondere in der BRAGO hervorgehobene Bestimmungen, wie z. B. § 32 Abs. 1 oder § 54 S. 2 sind jedoch zu beachten.

Eine **vorzeitige Erledigung** der Angelegenheit liegt vor, wenn die weitere Ausführung des Auftrags gegenstandslos wird. Dies ist der Fall, wenn z. B. der Gegner eine geltend gemachte Forderung begleicht und sich ein weiteres Prozessieren erübrigt. Sämtliche bis zu diesem Zeitpunkt verdiente Gebühren fallen nicht wieder weg und können abgerechnet werden.

© Verlag Gehlen

Eine **vorzeitige Beendigung** der Angelegenheit liegt vor, wenn das Mandatsverhältnis durch **Kündigung** des Anwaltsvertrages oder **Unmöglichwerden** der Erfüllung des Anwaltsvertrages beendigt wird, bevor der Rechtsanwalt den Auftrag zu Ende geführt hat.

Hinweis: Hat ein Verschulden des RA zur vorzeitigen Beendigung des Auftrags geführt, kann sein Vergütungsanspruch in entsprechender Anwendung des § 628 BGB ganz oder teilweise untergehen, insbesondere wenn der Auftraggeber bei einem Anwaltswechsel dieselben Gebühren erneut zu entrichten hat. Ein Verschulden des RA wird z. B. dann anzunehmen sein, wenn der Auftragsgeber den Anwaltsvertrag wegen unsachgemäßer Prozessführung kündigt oder der RA aus dem Anwaltsstand ausgeschlossen wird.

2.3.5 Weiteres Tätigwerden, § 13 Abs. 5

Die Vorschrift des § 13 Abs. 5 betrifft den Vorgang, dass der Rechtsanwalt den **Auftrag zum weiteren Tätigwerden** erhält, nachdem er bereits in derselben Angelegenheit tätig geworden ist. In diesem Fall erhält er nicht mehr an Gebühren, als er erhalten würde, wenn er von vornherein hiermit beauftragt worden wäre.

In *derselben Angelegenheit* ist der weitere Auftrag im Sinne des § 13 Abs. 5 erteilt, wenn dieser sich auf das Gesamtgeschäft des ursprünglichen Auftrags erstreckt.

Ist der **frühere** Auftrag seit mehr als **zwei Kalenderjahren erledigt,** gilt die **weitere** Tätigkeit in derselben Angelegenheit gem. § 13 Abs. 5 S. 2 als **neue** Angelegenheit mit der Folge, dass für die weitere Tätigkeit in derselben Angelegenheit der Vergütungsanspruch neu entsteht. Da die Fristberechnung nach Kalenderjahren vorzunehmen ist, endet die Frist jeweils am 31. Dezember.

> *Beispiel:*
> *Der erste Auftrag wurde im Mai 1995 erledigt. Ein weiterer Auftrag in derselben Angelegenheit löst einen neuen Vergütungsanspruch nur dann aus, wenn dieser im Jahre 1998 oder später erteilt wird.*

> *Merke:*
> Die 2-Jahres-Frist wird nach Kalenderjahren und nicht nach Jahren berechnet.

2.3.6 Beauftragung mit Einzelhandlungen, § 13 Abs. 6

Die Vorschrift des § 13 Abs. 6 ergänzt den Absatz 5 und regelt die Höhe des Vergütungsaufkommens, wenn der RA nur mit **einzelnen** Handlungen **in derselben Angelegenheit** beauftragt wird. Danach erhält er nicht mehr an Gebühren, als wenn er von vornherein einen Auftrag zur umfassenden Erledigung dieser Angelegenheit erhalten hätte.

© Verlag Gehlen

Beispiel:

RA Sanft berät seinen Auftraggeber in einer Forderungsangelegenheit und verdient die Ratsgebühr gem. § 20 in Höhe von 5,5/10 (Mittelgebühr). In derselben Forderungsangelegenheit erteilt der Auftraggeber sodann den Auftrag, den Schuldner außergerichtlich zur Zahlung aufzufordern. RA Sanft verdient nunmehr eine Geschäftsgebühr gem. § 118 Abs. 1 Nr. 1 in Höhe von 7,5/10 (Mittelgebühr). Schließlich erteilt der Auftraggeber einen Klageauftrag in derselben Sache und RA Sanft reicht entsprechend Klage ein. Er verdient hierdurch eine 10/10 Prozessgebühr gem. § 31 Abs. 1 Nr. 1.

Der RA darf gem. § 13 Abs. 6 nicht mehr an Gebühren fordern, als wenn er in dieser Angelegenheit von Anfang an zum Prozessbevollmächtigten bestellt worden wäre. Die Gebührenhöhe ist in dieser Angelegenheit somit auf 10/10 begrenzt.

2.4 Verweisung, Zurückverweisung, §§ 14, 15

Die Vorschriften der §§ 14 und 15 ergänzen § 13 Abs. 2 hinsichtlich des Begriffes „*jeden Rechtszug*" und regeln das Gebührenaufkommen für den Fall der Verweisung, Abgabe und Zurückverweisung.

▶ *Verweisung innerhalb desselben Rechtszuges, § 14 Abs. 1 S. 1:*

Hierunter ist die Verweisung der Sache an ein Gericht der **gleichen** prozessualen Instanz zu verstehen. Soweit der RA im Verfahren vor dem verweisenden Gericht und dem übernehmenden Gericht tätig wird, gelten diese Verfahren gem. § 14 Abs. 1 S. 1 als **ein Rechtszug**, sodass der Anwalt die Gebühren **nur einmal** erhält.

Unter diese Bestimmung fällt die Verweisung

- von einem Gericht an ein anderes Gericht innerhalb der **gleichen Gerichtsbarkeit** wegen
  - **örtlicher Unzuständigkeit,**

    Beispiel:
    Verweisung des Rechtsstreits vom AG Hamburg-Altona an das örtlich zuständige AG Hamburg-Blankenese

  - **sachlicher Unzuständigkeit,**

    Beispiel:
    Verweisung des Rechtsstreits vom AG Lübeck an das erstinstanzlich zuständige LG Lübeck

- von einem Gericht an ein anderes Gericht einer **anderen Gerichtsbarkeit,**

Beispiel:
Verweisung des Rechtsstreits vom AG Düsseldorf zum Arbeitsgericht Düsseldorf.

Merke:
Wird die Sache innerhalb derselben prozessualen Instanz von einem Gericht an anderes verwiesen, erhält der vor beiden Gerichten tätig gewordene RA die Gebühren nur einmal.

▶ *(Zurück-)Verweisung an ein Gericht des niedrigeren Rechtzuges, § 14 Abs. 1 S. 2*

Die Verweisung im Sinne des § 14 Abs. 1 S. 2 ist gleichzeitig eine Zurückverweisung und liegt dann vor, wenn das **Rechtsmittelgericht** in seiner Entscheidung

- erstens den mit der Klage eingeschlagenen Instanzenzug für unzulässig hält
- und zweitens die Sache an ein Gericht eines niedrigeren Rechtszuges, das nicht das untergeordnete Gericht desselben Instanzenzuges sein darf, (zurück-)verweist.

Das weitere gerichtliche Verfahren nach der Zurückverweisung gilt gem. § 14 Abs. 1 S. 2 als **neuer Rechtszug,** sodass der RA gem. § 13 Abs. 2 die Gebühren **erneut** verdienen kann.

Beispiele:
a) Das OLG Rostock gelangt in einer Berufungssache zur Auffassung, dass das LG Rostock in der ersten Instanz sachlich nicht zuständig gewesen sei, und verweist den Rechtsstreit an das eigentlich erstinstanzlich zuständige LG Schwerin.
b) Das Landesarbeitsgericht Kiel hält in einer Berufungssache nicht das erstinstanzlich tätig gewordene Arbeitsgericht Kiel, sondern das AG Kiel als Eingangsinstanz für den Rechtsstreit für zuständig, sodass die Verweisung hier auch in eine andere Gerichtsbarkeit erfolgt.

Merke:
Wird die Sache vom Rechtsmittelgericht an ein „anderes" Gericht eines niedrigeren Rechtszuges (zurück-)verwiesen, erhält der Rechtsanwalt für das weitere Verfahren alle Gebühren erneut.

Ob der im Prozess unterlegene Beklagte auch die Mehrkosten, die durch die Einreichung der Klage beim unzuständigen Gericht entstanden sind, zu **erstatten** hat, richtet sich nach der Kostenentscheidung im Urteil. Eine mögliche Kostenentscheidung lautet beispielsweise:

© Verlag Gehlen

„Der Beklagte trägt die Kosten des Rechtsstreits. Die Mehrkosten durch die Anrufung des unzuständigen Gerichts trägt jedoch der Kläger"

Hinweis: Soweit der Gesetzgeber in § 14 Abs. 1 den Begriff **Abgabe** verwendet, gelten vorstehende Ausführungen entsprechend. Hierunter fallen Angelegenheiten, die das Prozessgericht von **Amts wegen** an das zuständige Gericht abgibt, z. B. die Abgabe vom Prozeßgericht an das Familiengericht, welches nach der HausratsV zuständig ist.

▶ **Zurückverweisung an ein Gericht des niedrigeren Rechtszuges, § 15 Abs. 1**

Eine Zurückverweisung liegt vor, wenn das Rechtsmittelgericht durch seine Entscheidung dem in dem Instanzenzug untergeordneten Gericht die abschließende Entscheidung überlässt.

Das weitere gerichtliche Verfahren nach der Zurückverweisung gilt gem. § 15 Abs. 1 S. 1 als neuer Rechtszug, sodass der RA gem. § 13 Abs. 2 die Gebühren **erneut** verdienen kann. Die Prozessgebühr erhält der RA gem. § 15 Abs.1 S. 2 jedoch nur, wenn die Sache an ein Gericht zurückverwiesen wird, das mit dem Rechtsstreit vorher noch nicht befasst war.

In der Praxis erfolgt eine Zurückverweisung vornehmlich an das untergeordnete Gericht im gegebenen Instanzenzug, dessen Entscheidung im Rechtsmittelverfahren überprüft wurde, sodass die Prozessgebühr regelmäßig nicht erneut zu berechnen ist.

Beispiel:

Das Gericht Hamburg als Berufungsgericht spricht im Urteil die Zurückverweisung der Sache zur erneuten Entscheidung an das AG Hamburg-Bergedorf aus. Da das AG Hamburg-Bergedorf bereits mit dieser Sache befasst war, kann der RA mit Ausnahme der Prozessgebühr alle weiteren Gebühren erneut verdienen.

In **Ausnahmefällen** erfolgt eine entsprechende Zurückverweisung an ein untergeordnetes Gericht, welches mit der Sache noch nicht befasst war.

Beispiel:

Der BGH entscheidet in einer Sprungrevision (§ 566 a ZPO), dass der Rechtsstreit nicht an das LG Nürnberg (1. Rechtszug), sondern an das OLG Nürnberg (als „übergangene" Berufungsinstanz) zurückverwiesen wird. Da das OLG noch nicht mit der Sache befasst war, kann der RA alle Gebühren, einschließlich der Prozessgebühr, erneut verdienen.

Merke:

Wird die Sache vom Rechtsmittelgericht an das im gegebenen Instanzenzug untergordnete Gericht zurückverwiesen, erhält der Rechtsanwalt für das weitere Verfahren die Gebühren – regelmäßig mit Ausnahme der Prozessgebühr – erneut.

© Verlag Gehlen

Umstritten ist, ob eine Zurückverweisung und somit der Anfall neuer Gebühren vorliegt, wenn das Rechtsmittelgericht das vorinstanzliche **Grundurteil** bestätigt bzw. das Rechtsmittel gegen ein stattgebendes Grundurteil zurückweist. Die Rechtsprechung der Oberlandesgerichte ist hierzu gegensätzlich.

Übersicht: Verweisung und Zurückverweisung

Verweisung innerhalb der gleichen Instanz (§ 14 Abs. 1 S. 1)	(Zurück-)Verweisung an ein Gericht des niedrigeren Rechtszuges (§ 14 Abs. 1 S. 2)	Zurückverweisung an das untergeordnete Gericht desselben Instanzenzuges (§ 15 Abs. 1)
von **AG A** an **AG B**; von **AG L** an **LG L**, von **AG H** an **ArbG H**	Berufung gegen Urteil des LG M: von **OLG M** an **LG S**; von **OLG M** an **ArbG M**	Berufung gegen Urteil des LG M: von **OLG M** an **LG M**
Ein Rechtszug: Gebühren nur einmal	Neuer Rechtszug: Gebühren zweimal	Neuer Rechtszug: Gebühren zweimal (Prozessgebühr in der Regel nur einmal)

▶ *Sonderbestimmung zu §§ 14, 15*

- **Erfolgreiche Nichtzulassungsbeschwerde eines Rechtsmittels, § 14 Abs. 2**

  Soweit die Beschwerde gegen die Nichtzulassung eines Rechtsmittels erfolgreich war, gilt das Verfahren über die Beschwerde als **neuer Rechtszug**. Für das Beschwerdeverfahren kann der Rechtsanwalt die Gebühren gem. § 61 Abs. 1 Nr. 1 in Verbindung mit § 11 Abs. 1 S. 6 in Höhe von 6,5/10 **gesondert** abrechnen.

  > *Beispiel:*
  > *Im Berufungsurteil des Landesarbeitsgerichts wird die Revision nicht zugelassen. Gegen diese Nichtzulassung ist die Beschwerde gem. § 72 a ArbGG gegeben.*

- **Aufhebung des Urteils nach Abweisung des Scheidungsantrags, § 15 Abs. 2**

  Soweit das Familiengericht durch Urteil den Scheidungsantrag abgewiesen hat und dieses Urteil im Berufungsverfahren vom OLG aufgehoben wird, ist die Sache gem. § 629 b Abs. 1 S. 1 ZPO an das erstinstanzliche Familiengericht zurückzuverweisen. In diesem Fall bildet das weitere Verfahren vor dem Familiengericht mit dem früheren **einen** Rechtszug. Der RA verdient die Gebühren danach nur **einmal**.

3 Berechnung des Gegenstandswertes

Die so genannten Wertgebühren (Satz- und Satzrahmengebühren) des RA werden nach dem Wert berechnet, den der Gegenstand der anwaltlichen Tätigkeit hat. Dieser Wert wird gem. § 7 Abs. 1 als **Gegenstandswert** bezeichnet.

Demgegenüber verwendet der Gesetzgeber für die Erhebung von Gerichtskosten, soweit sich diese nach dem Wert des Streitgegenstandes richten, den Begriff **Streitwert** (§ 11 Abs. 2 S. 1 GKG).

Bei Geschäften des Notars sowie in Angelegenheiten der freiwilligen Gerichtsbarkeit geht der Gesetzgeber in der Kostenordnung vom Begriff des **Geschäftswertes** (§ 18 Abs. 1 KostO) aus.

> *Merke:*
>
> Gegenstandswert = Wertbegriff für **Anwaltsgebühren**
> Streitwert = Wertbegriff für **Gerichtskosten**
> Geschäftswert = Wertbegriff für **Notargebühren und FGG-Angelegenheiten**

3.1 Grundlagen

Die BRAGO selbst hat – bis auf wenige Ausnahmen – keine eigenen Wertbestimmungsvorschriften. Vielmehr verweist § 8 insbesondere auf das Gerichtskostengesetz, welches wiederum u. a. auf die Zivilprozessordnung Bezug nimmt, sowie auf die Kostenordnung.

Es werden somit teilweise Wertvorschriften für die Bestimmung

- der Höhe der Gerichtsgebühren und
- der sachlichen Zuständigkeit

auch für die Rechtsanwaltsgebühren **entsprechend** anwendbar erklärt.

Für die Anwendbarkeit der Wertvorschriften ist zu unterscheiden zwischen

- gerichtlichen Verfahren bzw. gerichtsverfahrensmöglichen Angelegenheiten (§ 8 Abs. 1)
- und anderen (gerichtslosen) Angelegenheiten (§ 8 Abs. 2)

sowie zwischen

- vermögensrechtlichen Streitigkeiten (§ 12 Abs. 1 GKG)
- und nichtvermögensrechtlichen Streitigkeiten (§ 12 Abs. 2 GKG).

Die nachstehende Übersicht soll die Verflechtung der relevanten Wertvorschriften in den unterschiedlichen Gesetzen verdeutlichen.

© Verlag Gehlen

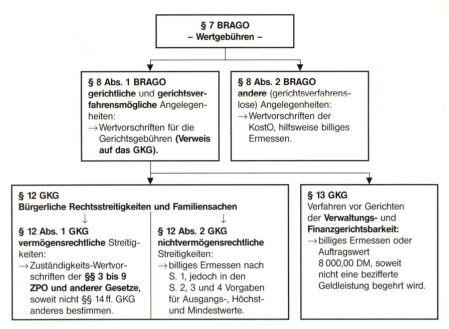

3.2 Wertvorschriften, § 8

3.2.1 Gerichtliche und gerichtsverfahrensmögliche Angelegenheiten, § 8 Abs. 1

In **gerichtlichen Angelegenheiten** bestimmt sich der Gegenstandswert für die Wertgebühren gem. § 8 Abs. 1 S. 1 nach den für die **Gerichtsgebühren geltenden Wertvorschriften.** Der Begriff *gerichtliches Verfahren* ist weit auszulegen. Hierzu zählen gerichtliche Verfahren jeder Art – mit den Ausnahmen der Straf- und Sozialgerichtsbarkeit –, sei es vor dem Richter, dem Rechtspfleger, dem Urkundsbeamten der Geschäftsstelle oder dem Gerichtsvollzieher.

Für **gerichtsverfahrensmögliche Angelegenheiten,** d. h. für Tätigkeiten **außerhalb** eines gerichtlichen Verfahrens, die jedoch auch Gegenstand eines gerichtlichen Verfahrens sein können, bestimmt § 8 Abs. 1 S. 2, dass sich der Gegenstandswert ebenfalls nach den für das gerichtliche Verfahren geltenden Wertvorschriften berechnet. Zu diesen Angelegenheiten zählen alle Tätigkeiten des RA, die ein gerichtliches Verfahren vorbereiten bzw. vermeiden. Hierzu gehören beispielsweise folgende Tätigkeiten:

- Anfertigung eines Aufforderungsschreibens,
- Abfassung einer Mahnung,
- Ausspruch einer Kündigung,
- Führung von Vergleichsverhandlungen,
- Abschluss eines außergerichtlichen Vergleiches.

Berechnung des Gegenstandswertes

Für diese gerichtlichen und gerichtsverfahrensmöglichen Angelegenheiten verweist § 8 Abs. 1 auf die für die **Gerichtsgebühren** geltenden Wertvorschriften, und zwar insbesondere auf die zentrale Vorschrift des § 12 GKG zur Wertberechnung in bürgerlichen Rechtsstreitigkeiten und Familiensachen sowie auf § 13 GKG in Verfahren vor der Verwaltungs- und der Finanzgerichtsbarkeit.

> *Merke:*
> Für gerichtliche und gerichtsverfahrensmögliche Angelegenheiten verweist § 8 Abs. 1 BRAGO auf §§ 12 und 13 GKG.

Nachfolgend werden die Vorschriften der §§ 12 und 13 GKG erläutert:

▶ *§ 12 GKG: Wertberechnung in bürgerlichen Rechtsstreitigkeiten und in FGG-Scheidungsfolgesachen*

Für die Wertberechnung ist hier zu unterscheiden, ob es sich um eine vermögensrechtliche oder um eine nichtvermögensrechtliche Angelegenheit handelt.

Unter einer **vermögensrechtlichen Angelegenheit** ist gem. § 12 Abs. 1 GKG jeder Anspruch zu verstehen, der auf einer vermögensrechtlichen Beziehung beruht oder auf Geld oder Geldwertes gerichtet ist. Hierunter fallen insbesondere alle Zahlungs- und Herausgabeansprüche.

Da § 12 Abs. 1 und 2 GKG eine Vielzahl von Hinweisen und Verweisungen beinhalten, wird diese Vorschrift zur Verdeutlichung und zum besseren Verständnis nachstehend schaubildlich erklärt:

§ 12 Abs. 1 GKG	
„¹ In bürgerlichen Rechtsstreitigkeiten	alle vor ein ordentliches Gericht gehörenden Rechtssachen, auf die die ZPO Anwendung findet
und in den in § 1 Abs. 2 genannten Familiensachen	alle FGG-Scheidungsfolgesachen im Verbund
richten sich die Gebühren	
nach dem für die Zuständigkeit des Prozessgerichts oder die Zuverlässigkeit des Rechtsmittels maßgeblichen Wert des Streitgegenstandes,	es gelten grundsätzlich die Zuständigkeits-Wertvorschriften, insbesondere: §§ 3–9 ZPO
soweit nichts anderes bestimmt ist.	§§ 14–22 GKG, insbesondere § 16 GKG (Miet- und Pachtverhältnisse) und § 17 GKG (wiederkehrende Leistungen) u. a. gesetzliche Bestimmungen, wie §§ 247 AktG, 12 Abs. 7 ArbGG, 48 Abs. 3 WEG
² In Rechtsstreitigkeiten aufgrund des Gesetzes zur Regelung des Rechts der Allgemeinen Geschäftsbedingungen darf der Streitwert 500 000 Deutsche Markt nicht übersteigen."	Sonderregelung: Höchstwert für AGBG-Sachen

© Verlag Gehlen

§ 12 Abs. 2 GKG

„¹ In nichtvermögensrechtlichen Streitigkeiten ist der Wert des Streitgegenstandes unter Berücksichtigung aller Umstände des Einzelfalles, insbesondere des Umfangs und der Bedeutung der Sache und der Vermögens- und Einkommensverhältnisse der Parteien, nach Ermessen zu bestimmen.

² In Ehesachen ist für die Einkommensverhältnisse das in drei Monaten erzielte Nettoeinkommen der Eheleute einzusetzen.

³ In Kindschaftssachen ist von einem Wert von 4 000 Deutsche Mark auszugehen,

in einer Scheidungsfolgesache nach § 623 Abs. 2, 3, 5, § 621 Abs. 1 Nr. 1, 2 oder 3 der Zivilprozessordnung von 1 500 Deutsche Mark.

⁴ Der Wert darf nicht über 2 Millionen Deutsche Mark angenommen werden; in Ehesachen darf er nicht unter 4 000 Deutsche Mark angenommen werden."

- das Gericht hat alle Umstände des Einzelfalles für die Wertbestimmung abzuwägen
- Ausgangswert in einer Ehesache (im Einzelfall sind Zu- oder Abschläge möglich)
- Ausgangswert 4 000,00 DM für Kindschaftssachen, die **nicht** Scheidungsfolgesachen sind
- Ausgangswert 1 500,00 DM für Kindschaftssachen, soweit sie Scheidungsfolgesachen sind
- Höchstwert für sämtliche nichtvermögensrechtliche Streitigkeiten 2 Mio. DM
- Mindestwert für Ehesachen: 4 000,00 DM

▶ **§ 13 GKG: Wertberechnung in Verfahren der Verwaltungs- und der Finanzgerichtsbarkeit**

In diesen Verfahren ist der Streitwert gem. § 13 Abs. 1 S. 1 GKG grundsätzlich nach der sich aus dem Antrag des Klägers für ihn ergebenden Bedeutung der Sache nach **Ermessen** zu bestimmen. Bietet der bisherige Streit- und Sachstand für die Ermessensausübung nicht genügend Anhaltspunkte, so ist von einem sogenannten „Regelwert" in Höhe von 8 000,00 DM auszugehen.

Soweit der Kläger allerdings eine bezifferte Geldleistung mit seinem Antrag verfolgt, ist gem. § 13 Abs. 2 GKG deren Höhe maßgebend (siehe S. 186 f.).

3.2.2 Andere Angelegenheiten, § 8 Abs. 2

Die Vorschrift des § 8 Abs. 2 ist als „*Auffangvorschrift*" zu verstehen und gelangt dann zur Anwendung, wenn der RA *in anderen Angelegenheiten* – also nicht in gerichtlichen oder gerichtsverfahrensmöglichen Verfahren – tätig wird **und** soweit sich aus der BRAGO nichts anderes ergibt.

Zur Ermittlung des Gegenstandswertes ist wie folgt vorzugehen:
1. Zunächst gelten gem. § 8 Abs. 2 S. 1 die dort genannten **Vorschriften der KostO** entsprechend.

© Verlag Gehlen

2. Soweit sich der Gegenstandswert aus diesen Vorschriften nicht ergibt und auch sonst nicht feststeht, ist er gem. § 8 Abs. 2 Hs. 1 nach **billigem Ermessen** zu bestimmen.
3. Liegen nicht genügend tatsächliche Anhaltspunkte für eine Schätzung vor oder handelt es sich um eine nichtvermögensrechtliche Angelegenheit, ist der Gegenstandswert gem. § 8 Abs. 2 S. 2 Hs. 2 grundsätzlich mit einem **Auffangswert von 8 000,00 DM** anzunehmen. Dieser Wert ist gem. § 8 Abs. 2 S. 2 Hs. 3 je nach Lage des Falles niedriger oder höher, allerdings nicht über 1 Mio. DM anzunehmen.

Für **einstweilige Anordnungen** zur Regelung der **elterliche Sorge**, des Umgangsrechts und der Kindesherausgabe nach § 620 S. 1 Nr. 1 bis 3 ZPO beinhaltet § 8 Abs. 2 S. 3 eine **besondere Wertvorschrift**, da diese Verfahren gerichtskostenfrei sind. Für solche Anordnungen wird ein **Ausgangswert von 1 000,00 DM** vorgegeben.

3.3 Einzelne Bestimmungen zur Wertermittlung

Die bisher behandelten Wertvorschriften werden durch weitere, **allgemeine** Vorschriften ergänzt, die Besonderheiten, wie etwa **materiellrechtliche** oder **prozessuale Eigenheiten**, berücksichtigen.

▶ *Anspruchshäufung*

Mehrere Ansprüche, auch wenn sie auf verschiedene Rechtsgrundlagen beruhen oder unterschiedlicher Rechtsnatur sind, können vom Kläger gem. § 260 ZPO in einer Klage geltend gemacht werden (objektive Klagenhäufung). Dies gilt auch für außergerichtliche Verfahren. Die Werte der einzelnen Ansprüche werden gem. § 7 Abs. 2 bzw. 5 Hs. 1 ZPO zusammengerechnet, soweit sie **verschiedene Streitgegenstände** betreffen.

Beispiele:

a) *RA Vogts erhebt für seinen Auftraggeber, der dem Beklagten Gewerberaum (monatlicher Mietzins 1 000,00 DM) überlassen hat, Klage auf Zahlung von fünf rückständigen Monatsmieten, auf Räumung und auf Rückzahlung eines fälligen Darlehens von 8 500,00 DM.*

Die Berechnung des Gegenstandswertes ist wie folgt vorzunehmen:

1. rückständiger Mietzins (5 Monatsmieten à 1 000,00 DM)	= 5 000,00 DM
2. Räumungsanspruch (Jahresmietzins)	= 12 000,00 DM
3. Darlehensforderung	= 8 500,00 DM
Gegenstandswert	= 25 500,00 DM

b) *RA Paulsen erhebt für den Händler Adam, der mit dem Beklagten einen Kaufvertrag über die Lieferung einer Schlafzimmereinrichtung zum Preise von 16 300,00 DM geschlossen hat, Klage auf Abnahme der Kaufsache und Zahlung des Kaufpreises.*
In diesem Fall gelten die Ansprüche als **nicht selbstständig**, *da beide auf demselben Rechtsverhältnis (Kaufvertrag) beruhen und wirtschaftlich als Einheit anzusehen sind. Der Gegenstandswert beträgt also 16 300,00 DM.*

© Verlag Gehlen

▶ Arrest/einstweilige Verfügung

Vergleiche hierzu die Ausführungen auf den Seiten 89 ff.

▶ Aufrechnung / Hilfsaufrechnung

Die Aufrechnung stellt sich prozessual als eine anspruchsvernichtende Einwendung dar, welche die Klageforderung zum Erlöschen bringen kann. Voraussetzungen für eine zulässige Aufrechnung sind die Gegenseitigkeit, Gleichartigkeit und Fälligkeit der Forderungen (§ 387 BGB).

Bei der **Hauptaufrechnung** bestreitet der Beklagte die Klageforderung nicht; er versucht lediglich, den Anspruch durch Aufrechnung zu beseitigen. Der Gegenstandswert wird in diesem Fall **ausschließlich** nach dem Wert der Klageforderung bestimmt und durch seine Höhe begrenzt, sodass keine Addition der Werte stattfindet.

Beispiel:
Die nichtbestrittene Klageforderung beträgt 20 000,00 DM, die zur Aufrechnung gestellte Gegenforderung 25 000,00 DM. Der Gegenstandswert beträgt hier 20 000,00 DM.

Bei der **Hilfsaufrechnung** geht der Beklagte vorrangig davon aus, daß die Klageforderung durch andere Einwendungen schon unbegründet sei. Für die *Eventualität*, dass das Gericht die Klageforderung dennoch für begründet halten sollte, rechnet er hilfsweise mit einer Gegenforderung auf, um hierdurch eine Verurteilung zu vermeiden.

Gem. § 19 Abs. 3 GKG erhöht sich der Streitwert um den Wert der Gegenforderung, soweit eine der Rechtskraft fähige Entscheidung über sie ergeht.

Hinweis: In diesen Fällen wird in der Urteilsbegründung vom Gericht regelmäßig vermerkt:
„*Bei der Streitwertbemessung war die Hilfsaufrechnung in Höhe des Betrages der Klageforderung zu berücksichtigen.*"

Beispiele:
a) Klage über 20 000,00 DM. Beklagter beantragt Klageabweisung und erklärt hilfsweise die Aufrechung mit einer Gegenforderung über 25 000,00 DM. Der Kläger wiederum bestreitet die Aufrechnungsforderung. Durch Urteil wird festgestellt, dass die Klageforderung unbegründet ist (z. B. durch Verjährungseinrede), ohne dass die Aufrechnungsforderung überprüft werden musste.
Der Gegenstandswert beträgt 20 000,00 DM. Die Aufrechnungsforderung ist hier nicht zu berücksichtigen, da über sie keine Entscheidung ergangen ist.
b) Klage über 20 000,00 DM. Beklagter beantragt Klageabweisung und erklärt hilfsweise die Aufrechnung mit einer Gegenforderung über 40 000,00 DM, die der Kläger seinerseits bestreitet.
Das Gericht stellt durch Urteil fest, dass die Klageforderung an sich begründet ist, jedoch wegen der Aufrechnungsforderung die Klage abzuweisen war. Insoweit hat das Gericht eine der Rechtskraft fähige Entscheidung über die Aufrechnungsforderung getroffen.

Der Gegenstandswert beträgt 40 000,00 DM und setzt sich aus der Klageforderung von 20.000,00 DM und der Aufrechnungsforderung – begrenzt durch die Höhe der Klageforderung von 20 000,00 DM – zusammen.

c) Klage über 20 000,00 DM. Beklagter beantragt Klageabweisung und erklärt hilfsweise die Aufrechnung mit einer Gegenforderung (wiederum) über 8 000,00 DM, die der Kläger seinerseits bestreitet.

Das Gericht stellt durch Urteil fest, dass erstens die Klageforderung begründet ist und zweitens die Aufrechnungsforderung unbegründet ist. Auch insoweit hat das Gericht wiederum eine der Rechtskraft fähige Entscheidung über die Aufrechnungsforderung getroffen.

Der Gegenstandswert beträgt 28 000,00 DM und setzt sich aus der Klageforderung (20 000,00 DM) und der Aufrechnungsforderung (8 000,00 DM) zusammen.

Übersicht: Wertaddition bei Hilfsaufrechnung

▶ *Ehe- und Familiensachen*

Zur Wertberechnung in Familiensachen wird auf die detaillierte Darstellung im 2. Teil, Abschnitt 5 (S. 138 ff.) verwiesen.

▶ *Haupt- und Nebenforderungen*

Grundsätzlich ist zur Feststellung des Gegenstandswertes nur der Wert der klageweise geltend gemachten Forderung (= Hauptforderung) maßgebend. Die Nebenforderungen, wie Früchte, Nutzungen, Zinsen und Kosten, bleiben unberücksichtigt (§§ 22 Abs. 1 GKG, 4 Abs. 1 Hs. 2 ZPO).

© Verlag Gehlen

Das Wesen einer Nebenforderung besteht darin, dass sie von dem Bestehen einer Hauptforderung abhängig ist. So sind Zinsen aus einem nicht oder nicht mehr im Streit stehenden Hauptanspruch Hauptforderungen im Sinne des § 4 ZPO (BGH, AnwBl. 94, S. 424 f.).

Von diesem Grundsatz macht § 57 Abs. 2 S. 1 für die Zwangsvollstreckung eine Ausnahme. Maßgebend ist hier – mit Ausnahme des Zwangsversteigerungs-, Zwangsverwaltungs-, Konkurs- und Vergleichsverfahrens – der Betrag der zu vollstreckenden Forderung **einschließlich** etwaiger Zinsen und Kosten. Eine Begrenzung erfährt der Gegenstandswert im Verfahren über die Abnahme der eidesstattlihen Versicherung auf höchstens 3 000,00 DM (§ 57 Abs. 2 S. 5).

▶ Klageänderung

Bei einer Klageänderung ist der Rechtsstreit auch nach der Änderung noch **dieselbe** Angelegenheit (§ 13 Abs. 2 S. 1).

> *Beispiel:*
> RA Peters klagt auf Herausgabe eines Kraftfahrzeuges. Da sich im Verlaufe des Prozesses herausstellt, daß das Kraftfahrzeug nicht mehr vorhanden ist, stellt RA Peters die Klage um auf Zahlung von Schadenersatz.
> Der Gegenstandswert bleibt gleich und ist nicht zu erhöhen, da der Schadenersatzanspruch an die Stelle des Herausgabeanspruches getreten ist.

▶ Miet- und Pachtverträge

Für eine **Feststellungsklage** über das Bestehen eines Miet-, Pacht- oder ähnlichen Nutzungsverhältnisses (§ 16 Abs. 1) oder für eine **Räumungsklage** (§ 16 Abs. 2) ist in der Praxis regelmäßig der **Jahresmietzins** (ohne Nebenkosten) zugrunde zu legen. Sofern sich der Streit jedoch auf einen kürzeren Zeitraum bezieht, bestimmt sich der Wert nur nach diesem Zeitraum.

Werden mit einer Klage sowohl die Räumung als auch rückständiger Mietzins geltend gemacht, sind der Jahresbetrag und der rückständige Mietzins zu addieren (§ 9 Abs. 2).

▶ Prozesstrennung

Bei der Trennung eines Prozesses werden aus einer Angelegenheit **mehrere** gebührenrechtliche Angelegenheiten. Vom Zeitpunkt der Trennung an entstehen die Gebühren jeweils gesondert. Die bisher entstandenen einzelnen Gebühren sind mit den neu entstehenden einzelnen Gebühren zu vergleichen. Der RA hat nunmehr die **Wahl**, die für ihn günstigeren Gebühren in Ansatz zu bringen.

> *Beispiel:*
> RA Reichelt reicht Klage über 15 000,00 DM (Prozess 1) ein. Nach Einreichung der Klage wird der Prozess in zwei Prozesse über 10 000,00 DM (Prozess 2) und 5 000,00 DM (Prozess 3) getrennt. In beiden Prozessen wird jeweils streitig verhandelt.

RA Reichelt hat nunmehr für die Berechnung der Prozessgebühr ein Wahlrecht:
Prozess 1: 10/10 Prozessgebühr nach 15 000,00 DM = 805,00 DM
oder
Prozess 2: 10/10 Prozessgebühr nach 10 000,00 DM = 595,00 DM
Prozess 3: 10/10 Prozessgebühr nach 5 000,00 DM = <u>320,00 DM</u>
                                                    915,00 DM

▶ *Prozessverbindung*

Bei Verbindung mehrerer Prozesse liegt vom Zeitpunkt der Verbindung an **eine** Angelegenheit vor, d. h. die nachfolgenden Gebühren sind von den zusammengerechneten Werten zu berechnen.

Beispiel:
RA Reichelt reicht zwei Klagen ein, und zwar zum einen über 4 000,00 DM (Prozess 1), zum anderen über 6 000,00 DM (Prozess 2). Vor dem Termin werden beide Prozesse zu einem Prozess (Prozess 3) verbunden und es kommt zur streitigen Verhandlung.
*RA Reichelt hat wiederum für die Berechnung der **Prozessgebühr** ein Wahlrecht:*
Prozess 1: 10/10 Prozessgebühr nach 4 000,00 DM = 265,00 DM
Prozess 2: 10/10 Prozessgebühr nach 6 000,00 DM = <u>375,00 DM</u>
*   640,00 DM*
oder
Prozess 3: 10/10 Prozessgebühr nach 10 000,00 DM = 595,00 DM

▶ *Rechtsmittel und wechselseitige Rechtsmittel*

Im Berufungs- oder Revisionsverfahren bestimmt sich der Gegenstandswert gem. § 14 Abs. 1 GKG nach den **Anträgen** des **Rechtsmittelklägers**.

Beispiel:
RA Deutz hat für seinen Auftraggeber Klage über 40 000,00 DM erhoben. Durch erstinstanzliches Endurteil wurde der Beklagte verurteilt, an den Kläger 15 000,00 DM zu zahlen, im Übrigen (25 000,00 DM) wurde die Klage abgewiesen. Der Auftraggeber hält die Klageabweisung in Höhe von 5 000,00 DM für gerechtfertigt, im Übrigen begehrt er eine gerichtliche Nachprüfung. RA Deutz legt sodann auftragsgemäß Berufung wegen 20 000,00 DM ein und stellt den entsprechenden Antrag. Der Berufungsbeklagte beantragt lediglich, die Berufung zurückzuweisen.
Der für das Berufungsverfahren zugrunde zu legende Gegenstandswert beträgt in diesem Fall lediglich 20 000,00 DM, da der Gegenstand für eine Überprüfung in der Rechtsmittelinstanz insoweit durch die Anträge begrenzt ist.

Da der Rechtsmittelkläger seine Anträge erst am Ende der Rechtsmittelbegründungsfrist stellen muss, bleibt die Höhe des Gegenstandswertes unter Umständen unklar. Für den Fall, dass das Rechtsmittelverfahren vor Stellung der Anträge beendet wird, ist gem. § 14 Abs. 1 S. 2 GKG die **Beschwer** maßgebend. Diese ergibt sich dann aus der Differenz der vorinstanzlichen Anträge und dem im Urteil erzielten Ergebnis. Im vorstehenden Beispiel ergäbe sich – soweit keine Anträge gestellt wurden – eine Beschwer von 25 000,00 DM. Für **wechselseitige Rechtsmittel** (§ 19 Abs. 2 GKG) gelten die in § 19 Abs. 1 GKG für Klage und Widerklage enthaltenen Grundsätze entsprechend.

Wechselseitige Rechtsmittel liegen dann vor, wenn **beide** Parteien selbstständig ein Rechtsmittel gegen dasselbe Urteil einlegen, wie z. B. Berufung und Anschlussberufung.

Gebührenrechtlich ist zu unterscheiden:

- **Derselbe** Streitgegenstand:
  Der Gegenstandswert bemisst sich gem. § 19 Abs. 1 S. 3 GKG nach dem höheren, bei wechselseitig eingelegten Rechtsmitteln regelmäßig jedoch nach dem **einfachen** Wert.

> *Beispiel:*
>
> *RAin Rutter hat für ihren Auftraggeber die Eheleute Fritz und Maria Martens gesamtschuldnerisch auf Zahlung von 8 000,00 DM verklagt. Durch Endurteil wird Fritz Martens antragsgemäß verurteilt, während die Klage gegen Maria abgewiesen wird. RAin Rutter und der Prozessbevollmächtigte des Fritz Martens legen für den Kläger bzw. für den Beklagten Fritz Martens jeweils Berufung ein.*
>
> *Da es sich hier um denselben Streitgegenstand (Forderung über 8 000,00 DM) handelt, erfolgt keine Addition.*

- **Verschiedene** Streitgegenstände:
  Hier sind gem. § 19 Abs. 1 S. 1 GKG die Werte der wechselseitig eingelegten Rechtsmitteln zu **addieren**.

> *Beispiel:*
>
> *RA Schulz hat für seinen Auftraggeber Klage über 100 000,00 DM erhoben. Durch erstinstanzliches Endurteil wurde der Beklagte verurteilt, an den Kläger 25 000,00 DM zu zahlen, im Übrigen (75 000,00 DM) wurde die Klage abgewiesen. Beide Parteien legen Berufung ein, der Kläger wegen der Abweisung von 75 000,00 DM und der Beklagte wegen der Verurteilung von 25 000,00 DM, und stellen im Termin entsprechend wechselseitige Anträge.*
>
> *Der Gegenstandswert beträgt hier 100 000,00 DM und ergibt sich aus den addierten Werten von 75 000,00 DM und 25 000,00 DM. Eine Addition ist erforderlich, da immer dann eine Verschiedenheit der Streitgegenstände vorliegt, wenn – wie hier – die Berufung und Anschlussberufung sich auf **verschiedene Teile** (= verschiedene Streitgegenstände) derselben Forderung beziehen.*

▶ *Stufenklage*

Wird mit der Klage auf Rechnungslegung oder auf Vorlegung eines Vermögensverzeichnisses oder auf Abgabe einer eidesstattlichen Versicherung die Klage auf Herausgabe desjenigen verbunden, was der Beklagte aus dem zugrunde liegenden Rechtsverhältnis schuldet, so ist für die Wertberechnung nur einer der verbundenen Ansprüche, und zwar der **höhere,** maßgebend (§ 18 GKG).

© Verlag Gehlen

Beispiel:
RA Homann soll gesetzliche Unterhaltsansprüche durchsetzen. Da der Unterhaltspflichtige seine Einkommensverhältnisse nicht offen legt, muss RA Homann eine Stufenklage (§ 254 ZPO) erheben.
1. Stufe: Antrag auf Auskunft über die Einkommensverhältnisse.
– nach erfolgter Rechnungslegung –
2. Stufe: bezifferter Antrag auf Unterhaltszahlung.
*Da die Rechtsprechung im Allgemeinen für den Antrag auf Auskunft nur einen Wert von 1/4 bis 1/3 des Zahlungsanspruches annimmt, ist im vorliegenden Fall der bezifferten Zahlungsantrag **mit seinem vollem (dem höheren) Wert** für die Wertberechnung maßgebend.*

▶ *Wiederkehrende Leistungen*

Handelt es sich um Ansprüche auf Erfüllung einer **gesetzlichen Unterhaltspflicht,** ist in der Regel der **Jahresbetrag** maßgebend (§ 17 Abs. 1 GKG). Soweit auch **rückständiger Unterhalt** geltend gemacht wird, ist dieser dem Jahresbetrag hinzuzurechnen (§ 17 Abs. 4 S. 1 GKG).

Für **Unfallrenten** ist regelmäßig der **fünffache Jahresbetrag** zugrunde zu legen (§ 17 Abs. 2 GKG).

Bei anderen wiederkehrenden Nutzungen oder Leistungen, wie vertragliche Unterhaltsansprüche, berechnet sich der Wert nach dreieinhalbfachen Jahresbetrag (§ 9 ZPO).

▶ *Widerklage*

Gem. § 19 Abs. 1 S. 1 werden für die Wertermittlung die in einer Klage und Widerklage geltend gemachten Ansprüche zusammengerechnet. Diese Vorschrift weicht insofern von der für die Bestimmung der sachlichen Zuständigkeit in § 5 ZPO enthaltenen Regelung ab.

Gebührenrechtlich ist für die Ermittlung des Gegenstandswertes zu unterscheiden:

- **Derselbe** Streitgegenstand:
  Der Gegenstandswert bemisst sich gem. § 19 Abs. 1 S. 3 GKG nach dem **höheren** Wert.

  Beispiel:
  RA Wiegers erhebt für den Mieter Feststellungsklage, dass das Mietverhältnis nicht durch die fristlose Kündigung des Vermieters beendet worden sei. Der Prozessbevollmächtigte des Vermieters beantragt Klageabweisung und erhebt Widerklage auf Räumung.
  Da sowohl die Feststellungs- als auch die Räumungsklage denselben Streitgegenstand (Mietverhältnis) betreffen, dürfen die Werte beider Ansprüche nicht zusammengerechnet werden.

- **Verschiedene** Streitgegenstände
  Hier sind gem. § 19 Abs. 1 S. 1 GKG die Werte von Klage und Widerklage zu **addieren.**

© Verlag Gehlen

> **Beispiel:**
> RA Heinze erhebt in einer Verkehrsunfallsache für seinen Mandanten Klage auf Ersatz wegen Schäden an dessen Fahrzeug in Höhe von 5 900,00 DM. Der Prozessbevollmächtigte des Beklagten beantragt Klageabweisung und erhebt seinerseits Widerklage wegen Schäden am Fahrzeug des Beklagten in Höhe von 7 000,00 DM.
> Da hier sowohl die Klage als auch die Widerklage verschiedene Streitgegenstände (Schäden jeweils am Kfz des Klägers und des Beklagten) haben, sind die Werte zu addieren. Der Gegenstandswert beträgt somit 12 900,00 DM.

▶ *Zeitpunkt der Wertberechnung*

Für die Wertberechnung ist gem. §§ 14 Abs. 1 und 15 GKG sowie § 4 Abs. 1 ZPO der Zeitpunkt der die Instanz einleitenden Antragstellung (Einreichung der Klage bzw. Einlegung des Rechtsmittels) entscheidend.

4 Gemeinsame Vorschriften über Gebühren und Auslagen in sämtlichen Verfahrensarten

4.1 Gebühr für Rat, Auskunft und Erstberatung, § 20

Für einen mündlichen oder schriftlichen Rat oder eine Auskunft, die nicht mit einer anderen gebührenpflichtigen Tätigkeit zusammenhängen, erhält der RA gem. § 20 Abs. 1 S. 1 die so genannte **Beratungsgebühr**.

Für die Beratungsgebühr ist ein Satzrahmen von 1/10 bis zu 10/10 der vollen Gebühr vorgegeben. Die Höhe ist im Einzelfall unter Berücksichtigung der in § 12 genannten Kriterien zu bestimmen. Da § 12 dem RA hierfür ein *billiges Ermessen* einräumt, wird in der Praxis üblicherweise wie folgt abgestuft:

   1/10 – 3/10 = einfache Beratung
   4/10 – 8/10 = mittelschwere Beratung
   9/10 – 10/10 = schwere bis sehr schwere Beratung
   (Mittelgebühr = 5,5/10)

Handelt es um einen Rat oder eine Auskunft, die sich auf strafrechtliche, bußgeldrechtliche oder sonstige Angelegenheiten (ohne Gegenstandswert) beziehen, ist für die Gebühr gem. § 20 Abs. 1 S. 3 ein Betragsrahmen vorgegeben:

   Von 30,00 DM bis 350,00 DM
   Mittelgebühr = 190,00 DM

Für die so genannte **Erstberatung** darf der RA gem. § 20 Abs. 1 S. 2 keine höhere Gebühr als **350,00 DM** berechnen, wenn er wegen eines Rates oder einer Auskunft **erstmalig** für den Auftraggeber beratend tätig wird. Etwas anderes gilt dann, wenn der RA mit dem Auftraggeber eine Honorarvereinbarung getroffen hat.

Gemeinsame Vorschriften über Gebühren und Auslagen in sämtlichen Verfahrensarten 43

Beispiele:
a) RAin Sievers berät ihren Auftraggeber am 5. Juni erstmalig in einer Forderungsangelegenheit wegen 90 000,00 DM.
Bei dieser Sache handelt es sich um eine durchschnittliche, mittelschwere Beratung. RAin Sievers rechnet am 6. Juni wie folgt ab:
Gebühr für Erstberatung, §§ 11, 20 Abs. 1 S. 2 (Wert 90 000,00 DM)   *350,00 DM*

b) Wie zuvor: Jedoch ruft der Auftraggeber am 17. Juni in der Kanzlei der RAin Sievers an und bittet diese in derselben Forderungsangelegenheit um ergänzende Beratung.
Nunmehr kann RAin Sievers von ihrem Auftraggeber die „normale" Beratungsgebühr fordern und rechnet wie folgt ab:
5,5/10 Beratungsgebühr, §§ 11, 20 Abs. 1 S. 1 (Wert 90 000,00 DM)   *1 091,80 DM*
abzüglich Gebühr für Erstberatung gem. Rechnung vom 6. Juni ..   *350,00 DM*
    741,80 DM

Kommt es zwischen dem RA und Auftraggeber zum Streit darüber, ob es sich bei der Beratung um eine Erstberatung gehandelt hat oder nicht, so trifft zwar den Auftraggeber die Beweislast für das Vorliegen der in der Regel kostengünstigeren Erstberatung. Trotzdem empfiehlt es sich jedoch, gerade bei **Telefonaten,** die über die bloße Terminvereinbarung bzw. Mandatsannahme hinausgehen und eine Ratserteilung beinhalten, den Inhalt durch ein kurzes Bestätigungsschreiben oder mindestens durch einen entsprechenden Aktenvermerk festzuhalten.

Eine **Anrechnung** der Beratungsgebühr hat gem. § 20 Abs. 1 S. 4 auf eine später entstehende Betriebsgebühr zu erfolgen, wenn der RA in der gleichen Angelegenheit aufgrund eines

- gerichtlichen Vertretungs- bzw. Prozessauftrages (Anrechnung auf die Prozessgebühr bzw. vergleichbare Gebühren)
- außergerichtlichen Vertretungsauftrages (Anrechnung auf die Geschäftsgebühr)

entsprechend tätig wird.

Die so genannte **Abrategebühr** kann gem. § 20 Abs. 2 anfallen, wenn der RA mit der Prüfung der Erfolgsaussicht einer **Berufung** oder einer **Revision** beauftragt wird.

Hierfür erhält er eine (nach § 11 Abs. 1 S. 4 zu erhöhende) halbe Gebühr von **6,5/10,** wenn er

1. mit der Angelegenheit noch nicht befasst gewesen ist,
2. von der Einlegung des Rechtsmittels abrät und
3. anschließend auch kein Rechtsmittel einlegt.

© Verlag Gehlen

> **Beispiel:**
> RAin Boeck prüft für den Kläger, der zuvor von RA Eckermann vertreten und dessen Zahlungsklage über 10 000,00 DM durch Endurteil abgewiesen wurde, die Erfolgsaussichten einer Berufung. RAin Boeck kommt zum Ergebnis, dass ein Rechtsmittel keine Aussicht auf Erfolg habe. Der Kläger erteilt daraufhin keinen weiteren Auftrag. Die Gebühr der RAin Boeck berechnet sich wie folgt:
> 6,5/10 Abrategebühr, §§ 11, 20 Abs. 2 (Wert: 10 000,00 DM)　　　　386,80 DM

4.2 Gebühr für Gutachten, §§ 21, 21 a

Gemäß § 21 erhält der RA für die Ausarbeitung eines Gutachtens mit juristischer Begründung eine **angemessene** Gebühr. Für die Bestimmung der Höhe der Gebühr sind die Kriterien des § 12 entsprechend anzuwenden (siehe S. 17 ff. und 204 ff.).

Im Unterschied zum Rat muss das Gutachten schriftlich erstellt werden. Der RA hat den Sachverhalt tatsächlich aufzuarbeiten und rechtlich, unter Berücksichtigung der einschlägigen Rechtsprechung und des gängigen Schrifttums, zu würdigen. Das Ergebnis des Gutachtens muss für den Auftraggeber verständlich und gegebenenfalls nachprüfbar sein.

Zusätzlich zur Gutachtengebühr können noch die Auslagen gem. §§ 25 ff. angesetzt werden.

Arbeitet der RA gem. § 21 a S. 1 ein schriftliches Gutachten über die Aussichten einer **Berufung** oder einer **Revision** aus, so erhält er eine volle Gebühr (13/10).

Die Gutachtengebühr des **BGH-Anwalts** erhöht sich nicht auf eine 20/10 Gebühr, da in § 21 a keine Verweisung auf § 11 Abs. 1 S. 5 vorgenommen wird. Auch für ihn verbleibt es bei einer 13/10 Gebühr.

Gemäß § 21 a S. 2 ist die Prozessgebühr jedoch auf die Gutachtengebühr **anzurechnen** mit der Folge, dass der Rechtmittel-Anwalt keine zusätzliche Prozessgebühr mehr erhält. Der BGH-Anwalt kann jedoch noch die Differenz zur 20/10 Prozessgebühr verlangen.

4.3 Hebegebühr, § 22

Der RA erhält die Hebegebühr für die

- **Auszahlung** oder Rückzahlung erhaltener Gelder gem. § 22 Abs. 1 S. 1,
- **Ablieferung** oder Rücklieferung von Kostbarkeiten oder Wertpapieren (z. B. Aktien, Wechsel, Schecks; nicht aber Sparbücher, Hypotheken- und Grundschuldbriefe, Schuldscheine sowie Bürgschaftsurkunden) gem. § 22 Abs. 4,
- **Hinterlegung** der vom Auftraggeber erhaltenen Gelder oder Wertpapiere als Sicherheitsleistung, wie z. B. die Hinterlegung einer Bankbürgschaft für den Schuldner zur Abwendung der Zwangsvollstreckung aus dem Urteil.

Unbare Zahlungen, wie Überweisungen auf ein Bankkonto, stehen baren Zahlungen gleich (§ 22 Abs. 1 S. 2). Die Hebegebühr kann auf jeden aus- oder zurückgezahlten Betrag **gesondert** berechnet und erhoben werden (§ 22 Abs. 2), soweit die Auskehrung in Teilbeträgen nicht rechtsmissbräuchlich ist.

Die Mindestgebühr beträgt 1,00 DM (§ 22 Abs. 3); Pfennigbeträge sind auf volle zehn Pfennig aufzurunden (§ 11 Abs. 2 S. 2). Da die Hebegebühr mit anderen Gebühren im Zusammenhang steht, wird sie bei der Berechnung der Pauschale gem. § 26 S. 2 mit berücksichtigt.

Die Hebegebühr entsteht gem. § 22 Abs. 5 **nicht,** soweit der RA

- Kosten an ein Gericht oder Behörde weiterleitet (z. B. auftragsgemäße Einzahlung des Gerichtskostenvorschusses),
- eingezogene Kosten an den Auftraggeber abführt (z. B. die durch den Gegner erstatteten Gerichtskosten) oder
- eingezogene Beträge auf seine Vergütung verrechnet.

Die Höhe der Hebegebühr ist **stufenweise** zu ermitteln:

- bis zu 5 000,00 DM = 1 %
- von dem Mehrbetrag bis zu 20 000,00 DM = 0,5 %
- von dem Mehrbetrag über 20 000,00 DM = 0,25 %.

Beispiel:
Der RA überweist von seinem Konto 50 000,00 DM an seinen Auftraggeber. Die Hebegebühr wird wie folgt berechnet:
- *bis zu 5 000,00 DM* = 50,00 DM (1 %)
- *von dem Mehrbetrag bis zu 20 000,00 DM (= 15 000,00 DM)* = 75,00 DM (0,5 %)
- *von dem Mehrbetrag über 20 000,00 DM (= 30 000,00 DM)* = 75,00 DM (0,25 %).
= 200,00 DM.

Hinweis: In der Praxis werden für die Berechnung der Hebegebühr besondere Gebührentabellen verwendet.

Die **Erstattung** der Hebegebühr durch den Gegner setzt voraus, dass diese – als Kosten im Sinne der §§ 91, 788 ZPO – notwendig ist. In der Regel ist eine entsprechende Tätigkeit des RA nicht notwendig. Ausnahmsweise wird die Erstattungspflicht z. B. dann angenommen, wenn der Gläubiger im Ausland wohnt oder der Schuldner freiwillig an den geldempfangsbevollmächtigten RA zahlt.

Zahlt der Schuldner den vom RA angeforderten Geldbetrag weisungsgemäß auf dessen Konto ein, ohne zuvor auf die Entstehung einer Hebegebühr hingewiesen worden zu sein, ist diese nicht erstattungspflichtig.

© Verlag Gehlen

4.4 Vergleichsgebühr, § 23

Die Vergleichsgebühr des § 23 ist in dem 2. Abschnitt der BRAGO „*Gemeinsame Vorschriften über Gebühren und Auslagen*" geregelt und gilt daher grundsätzlich für **jeden Bereich** der anwaltlichen Berufsausübung.

4.4.1 Begriff und Voraussetzungen

Zur Begriffsbestimmung des Vergleichs verweist § 23 auf die Regelung der Vorschrift des § 779 BGB: „*Ein Vertrag, durch den der Streit oder die Ungewissheit der Parteien über ein Rechtsverhältnis im Wege gegenseitigen Nachgebens beseitigt wird (Vergleich), ist …*"

Die **objektiven Voraussetzungen** für das Zustandekommen eines Vergleichs sind somit

- Abschluss eines Vertrages (Vereinbarung),
- Rechtsverhältnis zwischen den streitenden Parteien,
- Beseitigung des Streits bzw. der Ungewissheit durch gegenseitiges Nachgeben.

Nur ein Vergleich im Wege des **gegenseitigen** Nachgebens kann die Gebühr nach § 23 auslösen. Das gegenseitige Nachgeben erfordert, dass **beide** Parteien Zugeständnisse machen, die zu einer Einigung führen. Der Umfang des gegenseitigen Nachgebens ist hierbei unerheblich. Es reicht aus, wenn die Parteien in einem – auch nur geringfügigen – Punkt nachgeben.

In der Rechtsprechung ist sehr umstritten, ob ein Ratenzahlungsvergleich, insbesondere über titulierte Forderungen, eine Vergleichsgebühr auslöst.

Subjektive Voraussetzung für das Entstehen der Vergleichsgebühr ist die **Mitwirkung** des RA beim Vergleichsabschluss. Entscheidend ist, dass seine Tätigkeit für den Vergleichsabschluss **ursächlich** gewesen ist. Nicht erforderlich ist jedoch seine Anwesenheit. Es reicht aus, wenn er den Vergleichsvorschlag einer Prüfung unterzogen und dementsprechend seine Partei beraten hat.

Die Vergleichsgebühr kann von **jedem RA** – unabhängig von seiner verfahrensrechtlichen Stellung – verdient werden.

Auch ein Prozessbevollmächtigter eines Dritten (z. B. Streithelfer), der dem Prozess beigetreten ist, kann die Vergleichsgebühr erhalten, sofern der Vergleichsabschluss auch das Rechtsverhältnis des Dritten berührt hat.

Die Vergleichsgebühr ist eine **Erfolgsgebühr,** d. h. der Vergleich muss auch tatsächlich zustande kommen.

Wird der Vergleich unter einer **aufschiebende Bedingung** oder unter dem Vorbehalt des **Widerrufs** geschlossen, so erhält der RA die Vergleichsgebühr gem. § 23 Abs. 2 nur, wenn

Gemeinsame Vorschriften über Gebühren und Auslagen in sämtlichen Verfahrensarten 47

- die Bedingung eingetreten ist oder
- der Vergleich nicht mehr widerrufen werden kann.

Für den Fall, dass der wirksam zustande gekommene Vergleich angefochten wird, z. B. wegen Irrtums, ist in der Rechtsprechung strittig, ob die bereits entstandene Vergleichsgebühr bestehen bleibt.

4.4.2 Höhe der Gebühr

Die Höhe der Vergleichsgebühr richtet sich nach dem Wert bzw. dem Interesse des zwischen den Parteien streitigen Rechtsverhältnisses. Sofern es sich um einen geldmäßig zu beziffernden Anspruch handelt, ist Gegenstandswert der geforderte Betrag bzw. der Wert der Sache.

> **Merke:**
> Gegenstandswert für die Vergleichsgebühr ist der Betrag, **über** den die Parteien streiten und nicht der Betrag, **auf** den sie sich einigen.

Für die Mitwirkung beim Abschluss eines Vergleiches erhält der RA **15/10** der vollen Gebühr (§ 23 Abs. 1 S. 1). Soweit über den Gegenstand des Vergleichs ein gerichtliches Verfahren **anhängig** ist, erhält der RA die Vergleichsgebühr nur in Höhe einer **10/10 Gebühr** (§ 23 Abs. 1 S. 3 Hs. 1); das Gleiche gilt, wenn ein Verfahren über die Prozesskostenhilfe anhängig ist (§ 23 Abs. 1 S. 3 Hs. 2).

Ein gerichtliches Verfahren ist anhängig, wenn eine Antragsschrift beim Gericht eingereicht ist, wie z. B. die Klageschrift, der Antrag auf Erlass eines Mahnbescheides, der Antrag auf Durchführung eines selbstständigen Beweisverfahrens.

Die Einreichung des Antrages auf Bewilligung der Prozesskostenhilfe bei Gericht wird gebührenrechtlich der zuvor genannten Anhängigkeit gleichgestellt.

Streitig ist in diesem Zusammenhang, ob die Bewilligung von Prozesskostenhilfe auch für einen Vergleichsabschluss über einen nichtanhängigen Anspruch eine 15/10 (so: OLG München, AnwBl. 97, S. 501; OLG Zweibrücken, RPfl. 97, S. 187) oder nur eine 10/10 Vergleichsgebühr (so: OLG Saarbrücken, RPfl. 97, S. 72; OLG Köln, RPfl. 97, S. 187) entstehen lässt.

Allgemeine Vorschriften

> **Merke:**
> Die Begriffe „nichtanhängig" und „anhängig" dürfen nicht gleichgesetzt werden mit den Begriffen „außergerichtlicher Vergleich" und „gerichtlich protokollierter Vergleich".

> **Beispiel:**
> In einem laufenden Prozessverfahren über einen Zahlungsanspruch einigen sich die Parteien unter Mitwirkung ihrer Prozessbevollmächtigten außergerichtlich. Inhalt des Vergleiches ist u. a. die Rücknahme der Klage.
> Da der Gegenstand des Vergleichs anhängig ist, erhalten die Prozessbevollmächtigten nur eine 10/10 Vergleichsgebühr, obwohl der Vergleich außergerichtlich geschlossen wurde.

Werden in einem gerichtlichen Vergleich sowohl anhängige als auch nichtanhängige Ansprüche geregelt, so entsteht eine 10/10 Gebühr auf den Gegenstandswert des anhängigen Anspruchs und eine 15/10 Gebühr auf den Gegenstandswert des nichtanhängigen Anspruchs. In einem solchen Falle ist nach § 13 Abs. 3 zu prüfen und gegebenenfalls zu ermäßigen.

> **Beispiel:**
> RAin Lorenz erhebt Zahlungsklage über 15 000,00 DM. Nach Erörterung der Sach- und Rechtslage schließen die Parteien zur Erledigung der Klageforderung und eines weiteren, noch nicht anhängig gemachten Zahlungsanspruches über 5 000,00 DM zu Protokoll einen Vergleich. Der Beklagte verpflichtet sich hierdurch, an den Kläger insgesamt 10 000,00 DM zu zahlen.
>
> Die Vergleichsgebühr berechnet sich wie folgt:
> 10/10 Vergleichsgebühr, 11, 23 Abs. 1 S. 3 (15 000,00 DM)   805,00 DM
> 15/10 Vergleichsgebühr, 11, 23 Abs. 1 S. 1 (5 000,00 DM)   480,00 DM
> geprüft (15/10 aus 20 000,00 DM) und ermäßigt
> gem. § 13 Abs. 3 von   1 285,00 DM auf 1 207,50 DM

Hinweis: Soweit auch nichtanhängige Ansprüche in einem Vergleich mit protokolliert werden, ist § 32 Abs. 2 mit der Ansetzung einer 5/10 Prozessgebühr zu berücksichtigen (siehe 2. Teil, Abschnitt 1.1.3, S. 69 ff.).

In der **Berufungs-** bzw. **Revisionsinstanz** erhöht sich die 10/10 Vergleichsgebühr für anhängige Ansprüche (§ 23 Abs. 1 S. 3) auf **13/10**. Ob sich die 15/10 Vergleichsgebühr (§ 23 Abs. 1 S. 1) für nichtanhängige Ansprüche ebenfalls um 3/10 erhöht, ist (noch) strittig. Eine erste OLG-Entscheidung zu dieser Streitfrage spricht sich für eine entsprechende Erhöhung auf **19,5/10** aus (KG, AnwBl. 98, S. 212).

4.4.3 Ergänzende Vorschriften

In bestimmten Angelegenheiten erhält der RA für seine Bemühungen um eine gütliche Einigung keine – begrifflich denkbare – Vergleichsgebühr, sondern Gebühren eigener Art, wie

▶ **Erledigungsgebühr (§ 24)**

Diese Gebühr erhält der RA, wenn er bei der Erledigung von Rechtsverhältnissen des öffentlichen Rechts mitgewirkt hat. Hierzu gehören in erster Linie Verwaltungsakte, die der Nachprüfung durch die ordentliche Gerichtsbarkeit unterliegen.

Soweit jedoch über die Ansprüche vertraglich verfügt werden kann, gelten die Absätze 1 und 2 des § 23 auch bei Rechtsverhältnissen des öffentlichen Rechts (§ 23 Abs. 3).

▶ **Aussöhnungsgebühr (§ 36 Abs. 2)**

Für die Mitwirkung bei der Aussöhnung in Ehesachen erhält der RA eine Aussöhnungsgebühr. Im Gegensatz zur Vergleichsgebühr ist sie keine Erfolgsgebühr im Sinne des § 23. Sie bleibt daher bestehen, auch wenn sich die Eheleute später wieder trennen.

▶ **Vergleichs-/Erledigungsgebühr (§ 132 Abs. 3)**

Führt eine der in § 118 bezeichneten Tätigkeit des RA im Rahmen der **Beratungshilfe** zu einem Vergleich oder einer Erledigung der Rechtssache, so erhält er hierfür eine gesonderte Gebühr von 200,00 DM für den Vergleich oder von 135,00 DM für die Erledigung (Vergleiche hierzu 2. Teil, Abschnitt 2.6.4, S. 111).

▶ **„Abschlußgebühr" in der Mediation**

Formuliert der RA als Mediator zwischen den Konfliktparteien eine Vereinbarung, so kann er – sofern vereinbart – eine der Vergleichsgebühr angenäherte Abschlussgebühr erhalten.

4.5 Mehrere Auftraggeber, § 6

Die Vorschrift des § 6 regelt den Umfang des Vergütungsaufkommens des RA, der für mehrere Auftraggeber in derselben Angelegenheit tätig wird.

Dieselbe Angelegenheit verbindet – je nach Auftrag – eine Vielzahl von anwaltlichen Tätigkeiten zu **einer gebührenrechtlichen Angelegenheit.** Während § 13 Abs. 2 bestimmt, dass der RA die Gebühren in derselben Angelegenheit nur einmal fordern kann, stellt § 6 Abs. 1 ergänzend klar, daß sich die Gebühren des RA auch bei der Vertretung mehrerer Auftraggeber in derselben Angelegenheit nicht nach der Zahl der Auftraggeber vervielfachen. Er erhält dann die Gebühren gem. § 6 Abs. 1 S. 1 ebenfalls **nur einmal.**

Ein **erhöhtes Gebührenaufkommen** bei der Vertretung von mehreren Auftraggeber in derselben Angelegenheit sieht die BRAGO jedoch in zweierlei Hinsicht vor:
• Betrifft die anwaltliche Tätigkeit **denselben Gegenstand,** also dasselbe Rechtsverhältnis, erhöhen sich gem. § 6 Abs. 1 S. 2 die so genannten Betriebsgebühren, nämlich

- **Geschäftsgebühr** (§ 118 Abs. 1 Nr. 1: „*... für das Betreiben des Geschäfts ...*"),
- **Prozessgebühr** (§ 31 Abs. 1 Nr. 1: „*... für das Betreiben des Geschäfts ...*") und weitere Betriebsgebühren (vgl. Abschnitt 4.5.2) durch jeden weiteren Auftraggeber um 3/10.
- liegen **verschiedene Gegenstände** der mehreren Auftraggeber vor, so sind die Werte gem. § 7 Abs. 2 zu addieren.

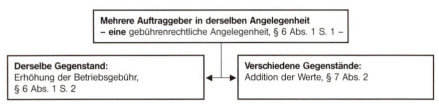

4.5.1 Mehrheit von Auftraggebern

Wird der RA gleichzeitig oder nebeneinander für **mehrere** natürliche bzw. juristische Personen oder juristischen Personen gleichgestellte Gesellschaften tätig, liegt eine **Mehrheit von Auftraggebern** vor.

Ob bei der Tätigkeit für mehrere Auftraggeber auch eine Erhöhung der Betriebsgebühr gem. § 6 Abs. 1 S. 2 vorgenommen werden kann, hängt davon ab, ob die Auftraggeber an **derselben Rechtssache** gemeinschaftlich beteiligt sind.

In der Regel ist von einer **gemeinschaftlichen** Vertretung im Sinne des § 6 Abs. 1 S. 2 auszugehen, wenn mehrere Auftraggeber

- auf der Anspruchstellerseite als **Gesamthandsgläubiger** oder als **Gesamtgläubiger** (selten),
- auf der Gegnerseite als **Gesamthandsschuldner** oder **Gesamtschuldner**

vorhanden sind.

Insoweit ist eine entsprechende Auftraggebermehrheit zu bejahen *bei:*

- **BGB-Gesellschaft** – bei der die Vertretung nach herrschender Meinung aller Gesellschafter zu erfolgen hat (OLG Koblenz, RPfl. 97, 453).

Allerdings sind in der Rechtsprechung vereinzelt Entscheidungen zu finden, die der BGB-Gesellschaft eine Teilrechtsfähigkeit zusprechen und – trotz ihrer mangelnden Parteifähigkeit – von keiner Auftraggebermehrheit ausgehen (OLG Nürnberg, RPfl. 97, 406).

Für die **Anwaltssozietät**, die eine BGB-Gesellschaft ist, gelten grundsätzlich vorstehende Ausführungen.

Soweit die Sozietät **eigene Honorarforderungen** geltend macht, wird dieser nach herrschender Rechtsprechung mit unterschiedlichen Begründungen eine Gebührenerhöhung gem. § 6 Abs. 1 S. 2 versagt. Bei Honorarforderungen der Sozietät gegen den eigenen Mandanten wirkt die vertragliche Verpflichtung dahin nach, für ihn den kostengünstigsten Weg der Einforderung zu wählen. Danach wird das Gebührenaufkommen insoweit begrenzt, als ein Sozietätsmitglied die Honorarforderung im eigenen Namen geltend machen könnte, sodass die Sozietät wie **ein** Anwalt behandelt wird.

Bei Honorarforderungen der Sozietät gegenüber einem erstattungspflichtigem Gegner werden die erhöhten Gebühren nicht für erstattungsfähig im Sinne des § 91 ZPO angesehen.

Allerdings sind auch hier in der Rechtsprechung vereinzelt abweichende Auffassungen zu finden, wonach selbst bei einer Gebührenklage der Sozietät gegen den eigenen Mandanten die erhöhte Prozessgebühr für ansetzbar und erstattungsfähig gehalten wird (OLG Stuttgart, Die Justiz 97, 58).

- **Eheleute** – bei Vertretung beider Ehegatten, auch wenn der eine Ehegatte den Auftrag für sich selbst und zugleich für den anderen erteilt
- **Erbengemeinschaft** – bei der die Vertretung aller Miterben zu erfolgen hat
- **GmbH & Co. KG** – *soweit neben* der Kommanditgesellschaft auch die in Anspruch genommene Komplementärgesellschaft vertreten wird (ggf. mehrere Komplementäre)
- **Kommanditgesellschaft** – *soweit neben* der Gesellschaft auch der in Anspruch genommene Komplementär vertreten wird (ggf. mehrere Komplementäre)
- **Mieter** – bei Vertretung mehrerer Mieter eines Mietobjektes
- **Miteigentümer** – bei Vertretung der Miteigentümer, insbesondere die einer Bruchteilseigentumgemeinschaft
- **Nichtrechtsfähiger Verein** – bei Vertretung seiner Mitglieder auf der *Klägerseite*
- **Offene Handelsgesellschaft** – *soweit neben* der Gesellschaft auch die in Anspruch genommenen (persönlich haftenden) Gesellschafter vertreten werden
- **Partnerschaftsgesellschaft** – für die Partnerschaft von Angehörigen freier Berufe gelten grundsätzlich die Ausführungen zur OHG. Da § 7 Abs. 2 PartGG auf § 124 HGB verweist, kommt der Mehrvertretungszuschlag in Betracht, *soweit neben* der Gesellschaft auch die in Anspruch genommenen Gesellschafter vertreten werden
- **Rechtsnachfolger** – bei Vertretung mehrerer Rechtsnachfolger des ursprünglichen Auftraggebers
- **Streitgenossen** – bei Vertretung mehrerer Streitgenossen, die gemeinschaftlich und nicht unabhängig voneinander auftreten

- **Verkehrsunfallsachen** – bei Vertretung der gesamtschuldnerisch in Anspruch genommenen Fahrer, Kraftfahrzeughalter und Haftpflichtversicherer
- **Wohnungseigentümergemeinschaft** – bei Vertretung der Eigentümer; auch wenn diese durch einen Verwalter vertreten werden.

Hinweis: Wegen der Fülle gerichtlicher und teilweise uneinheitlicher Entscheidungen sind die vorstehenden Beispiele mit gebotenem Vorbehalt zu verstehen. Im Zweifel ist für den konkreten Sachverhalt die aktuelle Rechtsprechung des jeweiligen Gerichtsbezirkes heranzuziehen.

Keine Auftraggebermehrheit, sondern lediglich **ein** Auftraggeber ist anzunehmen für:

- **juristische Personen, Handelsgesellschaften und Partnerschaftsgesellschaft** – auch wenn mehrere Vertretungsorgane bzw. mehrere Gesellschafter den Auftrag zur Vertretung *lediglich* der juristischen Person bzw. der Gesellschaft erteilen;
- **Minderjährige** – auch wenn die sorgeberechtigten Eltern den Auftrag zur Vertretung erteilen
- **Nachlasspflegschaft** – bei Vertretung für *unbekannte* Erben
- **Nichtrechtsfähiger Verein** – soweit dieser auf der *Beklagtenseite* vertreten wird (Gleichstellung mit einem rechtsfähigen Verein gem. § 50 Abs. 2 ZPO)

4.5.2 Erhöhung der Betriebsgebühr

Soweit der Gegenstand der anwaltlichen Tätigkeit derselbe ist, erhöhen sich gem. § 6 Abs. 1 S. 2 die so genannten Betriebsgebühren durch jeden weiteren Auftraggeber um **3/10**. Obgleich der Gesetzgeber nur die **Geschäftsgebühr** (§ 118 Abs. 1 Nr. 1) und die **Prozessgebühr** (§ 31 Abs. 1 Nr. 1) nennt, fallen auch die **Mahnbescheids- bzw. Widerspruchsgebühr** (§ 43 Abs. 1 Nr. 1 und 3) unter die Regelung des § 6, da diese dem Charakter der Prozessgebühr entsprechen.

Neben der vollen Prozessgebühr des Prozessbevollmächtigten erhöhen sich insbesondere *auch* die nachstehenden Prozessgebühren um 3/10:

- 5/10 Prozessgebühr **vorzeitiger Beendigung** (§ 32 Abs. 1),
- 5/10 Prozessgebühr **Protokollierung** einer Einigung (§ 32 Abs. 2),
- 10/10 Prozessgebühr **Arrest, einstweilige Verfügung** (§ 40),
- 10/10 Prozessgebühr **selbstständiges Beweisverfahren** (§ 48),
- 5/10 Prozessgebühr **Prozesskostenhilfeverfahren** (§ 50),
- 10/0 Prozessgebühr **Verkehrsanwalt** (§ 52),
- 5/10 Prozessgebühr **Unterbevollmächtigter** (§ 53),
- 5/10 Prozessgebühr **Beweisanwalt** (§ 54),
- 3/10 Prozessgebühr **Zwangsvollstreckung** (§ 57),
- 5/10 Prozessgebühr **Beschwerde- bzw. Erinnerungsverfahren** (§ 61).

> **Merke:**
> Im Rechtsmittelverfahren beträgt der zu erhöhende Ausgangsgebührensatz für die volle Gebühr 13/10 und der für die halbe Gebühr 6,5/10.

Die Anwendbarkeit des § 6 für die **Ratsgebühr** (§ 20 Abs.1), insbesondere für die Erstberatung mit ihrem Höchstbetrag, ist umstritten. Die Verfasser vertreten jedoch die Auffassung, dass die Ratsgebühr – auch bei der Erstberatung – für mehrere Auftraggeber entsprechend zu erhöhen ist. Denn zum einen hat die Ratsgebühr einen der Betriebsgebühr vergleichbaren Charakter, wie sich aus der Anrechnungsvorschrift des § 20 Abs. 1 S. 4 auf eine etwaige später anfallende Geschäfts- oder Prozessgebühr ableiten lässt. Zum anderen würde dem RA, insbesondere bei einer Erstberatung mit hohen Gegenstandswerten, eine angemessene Vergütung für die Mehrarbeit und für das erhöhte Haftungsrisiko versagt bleiben.

> **Beispiel:**
> RA Michel führt für eine Erbengemeinschaft, bestehend aus zwei Erben, in derselben Angelegenheit ein Erstberatung durch. Abzurechnen ist diese Sache nach einem Gegenstandswert von 640 000,00 DM. Wollte RA Michel hier z. B. nach dem niedrigsten Gebührensatz von 1/10 abrechnen, erhielte er 472,50 DM.
> Gem. § 20 Abs. 1 S. 2 darf die Gebühr für die Erstberatung höchstens 350,00 DM betragen. Da hier zwei Auftraggeber vorhanden sind, erhöht sich die Gebühr um 3/10 = 105,00 DM auf 455,00 DM.

Nicht erhöhungsfähig sind insbesondere folgende Gebühren:
- Verhandlungs-, Beweis-, Erörterungs- und Vergleichsgebühr,
- Vollstreckungsbescheidsgebühr,
- Gutachtensgebühr gem. § 21, bei der die Höhe der Gebühr bei einer Auftraggebermehrheit jedoch nach der Vorschrift des § 12 in angemessener Weise bestimmt werden kann.

4.5.3 Berechnung und Umfang der Erhöhung

Die Erhöhung einer vollen Gebühr bereitet keine Schwierigkeit, da eine um 3/10 zu erhöhende 10/10 Gebühr mit 13/10 zu berechnen und die Höhe des Betrages einer üblichen Gebührentabelle zu entnehmen ist. Handelt es sich jedoch um eine **Bruchteilsgebühr**, so ist die 3/10 Erhöhung von der jeweiligen Bruchteilsgebühr zu berechnen. So ist bei der Geschäftsgebühr, die zu den Satzrahmengebühren gehört, zunächst der angemessene Gebührensatz gem. § 12 zu ermitteln und dann entsprechend um 3/10 zu erhöhen.

Zu beachten ist jedoch eine **Begrenzung der Erhöhung** gem. § 6 Abs. 1 S. 2. Danach dürfen mehrere Erhöhungen den Betrag von **zwei vollen Gebühren** – bezogen auf die Ausgangsgebühr – nicht übersteigen. Diese Begrenzung der Erhöhung tritt ein, wenn

© Verlag Gehlen

insgesamt acht oder mehr Auftraggeber vorhanden sind, da die Erhöhungen dann die Höhe von zwei vollen Gebühren übersteigen.

Demnach kann beispielsweise
- eine 7,5/10 Geschäftsgebühr höchstens um 15/10 auf insgesamt 22,5/10
- eine 10/10 Prozessgebühr höchstens um 20/10 auf insgesamt 30/10,

erhöht werden.

Mit dem nachstehenden Berechnungsschema lässt sich die Erhöhung einer jeder in Betracht kommenden Bruchteilsgebühr in vier Schritten berechnen.

Berechnungsschema für Bruchteilsgebühren:
1. Berechnung der Erhöhung um 3/10: Ausgangsgebührensatz × 3/10
2. Ermittlung des erhöhten Gebührensatzes: Ausgangsgebührensatz + Erhöhung(en)
3. Ablesen des Betrages aus der Tabelle: 1/10 (!) DM-Betrag × erhöhter Gebührensatz
4. Obergrenze der Erhöhungen: zwei Ausgangsgebühren

Beispiel:
a) *RAin Stich legt für die Eheleute Hilde und Martin Zusann Berufung nach einem Gegenstandswert in Höhe von 10 000,00 DM ein. Der Ausgangsgebührensatz im Berufungsverfahren beträgt 13/10. Die um 3/10 zu erhöhende Prozessgebühr für* **zwei Auftraggeber** *ermittelt sich wie folgt:*
 1. Berechnung der Erhöhung: 13/10 × 3/10 = (39/100) **3,9/10***,*
 2. Ermittlung des erhöhten Gebührensatzes: 13/10 + 3,9/10 = **16,9/10***,*
 3. Ablesen des Betrages aus der Gebührentabelle:
  – die volle (10/10) Gebühr bei einem Gegenstandswert von 10 000,00 DM beträgt 595,00 DM,
  – 1/10 dieser vollen Gebühr (Kommastelle verrücken) beträgt 59,50 DM,
  – 16,9/10 multipliziert mit 59,50 DM ergibt 1 005,55 DM (da Gebühren gem. § 11 Abs. 2 S. 2 auf volle zehn Deutsche Pfennige aufzurunden sind, beträgt die erhöhte Gebühr hier 1 005,60 DM),
 4. (vorsorglich:) die Erhöhung übersteigt nicht den Betrag von zwei vollen Gebühren.
 In der Vergütungsberechnung kann die Gebühr dann wie folgt angeführt werden:
 16,9/10 *Prozessgebühr gem.* **§§ 11, 31 Abs.1 Nr. 1, 6 (Wert: 10 000,00 DM) 1 005,60 DM**
b) *RAin Zeidler vertritt die Miteigentümer einer Wohnungseigentümergemeinschaft, nämlich M1, M2, M3 und M4, in einer außergerichtlichen Forderungssache nach einem Gegenstandswert in Höhe von 50 000,00 DM. RAin Zeidler will die Geschäftsgebühr gem. § 118 Abs. 1 Nr. 1 nach einem Ausgangsgebührensatz von 7,5/10 (= Mittelgebühr) abrechnen. Die um 3/10 zu erhöhende Geschäftsgebühr* **für vier Auftraggeber** *ermittelt sich wie folgt:*

Gemeinsame Vorschriften über Gebühren und Auslagen in sämtlichen Verfahrensarten 55

1. Berechnung der Erhöhung: 7,5/10 x 3/10 = (22,5/100) **2,25/10,**
2. Ermittlung des erhöhten Gebührensatzes: 7,5/10 + 2,25/10 + 2,25/10 + 2,25/10 = **14,25/10,**
3. Ablesen des Betrages aus der Gebührentabelle:
   – die volle (10/10) Gebühr bei einem Gegenstandswert von 50 000,00 DM beträgt 1 425,00 DM,
   – 1/10 dieser vollen Gebühr (Kommastelle verrücken) beträgt 142,50 DM,
   – 14,25/10 multipliziert mit 142,50 DM ergibt 2 030,63 DM (da Gebühren gem. § 11 Abs. 2 S. 2 auf volle zehn Deutsche Pfennige aufzurunden sind, beträgt die erhöhte Gebühr 2 030,70 DM),
4. (vorsorglich:) Die Erhöhungen übersteigen nicht den Betrag von zwei vollen Gebühren.

In der Vergütungsberechnung kann die Gebühr dann wie folgt angeführt werden:
**14,25/10 Geschäftsgebühr gem. §§ 11, 118 Abs. 1 Nr. 1, 6
(Wert: 50 000,00 DM)** 2 030,70 DM

Übersicht: Berechnung der Erhöhung relevanter Bruchteilsgebühren für zwei Auftraggeber			
Ausgangsgebühr	+ Erhöhung	=	erhöhte Gebühr:
3/10	+ 0,9/10	=	3,9/10
5/10	+ 1,5/10	=	6,5/10
6,5/10	+ 1,95/10	=	8,45/10
7,5/10	+ 2,25/10	=	9,75/10
10/10	+ 3/10	=	13/10
13/10	+ 3,9/10	=	16,9/10
20/10	+ 6/10	=	26/10

Übersicht: Erhöhte Bruchteilsgebühren für zwei bis acht Auftraggeber mit Begrenzung							
Ausgangsgebühren	3/10	5/10	6,5/10	7,5/10	10/10	13/10	20/10
2 Auftraggeber	3,9/10	6,5/10	8,45/10	9,75/10	13/10	16,9/10	26/10
3 Auftraggeber	4,8/10	8/10	10,4/10	12/10	16/10	20,8/10	32/10
4 Auftraggeber	5,7/10	9,5/10	12,35/10	14,25/10	19/10	24,7/10	38/10
5 Auftraggeber	6,6/10	11/10	14,3/10	16,5/10	22/10	28,6/10	44/10
6 Auftraggeber	7,5/10	12,5/10	16,25/10	18,75/10	25/10	32,5/10	50/10
7 Auftraggeber	8,4/10	14/10	18,2/10	21/10	28/10	36,4/10	56/10
8 Auftraggeber	**9/10**	**15/10**	**19,5/10**	**22,5/10**	**30/10**	**39/10**	**60/10**

Bei **Betragsrahmengebühren** gem. § 6 Abs. 1 S. 3 erhöht sich jeweils der Mindest- und Höchstbetrag durch jeden weiteren Auftraggeber um 3/10, wobei mehrere Erhöhungen das Doppelte des Mindest- und Höchstbetrages nicht übersteigen dürfen. Aus den erhöhten Rahmen ist sodann die Vergütung nach den Grundsätzen des § 12 zu bestimmen.

© Verlag Gehlen

In **Strafverfahren** kommt eine Auftraggebermehrheit bei Betragsrahmengebühren gem. § 6 Abs. 1 S. 3 nur in Betracht, wenn mehrere Personen in derselben Strafsache als **Privat- oder Nebenkläger** vertreten werden (vgl. 4. Teil, Abschnitt 2.6 sowie 2.7.2, S. 209 f.). Eine gemeinschaftliche Verteidigung von mehreren Beschuldigten bzw. Angeklagten ist gem. § 146 StPO unzulässig.

Ferner ist eine entsprechende Erhöhung im Verfahren vor dem Sozialgericht (§ 116) und vor dem Verfassungsgericht (§ 113) möglich.

4.5.4 Derselbe Gegenstand/verschiedene Gegenstände

Der RA muss für die mehreren Auftraggeber in derselben Angelegenheit tätig sein, und zwar wegen **desselben Gegenstandes** (gemeinschaftliche Beteiligung), damit eine Erhöhung der Betriebsgebühren gem. § 6 Abs. 1 S. 2 vorgenommen werden kann.

Ob eine solche gemeinschaftliche Beteiligung vorliegt, ist insbesondere dann zu beachten, wenn in einer Klage mehrere Ansprüche (objektive Klagenhäufung) geltend gemacht werden.

So liegt zwar eine Auftraggebermehrheit vor, wenn der RA in einer Klage Ehegatten- und Kindesunterhalt geltend macht, jedoch **keine** gemeinschaftliche Beteiligung an demselben Gegenstand. Deshalb darf die Prozeßgebühr nicht erhöht werden.

Sind mehrere Auftraggeber nur **zum Teil** an demselben Gegenstand beteiligt, ist die Erhöhung nur auf den Wertteil der gemeinschaftlichen Beteiligung vorzunehmen.

> *Beispiel:*
> RA Zorn vertritt die Eheleute Reuter in einer Verkehrsunfallsache und erhebt Klage auf Zahlung von insgesamt 8 000,00 DM. Die Klageforderung setzt sich zusammen aus dem Schaden des den Eheleuten gemeinsam gehörenden Fahrzeuges in Höhe von 6 000,00 DM (= gemeinschaftliche Beteiligung) und einem Schmerzensgeldanspruch des Herrn Reuter in Höhe von 2 000,00 DM.

In der Praxis gibt es zwei Berechnungsmethoden:

1. 10/10 Prozessgebühr, §§ 11, 31 Abs. 1 Nr. 1
   (Wert: 8 000,00 DM)   485,00 DM
   zuzüglich 3/10 Erhöhung gem. § 6 aus 6 000,00 DM   112,50 DM   597,50 DM

2. 13/10 Prozessgebühr, §§ 11, 31 Abs. 1 Nr. 1, 6
   (Wert: 6 000,00 DM)   487,50 DM
   10/10 Prozessgebühr, §§ 11, 31 Abs. 1 Nr. 1
   (Wert: 2 000,00 DM)   170,00 DM
   geprüft gem. § 13 Abs. 3 (13/10 aus 8 000,00 DM)
   und ermäßigt von   657,50 DM auf 630,50 DM

© Verlag Gehlen

Die zweite Berechnungsmethode ist vorzuziehen, da § 6 nur in Verbindung mit einer Betriebsgebühr anzuwenden ist und keine eigene Gebühr darstellt.

> **Merke:**
> Die Erhöhung der Betriebsgebühr ist nur insoweit vorzunehmen, als mehrere Auftraggeber am Gegenstand bzw. nur an einem Teil des Gegenstandes gemeinschaftlich beteiligt sind.

4.5.5 Haftung der Auftraggeber

Die Haftung der einzelnen Auftraggeber für die Vergütung ist in § 6 Abs. 3 geregelt. Danach schuldet jeder Auftraggeber dem RA die Vergütung, die er schulden würde, wenn der RA allein in seinem Auftrag tätig geworden wäre. Insgesamt darf der RA jedoch nicht mehr als die nach § 6 Abs. 1 berechneten Gebühren fordern.

Der RA ist daher im Zweifel gehalten, eine doppelte Berechnung seiner Vergütung vorzunehmen und jedem Auftraggeber sowohl eine Rechnung über die Gesamtvergütung als auch eine Rechnung über die Vergütung, die bei getrennter Auftragsausführung entstanden wäre, zu erteilen.

Beispiel:

RA Lauer hat für die Auftraggeber Seidel und Bringer eine diesen gemeinschaftlich zustehende Darlehensforderung in Höhe von 10 000,00 DM gegen den Schuldner Schmid eingeklagt. Nach streitiger Verhandlung ergeht ein Endurteil. Der RA kann von seinen Auftraggebern insgesamt folgende Vergütung beanspruchen:

13/10 Prozessgebühr, §§ 11, 31 Abs. 1 Nr. 1, 6 (Wert: 10 000,00 DM)	773,50 DM
10/10 Verhandlungsgebühr, §§ 11, 31 Abs. 1 Nr. 2 (Wert: 10 000,00 DM)	595,00 DM
Post- und Telekommunikationsentgelte § 26 S. 2	40,00 DM
	1 408,50 DM
16 % MwSt., § 25 Abs. 2	225,36 DM
Gesamtvergütung für Seidel und Bringer	**1 633,86 DM**
Die Auftraggeber Seidel und Bringer haften in diesem Fall jeweils wie folgt:	
10/10 Prozeßgebühr, §§ 11, 31 Abs. 1 Nr. 1 (Wert: 10 000,00 DM)	595,00 DM
10/10 Verhandlungsgebühr, §§ 11, 31 Abs. 1 Nr. 2 (Wert: 10 000,00 DM)	595,00 DM
Post- und Telekommunikationsentgelte § 26 S. 2	40,00 DM
	1 230,00 DM
16 % MwSt., § 25 Abs. 2	196,80 DM
Einzelvergütung für Seidel bzw. Bringer	**1 426,80 DM**

Soweit nun Auftraggeber Seidel „seinen" Betrag in Höhe von 1 426,80 DM begleicht, schuldet Auftraggeber Bringer dem RA lediglich den Differenzbetrag, nämlich

Gesamtvergütung	1 633,86 DM
– Anteil Auftraggeber Seidel	1 426,80 DM
	207,06 DM.

© Verlag Gehlen

> **Merke:**
> Jeder Auftraggeber haftet für die Gesamtvergütung nur bis zu dem Betrag, der sich aus der berechneten Einzelvergütung für ihn ergibt. Insgesamt darf der RA von seinen Auftraggebern jedoch nur den Betrag der Gesamtvergütung fordern.

4.5.6 Schreibauslagen

Für die Berechnung der in § 27 bezeichneten Schreibauslagen (siehe Abschnitt 4.6.5, S. 62 ff.) trifft § 6 Abs. 2 eine Sonderregelung, wenn in derselben Angelegenheit Ablichtungen zur notwendigen Unterrichtung von **mehr als zehn** Auftraggebern gefertigt werden.

Grundsätzlich werden gem. § 25 Abs. 1 auch die Schreibauslagen zur notwendigen Unterrichtung des Auftraggebers pauschal mit der (erhöhten) Betriebsgebühr abgegolten. Soweit allerdings mehr als zehn Auftraggeber vorhanden sind, kann der RA ab dem 11. Auftraggeber zusätzlich Schreibauslagen für Kopien fordern, soweit diese zur notwendigen Unterrichtung gefertigt werden.

> **Beispiel:**
>
> RA Roth erhebt Klage für die aus 13 Miteigentümern bestehende Wohnungseigentümergemeinschaft wegen eines diesen gemeinschaftlich zustehenden Schadenersatzanspruches in Höhe von 31 000,00 DM. Aufgrund eines Beweisbeschlusses ist von einem Sachverständigen ein schriftliches Gutachten erstellt worden. Von dem 25 Seiten umfassenden Gutachten fertigt RA Roth zur notwendigen Unterrichtung für jeden Auftraggeber Kopien an.
>
> RA Roth kann in dieser Sache die Schreibauslagen gem. § 27 wie folgt berechnen:
> 1. die Kopien für die ersten 10 Auftraggeber (10 x 25 Seiten = 250 Seiten) werden durch gem. § 6 Abs. 1 S. 2 erhöhte Prozessgebühr abgegolten,
> 2. die Kopien für die drei restlichen Auftraggeber (3 x 25 Seiten = 75 Seiten) werden gem. § 27 Abs. 2 in Verbindung mit KV-GKG Nr. 9000 gesondert vergütet, nämlich
>
> | | |
> |---|---:|
> | 50 Kopien à 1,00 DM = | 50,00 DM |
> | 25 Kopien à 0,30 DM = | 7,50 DM |
> | insgesamt | 57,50 DM |

Für die Haftung bestimmt § 6 Abs. 3 S. 1 Hs. 2, dass jeder Auftraggeber nur für die Schreibauslagen haftet, die zu seiner Unterrichtung gefertigt wurden.

> **Merke:**
> Schreibauslagen für bis zu zehn Auftraggebern sind mit der erhöhten Prozessgebühr abgegolten. Weitere notwendige Schreibauslagen ab dem 11. Auftraggeber können gesondert berechnet werden.

4.6 Gemeinsame Vorschriften über Auslagen

4.6.1 Geschäftsunkosten, § 25 Abs. 1

Mit den Gebühren werden gem. § 25 Abs. 1 auch die **allgemeinen** Geschäftsunkosten abgegolten. Unter diesen allgemeinen Geschäftsunkosten versteht man die Kosten (nicht Unkosten), die notwendigerweise mit der Führung einer Rechtsanwaltskanzlei verbunden sind.

Hierzu gehören beispielsweise: Miete der Büroräume, Gehälter der Angestellten, Anschaffung und Unterhaltung von Bürogegenständen und Büromaschinen, Kauf von Büromaterial, Formularen, Büchern und Zeitschriften, Versicherungsbeiträge und Fahrzeugkosten.

§ 25 Abs. 3 stellt klar, dass Post- und Telekommunikationsentgelte (§ 26), Schreibauslagen (§ 27) und Reisekosten (§ 28) **nicht** mit den Gebühren abgegolten werden und besonders in Rechnung zu stellen sind.

Weitere Aufwendungen, die zum Zwecke der Ausführung des Auftrages erforderlich sind, wie z. B. Detektivkosten, Kosten für Handelsregisterauskünfte oder Einwohnermeldeamtsanfragen, sind vom Auftraggeber in Anwendung der Vorschrift des § 670 BGB zu ersetzen.

4.6.2 Umsatzsteuer/Mehrwertsteuer, § 25 Abs. 2

Die Vergütung des RA aus selbstständiger Berufstätigkeit unterliegt wie auch Lieferungen und sonstige Leistungen anderer Unternehmer gegen Entgelt grundsätzlich der Umsatzsteuer.

In der Praxis wird die vom RA zu erhebende Umsatzsteuer überwiegend als **Mehrwertsteuer** bezeichnet.

Gem. § 25 Abs. 2 hat der RA **Anspruch auf Ersatz** der auf seine Vergütung entfallenden Umsatzsteuer. Der RA berechnet somit **Mehrwertsteuer** auf **sämtliche Gebühren und Auslagen** (§§ 26, 27 und 28) und wälzt diese auf den Auftraggeber ab.

Nicht der Umsatzsteuer unterliegen durchlaufende Gelder, wie z. B. verauslagte Gerichtskosten oder vereinnahmte Fremdgelder.

Keine Mehrwertsteuer auf seine Vergütung darf der RA in nachstehenden Fällen berechnen:

- **Rechtsanwalt als „Kleinunternehmer"**
  Der RA, dessen Umsatz im vergangenen Kalenderjahr 32 500,00 DM nicht überschritten hat und im laufenden Kalenderjahr 100 000,00 DM voraussichtlich nicht übersteigen wird, gilt als „Kleinunternehmer" und ist grundsätzlich gem. § 19 Abs. 1 UStG von der Umsatzsteuerzahlung befreit. In der Regel wird er als „Kleinunternehmer" allerdings auf die Steuerbefreiung verzichten, um so in den Genuss des Vorsteuerabzuges zu kommen.

© Verlag Gehlen

- **Ausländische Auftraggeber**
  Der RA darf seinem ausländischen Auftraggeber keine deutsche Umsatzsteuer in Rechnung stellen, und zwar bei ausländischen Unternehmern sowie bei Privatpersonen, die außerhalb des Gebietes der EG ansässig sind.

- **RA in eigener Sache**
  Sofern der RA in eigener Sache tätig wird, muss nach dem Grund der Tätigkeit differenziert werden:
  - **Tätigkeit wegen einer Privatangelegenheit**
    Hier kann es sich z. B. um die Durchsetzung einer privaten Darlehensforderung des RA gegen einen Dritten handeln. Für derartige Tätigkeiten hat der RA die Mehrwertsteuer genauso zu berechnen wie bei anderen Auftraggebern auch.
  - **Tätigkeit aus beruflicher Anwaltstätigkeit**
    Hier kann es sich z. B. um eine Honorarklage gegen den eigenen Auftraggeber handeln. In diesen Fällen ist für den anfallenden Vergütungsanspruch **keine** Mehrwertsteuer in Rechnung zu stellen. Der Grund hierfür liegt im Umsatzsteuerrecht, wonach für derartige Tätigkeiten aus der beruflichen Sphäre kein „steuerbarer Umsatz" vorliegt.

4.6.3 Kostenerstattung der Mehrwertsteuer

Dieser Abschnitt behandelt die Frage, ob eine auf die Vergütung anfallende Mehrwertsteuer erstattungsfähig ist, wenn

- dem Gegner die Kosten des Rechtsstreits auferlegt werden,
- der Gegner infolge des Schuldnerverzuges die Kosten der anwaltlichen Inanspruchnahme zu tragen hat.

Hierbei ist beachten, ob der **Auftraggeber vorsteuerabzugsberechtigt** ist oder nicht. Der Begriff *Vorsteuerabzugsberechtigung* weist darauf hin, dass der Auftraggeber einer umsatzsteuerpflichtigen Tätigkeit nachgeht und die in der Vergütungsrechnung ausgewiesene Mehrwertsteuer als Vorsteuer gegenüber dem Finanzamt auf die Umsatzsteuerschuld verrechnen darf.

Zum vorsteuerabzugsberechtigten Personenkreis gehören regelmäßig **Unternehmer,** die eine gewerbliche oder freiberufliche Tätigkeit **selbstständig** ausüben. Allerdings enthält das UStG Steuerbefreiungsvorschriften, wonach z. B. ärztliche Leistungen grundsätzlich nicht der Umsatzsteuer unterliegen. Im Zweifel ist der Auftraggeber hinsichtlich seiner Vorsteuerabzugsberechtigung zu befragen.

▶ *Auftraggeber ist nicht vorsteuerabzugsberechtigt:*

Der Gegner hat in diesem Fall die Kosten der anwaltlichen Inanspruchnahme **zuzüglich** der Mehrwertsteuer zu erstatten, sei es in gerichtlichen oder außergerichtlichen Verfahren.

© Verlag Gehlen

▶ *Auftraggeber ist vorsteuerabzugsberechtigt:*
Der Gegner hat lediglich den sich aus der Vergütungsberechnung ergebenden **Nettobetrag** zu erstatten, während die Mehrwertsteuer vom vorsteuerabzugsberechtigten Auftraggeber zu entrichten ist.

Obwohl der Auftraggeber in diesem Fall den Mehrwertsteuerbetrag selbst zu tragen hat, erleidet er hierdurch keinen finanziellen Nachteil. Da der Auftraggeber die in der Vergütungsrechnung ausgewiesene Mehrwertsteuer für sich gegenüber dem Finanzamt als Vorsteuer deklarieren kann, mindert sich sein „Schaden" entsprechend um diesen Betrag.

4.6.4 Post- und Telekommunikationsentgelte, § 26

Der RA hat gem. § 26 Anspruch auf **gesonderten** Ersatz der bei der Ausführung des Auftrages für Post- und Telekommunikationsdienstleistungen zu zahlenden Entgelte. In der Praxis werden diese Auslagen überwiegend als Post- und Telekommunikationsentgelte bezeichnet.

Hierbei handelt es sich insbesondere um

- Portokosten für Briefe (einfacher Brief, Einschreiben etc.),
- Portokosten für Päckchen und Pakete,
- Verbindungsentgelte für Telefongespräche, Faxübermittlungen und E-mail,
- Aktenversendungspauschale (15,00 DM gem. KV-GKG Nr. 9003).

Dem RA wird ein **Wahlrecht** eingeräumt, ob er

- die tatsächlich entstandenen Kosten fordern will (§ 26 S.1) oder
- eine Pauschale zur Abdeckung seiner Kosten verlangt (§ 26 S. 2).

Es bleibt dem RA jedoch unbenommen, sein ausgeübtes Wahlrecht noch nachträglich zu ändern.

Fordert der RA den Ersatz für die **tatsächlich entstandenen Kosten,** genügt grundsätzlich die Angabe des **Gesamtbetrages** seiner Auslagen in der Vergütungsberechnung (§ 18 Abs. 2 S. 2). Im Kostenfestsetzungsverfahren (§ 104 Abs. 2 S. 2 ZPO) hat der RA zusätzlich zu versichern, dass diese Auslagen entstanden sind. Eine detaillierte Aufstellung kann jedoch verlangt werden, wenn die Notwendigkeit der Auslagen bestritten wird.

> *Merke:*
> Der RA sollte in umfangreichen Angelegenheiten entsprechende Belege aufbewahren bzw. Vermerke über geführte Telefonate zur Akte fertigen.

Verlangt der RA einen **Pauschsatz** gem. § 26 S. 2, so beträgt dieser **15 % der gesetzlichen Gebühren** in derselben Angelegenheit und – in gerichtlichen Verfahren – in demselben Rechtszug. Die Höhe des Pauschsatzes ist jedoch **begrenzt**

- im Allgemeinen auf **40,00 DM,**
- in Strafsachen und Bußgeldverfahren auf **30,00 DM.**

© Verlag Gehlen

Voraussetzung für die Berechnung eines Pauschsatzes ist, dass überhaupt entsprechende Auslagen entstanden sind. Dies gilt selbst dann, wenn nur ein einziges kurzes Telefonat geführt worden ist.

Im Prozesskostenhilfeverfahren ist die Pauschale nicht aus den (geminderten) Gebühren des § 123, sondern nach den fiktiven Gebühren des Wahlanwalts zu berechnen.

> *Merke:*
> Pfennigbeträge sind gem. § 26 S. 3 in Verbindung mit § 11 Abs. 2 S. 2 stets auf volle zehn Pfennig aufzurunden.

Bei einer **Mehrzahl von gebührenrechtlichen Angelegenheiten** bzw. bei einem vom Gesetzgeber angeordneten **Anrechnungsverfahren** *kann* die Pauschale **mehrfach** entstehen.

- Eilverfahren (Arrest und einstweilige Verfügung, § 40) *und* Hauptsache,
- Einspruchsverfahren (§ 38 Abs. 1) *und* bisheriges Verfahren,
- einstweilige Anordnungen (§ 41) *und* Ehesache,
- Grundverfahren (§ 304 ZPO) *und* Betragsverfahren,
- Mahnverfahren (§ 43) *und* Streitverfahren,
- Urkunden-/Wechselprozess (§ 39) *und* Nachverfahren,
- vorgerichtliche Tätigkeiten (§ 118) *und* Prozessverfahren.

Hinweis: Die Rechtsprechung in den verschiedenen Gerichtsbezirken ist zu der Frage des mehrfachen Entstehens der Pauschale uneinheitlich. In einigen der vorstehend aufgeführten Fällen billigen die Gerichte – mit unterschiedlichen Begründungen – die Pauschale nur einmal zu.

4.6.5 Schreibauslagen, § 27

Die Vorschrift des § 27 bestimmt, wann der RA einen Anspruch auf gesonderte Berechnung für Schreibauslagen, d. h. für **Abschriften** und **Ablichtungen,** hat. Mit den Begriffen Abschrift und Ablichtung sind vornehmlich die in der Praxis anzufertigen Fotokopien gemeint.

Grundsätzlich werden die Kosten für Schreibauslagen als allgemeine Geschäftsunkosten gem. § 25 Abs. 1 mit den Gebühren abgegolten.

So können beispielsweise die im Normalfall bei einer Prozessführung anfallenden Kopien von Schriftsätzen für

- die Handakte,
- den Auftraggeber
- und der Gegenseite (einfache und beglaubigte Abschrift)

keine gesondert zu berechnenden Schreibauslagen auslösen.

> **Merke:**
> Die üblicherweise bei Ausführung des Auftrages anfallenden Kopierkosten werden grundsätzlich durch die Gebühren abgegolten und sind nicht gesondert in Rechnung zu stellen.

Der RA kann jedoch Ersatz für Schreibauslagen gem. § 27 in folgenden Fällen **gesondert** fordern:

1. für Kopien aus **Behörden- und Gerichtsakten,** soweit deren Herstellung zur **sachgemäßen** Bearbeitung der Rechtssache geboten war (§ 27 Abs. 1 Nr. 1).

> *Beispiel:*
> *RA Keil will für seinen Auftraggeber in einer Verkehrsunfallsache Schadenersatzansprüche durchsetzen. Zur Überprüfung des Unfallherganges und der Frage des Verschuldens fordert er bei der polizeilichen Ermittlungsbehörde die Verkehrsunfallakte zur Einsichtnahme an. Nachdem er überprüft hat, welche Aktenteile zur sachgemäßen Bearbeitung erforderlich und geboten sind, fertigt er hieraus 12 Kopien. RA Keil kann somit die Kosten für 12 Kopien gesondert in Rechnung stellen.*

2. für Kopien, zur Unterrichtung von **mehr als drei Gegnern oder Beteiligten** aufgrund einer **Rechtsvorschrift** oder nach Aufforderung des Gerichts (§ 27 Abs. 1 Nr. 2).

> *Beispiel:*
> *RA Franke macht für seinen Auftraggeber Schadenersatzanprüche im Klagewege gegen die gesamtschulderisch haftenden Beklagten A, B und C geltend. Die Beklagten haben ihrerseits dem Dritten D nach den Rechtsvorschriften der §§ 72 ff. ZPO den Streit verkündet, der dem Rechtsstreit sodann beigetreten ist.*
> *Für die von RA Franke angefertigten Schriftsätze können die Kopierkosten für den vierten Beteiligten gesondert erhoben werden.*

Diese Bestimmung wird bei einer **Auftraggebermehrheit** durch § 6 Abs. 2 dahingehend ergänzt, dass der RA ab dem **11. Auftraggeber** anfallende Schreibauslagen gesondert fordern kann (vergleiche Abschnitt 1.4.5, S. 58).

3. im Übrigen nur für Kopien, wenn Sie im **Einverständnis mit dem Auftraggeber** zusätzlich, auch zur Unterrichtung Dritter, angefertigt worden sind (§ 27 Abs. 1 Nr. 3).

Eine zusätzliche Fertigung von Kopien liegt regelmäßig dann vor, wenn der RA über seine vertragliche Verpflichtung hinaus weitere Kopien anfertigt, und zwar im ausdrücklichem oder stillschweigendem Einverständnis des Auftraggebers.

> *Beispiel:*
> *RAin Sterzl vertritt den Beklagten Bertholt, der auf Zahlung von Schmerzensgeld in Anspruch genommen wird. Auf Wunsch des Bertholt übermittelt RAin Sterzl dessen Privathaftpflichtversicherer zur Information sämtliche Korrespondenz in dieser Sache. Die Kopierkosten kann sie ihrem Auftraggeber gesondert in Rechnung stellen.*

Die **Höhe der Schreibauslagen** bemisst sich gem. § 27 Abs. 2 nach den für die gerichtlichen Schreibauslagen im Gerichtskostengesetz, KV-GKG Nr. 9000 bestimmten Beträge:
- **für die ersten 50 Seiten jeweils: 1,00 DM**
- **für jede weitere Seite: 0,30 DM**

Diese Staffelung gilt für jede gebührenrechtliche Angelegenheit und in gerichtlichen Verfahren in jedem Rechtszug.

Beispiel:
RA Zeyer fertigt gem. § 27 Abs. 1 in der ersten Instanz 73 Kopien und in der Berufungsinstanz 97 Kopien. Die Berechnung für die Schreibauslagen ist wie folgt vorzunehmen:

Schreibauslagen in der ersten Instanz:	*50 Kopien à 1,00 DM =*	*50,00 DM*
	23 Kopien à 0,30 DM =	*6,90 DM*
	insgesamt	*56,90 DM*
Schreibauslagen in der Berufungsinstanz:	*50 Kopien à 1,00 DM =*	*50,00 DM*
	47 Kopien à 0,30 DM =	*14,10 DM*
	insgesamt	*64,10 DM*

Für die Erstattung der Schreibauslagen im Rahmen einer **Strafverteidigung** entsteht häufig Streit über die Anzahl und Notwendigkeit der angefertigten Fotokopien (vgl. hierzu die besonderen Ausführungen im 4. Teil, Abschnitt 5.1, S. 219).

4.6.6 *Geschäftsreisen, §§ 28 und 29*

Eine Geschäftsreise liegt vor, wenn sich der RA zur auftragsgemäßen Ausübung seiner anwaltlichen Tätigkeit **außerhalb** der Gemeinde seines **Kanzlei-** oder **Wohnortes** begibt. Hierfür sind ihm gem. § 28 als Reisekosten Fahrtkosten (= Wegeentschädigung), Tage- und Abwesenheitsgeld und Übernachtungskosten zu erstatten.

Ein Ersatzanspruch für Reisekosten besteht hingegen nicht, wenn der RA innerhalb seines Kanzlei- oder Wohnortes entsprechend tätig wird. Dies gilt auch, soweit er in Großstädten oder Verbandsgemeinden tätig wird. So können beispielsweise keine erstattungsfähigen Reisekosten innerhalb von Berlin oder Hamburg anfallen.

- **Fahrtkosten** (= Wegeentschädigung) gem. § 28 Abs. 2 Nr. 1 entstehen regelmäßig bei der Benutzung des eigenen Kraftfahrzeuges. Der RA erhält derzeit für jeden gefahrenen Kilometer des Hin- und Rückweges 0,52 DM zur Abgeltung seiner Fahrzeugkosten. Parkgebühren sind zusätzlich zur Kilometerpauschale zu erstatten.

Bei Benutzung **anderer Verkehrsmittel** sind dem RA die tatsächlichen Aufwendungen – soweit sie angemessen sind – gem. § 28 Abs. 2 Nr. 2 zu erstatten. Er ist nicht verpflichtet, das billigste Verkehrsmittel zu nehmen, vielmehr ist er im Rahmen eines pflichtgemäßen Ermessens sogar berechtigt, das für ihn bequemste und zeitlich günstigste Verkehrsmittel zu wählen, sei es ein Taxi, ein Zug oder unter Umständen ein Flugzeug.

© Verlag Gehlen

Gemeinsame Vorschriften über Gebühren und Auslagen in sämtlichen Verfahrensarten 65

- **Tage- und Abwesenheitsgeld** gem. § 28 Abs. 3 S. 1 werden nach pauschalierten Zeitabschnitten für die Abwesenheit bestimmt, und zwar für Geschäftsreisen von
  - nicht mehr als 4 Stunden: 30,00 DM
  - mehr als 4 bis 8 Stunden: 60,00 DM
  - mehr als 8 Stunden: 110,00 DM.

  Bei **Auslandsreisen** kann zu diesem Betrag ein **Zuschlag von 50 %** berechnet werden.

  Mit diesen Pauschbeträgen werden die mutmaßlich Mehraufwendungen des RA ausgeglichen, ohne Rücksicht darauf, ob diese tatsächlich entstanden oder überschritten werden.

  Die Zeitabschnitte werden vom Verlassen der Kanzlei bzw. der Wohnung bis zur Rückkehr dorthin berechnet. Das Tages- und Abwesenheitsgeld wird für **jeden Kalendertag** – auch an Sonn- und Feiertagen – gesondert berechnet.

- **Übernachtungskosten** gem. § 28 Abs. 3 S. 2 sind in Höhe der **tatsächlichen Aufwendungen** zu erstatten, soweit sie angemessen sind. Soweit die Hinfahrt oder Rückkehr noch an demselben Tag zumutbar ist, wird die Notwendigkeit einer Übernachtung zu verneinen sein. In der Regel ist davon auszugehen, dass dem RA ein Reisebeginn vor 6:00 Uhr und eine Rückkehr nach 22:00 Uhr im Sinne dieser Vorschrift nicht zugemutet werden kann.

Beispiel:

RA Kunze begibt sich im Auftrage seines Mandanten von seinem Kanzlei- bzw. Wohnort in Rostock am Montag um 8:00 Uhr mit seinem Fahrzeug auf eine Geschäftsreise nach Hamburg. Dort übernachtet in einem Hotel und wendet hierfür – ohne Frühstück – 190,00 DM (netto 163,79 DM) auf. In Hamburg fallen Parkgebühren über insgesamt 24,00 DM an. Am Dienstag kehrt RA Kunze um 21:00 Uhr zurück. Insgesamt ist er bei dieser Reise 602,7 Kilometer gefahren.

Die Abrechnung der Reisekosten ist wie folgt vorzunehmen:

Fahrtkosten: (aufgerundete) 603 km x 0,52 DM	= 313,56 DM
Parkgebühren	= 24,00 DM
Abwesenheitsgeld für Montag (mehr als acht Stunden)	= 110,00 DM
Abwesenheitsgeld für Dienstag (mehr als acht Stunden)	= 110,00 DM
Übernachtungskosten (netto)	= 163,79 DM
	721,35 DM
zuzüglich 16 % Mehrwertsteuer	= 115,42 DM
	836,77 DM

Dient eine Reise **mehreren** Geschäften, so sind die entstandenen Reisekosten und Abwesenheitsgelder gem. § 29 nach dem Verhältnis der Kosten zu verteilen, die bei gesonderter Ausführung der einzelnen Geschäfte entstanden wären.

© Verlag Gehlen

Diese Verteilung ist auch dann vorzunehmen, wenn eine Vereinbarung über die Reisekosten mit dem Auftraggeber geschlossen wurde oder wenn mehrere Geschäfte für einen Auftraggeber erledigt werden, da dieses für eine etwaige Kostenerstattung durch Dritte bedeutsam werden kann.

Beispiel:
RA Nieder erledigt auf einer Reise Geschäfte für den Auftraggeber Ritter und Auftraggeber Wittmann. Insgesamt belaufen sich die Reisekosten tatsächlich auf 500,00 DM. Bei getrennter Berechnung der Reisekosten ergibt sich für Auftraggeber Ritter ein fiktiver Kostenbetrag in Höhe von 300,00 DM und für Auftraggeber Wittmann in Höhe von 420,00 DM, insgesamt 720,00 DM.

Nunmehr sind die tatsächlichen Reisekosten im Verhältnis der einzeln fiktiv entstandenen Kosten mit folgender Berechnungsmethode zu verteilen:

$$\frac{\text{fiktive Einzelkosten} \times \text{tatsächliche Gesamtkosten}}{\text{Betrag aller fiktiven Einzelkosten}}$$

Für die Auftraggeber Ritter und Wittmann ergeben sich hiernach folgende Beträge:

$$\text{Auftraggeber Ritter} \quad \frac{300{,}00\text{ DM} \times 500{,}00\text{ DM}}{720{,}00\text{ DM}} = 208{,}33\text{ DM}$$

$$\text{Auftraggeber Wittmann} \quad \frac{420{,}00\text{ DM} \times 500{,}00\text{ DM}}{720{,}00\text{ DM}} = 291{,}67\text{ DM}$$

$$\text{insgesamt} = 500{,}00\text{ DM}$$

Für den **Kostenerstattungsanspruch** des Auftraggebers gegenüber dem Prozessgegner ist entscheidend, ob die Reisekosten zur Rechtsverfolgung oder -verteidigung im Sinne des § 91 ZPO notwendig waren. Sie sind für den RA, der nicht bei dem Prozessgericht zugelassen ist und auch nicht am Ort des Gerichts wohnt, nur dann gem. § 91 Abs. 2 erstattungsfähig,

- wenn an diesem Ort entweder kein übernahmebereiter RA zu finden ist oder
- durch die Beauftragung eines örtlichen RA und Informationsreisen des Auftraggebers höhere Kosten entstanden wären.

Für die Höhe des Erstattungsanspruches gegenüber dem Prozessgegner gilt insofern grundsätzlich das Kostengünstigkeitsprinzip.

II. Teil Bürgerliche Rechtsstreitigkeiten und ähnliche Verfahren

1 Regelgebühren des Prozessbevollmächtigten im Zivilprozess

Die Vorschrift des § 31 mit ihrer Prozessgebühr, Verhandlungsgebühr, Beweisgebühr und Erörterungsgebühr regelt das Gebührenaufkommen eines **Kernbereichs anwaltlicher Tätigkeit,** nämlich die Prozessführung vor Gericht. Da diese Gebühren regelmäßig in einem Prozess entstehen bzw. entstehen können, werden diese Gebühren als **Regelgebühren** bezeichnet.

Eine einleitende Übersicht zu den Regelgebühren des Prozessbevollmächtigten soll zunächst die Systematik der Regelgebühren mit ihren ergänzenden Vorschriften aufzeigen:

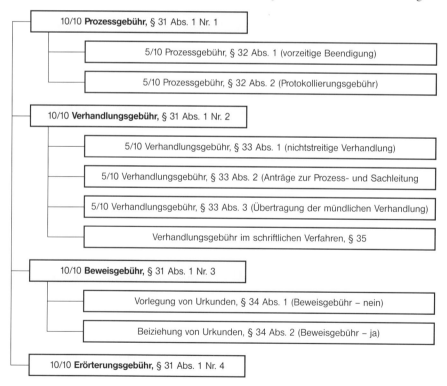

© Verlag Gehlen

1.1 Prozessgebühr, § 31 Abs. 1 Nr. 1

Gem. § 31 Abs. 1 Nr. 1 erhält der Prozessbevollmächtigte eine volle Gebühr für das **Betreiben des Geschäfts** einschließlich der Information. Die Prozessgebühr gehört daher – ebenso wie die Mahnbescheids- bzw. Widerspruchsgebühr (§ 43 Abs. 1 Nr. 1 und 3) und die Geschäftsgebühr (§ 118 Abs. 1 Nr. 1) – zu den sogenannten **Betriebsgebühren**.

1.1.1 Entstehung und Abgeltungsbereich

Die Prozessgebühr entsteht, sobald der RA für den Rechtsstreit
- von einer Partei zum Prozessbevollmächtigten bestellt wird und
- irgendeine unter die Prozessgebühr fallende Tätigkeit ausübt.

Zu diesen Tätigkeiten gehören in der Regel
- **Einreichung** eines Schriftsatzes mit Sachanträgen (vorwiegend Klageschrift bzw. Klageerwiderung),
- **Wahrnehmung** des Verhandlungstermins für den Auftraggeber ohne vorherige schriftsätzliche Legitimation.

Ferner wird die Prozessgebühr auch durch nachstehende Tätigkeiten ausgelöst:
- Entgegennahme von Informationen vom Auftraggeber oder Dritten,
- Besprechung mit dem Auftraggeber,
- Einholen von Auskünften,
- Anlegen der Handakte
- sowie jede unter § 37 fallende Tätigkeit.

> *Beispiele zur Vorschrift des § 37:*
>
> Die Führung von außergerichtlichen Vergleichsverhandlungen mit der Gegenseite im Rahmen des Prozessauftrages löst neben der Prozessgebühr keine gesonderte Geschäfts- sowie Besprechungsgebühr (§ 118 Abs. 1 Nr. 1 und 2) aus.
>
> Die Beobachtung des Verfahrensfortganges, insbesondere die Fristwahrung der Gegenseite, durch den erstinstanzlichen Prozessbevollmächtigten des Berufungsbeklagten ist durch die Prozessgebühr der ersten Instanz abgegolten.
>
> Der Antrag auf **erstmalige Umschreibung** der Vollstreckungsklausel gem. § 727 ZPO lässt keine besondere Gebühr entstehen.

> *Merke:*
>
> Die Prozessgebühr gilt die gesamte Tätigkeit des Prozessbevollmächtigten von prozessvorbereitenden Maßnahmen über die Prozessführung bis zur Beendigung des Rechtszuges, einschließlich notwendiger Tätigkeiten nach Urteilsverkündung, ab.

© Verlag Gehlen

1.1.2 Volle Gebühr

Ob eine volle oder eine halbe Prozessgebühr zu berechnen ist, hängt davon ab, ob der Prozessauftrag durchgeführt wird oder vorzeitig endigt. Dieses ist im Zusammenhang mit der Bestimmung des § 32 Abs. 1 zu beurteilen.

Die **volle** Gebühr entsteht,

- sobald ein Schriftsatz mit **Sachanträgen** eingereicht wird.

Beispiel:

RAin Hinze erhält Klageauftrag und reicht die Klageschrift wegen 10 000,00 DM bei Gericht ein. Der Beklagtenvertreter RA Mausch reicht die Klageerwiderung mit Klageabweisungsantrag ein.

Beide RAe verdienen folgende Gebühr:
10/10 Prozessgebühr §§ 11, 31 Abs. 1 Nr. 1 (Wert: 10 000,00 DM)   *595,00 DM*

Hierbei ist für den Beklagten ein förmlicher Sachantrag nicht erforderlich. Es wird von der Rechtsprechung als ausreichend angesehen, wenn sich das Klageabweisungsbegehren aus seinem Vortrag zweifelsfrei erkennen lässt.

- oder lediglich ein Verhandlungstermin **wahrgenommen** wird.

Beispiel:

Unmittelbar vor dem Verhandlungstermin beauftragt der Beklagte den RA Mausch, ihn zu vertreten. Da RA Mausch deshalb keine Zeit hatte, einen Schriftsatz einzureichen, legitimiert er sich erst im Verhandlungstermin als Prozessbevollmächtigter.

1.1.3 Halbe Gebühr, § 32

(1) Bei **vorzeitiger Beendigung** des Prozessauftrages, insbesondere vor Einreichung der Klageschrift oder der Klageerwiderung sowie der lediglich auftragsgemäßen Terminwahrnehmung, erhält der RA gem. **§ 32 Abs. 1** nur eine halbe Prozessgebühr.

Eine vorzeitige Beendigung des Prozessauftrages kann z. B. eintreten durch

- Kündigung des Anwaltsvertrages;
- Erledigung der Angelegenheit bei Zahlung des geforderten Betrages:

Beispiel:

RA Selberdinger erhält Klageauftrag wegen 10 000,00 DM. Bevor er die Klage einreicht, begleicht der Schuldner den Gesamtbetrag, sodass sich der Klageauftrag vor Einleitung des Prozesses erledigt hat.

RA Selberdinger verdient folgende Gebühr:
5/10 Prozessgebühr §§ 11, 31 Abs. 1 Nr. 1, 32 Abs. 1
(Wert: 10 000,00 DM)   *297,50 DM*

> **Hinweis:** Die Erledigung des Prozessauftrages darf nicht mit der Erledigung des Rechtsstreits in der Hauptsache gem. § 91 a ZPO verwechselt werden.
> Würde der Beklagte im vorstehenden Beispiel unmittelbar nach Zustellung der Klageschrift zahlen, kommt § 32 Abs. 1 nicht zur Anwendung, da RA Selberdinger bereits mit Einreichung der Klageschrift die volle Prozessgebühr verdient hat.

Bezieht sich die vorzeitige Erledigung nur auf einen Teil der Angelegenheit und wird über den verbleibenden Teil die Klage eingereicht, ist § 13 Abs. 3 zu beachten (siehe Abschnitt 2.3.3, S. 22 ff.).

> **Beispiel:**
> RA Huth erhält Klageauftrag über 115 000,00 DM. Bevor er die Klage einreicht, zahlt der Schuldner einen Teilbetrag von 55 000,00 DM auf die Hauptforderung. Über die verbleibenden 60 000,00 DM reicht RA Huth die Klage ein.
> Die Prozessgebühr ist wie folgt zu berechnen:
> 5/10 Prozessgebühr, §§ 11, 31 Abs. 1 Nr. 1, 32 Abs. 1
> (Wert: 55 000,00 DM)   782,50 DM
> 10/10 Prozessgebühr, §§ 11, 31 Abs. 1 Nr. 1
> (Wert: 60 000,00 DM)   1 565,00 DM
> geprüft (10/10 aus 115 000,00 DM) und ermäßigt
> gem. § 13 Abs. 3 von   2 437,50 DM auf 2 285,00 DM

Vor Einleitung eines Klageverfahrens wird der Schuldner regelmäßig aufgefordert, den geschuldeten Betrag zu zahlen. Welche Gebühr der RA für dieses **Aufforderungsschreiben** berechnen darf, hängt von der Art des Auftrages und seiner dementsprechenden Formulierung ab.

Hat der RA einen Klageauftrag, wird er regelmäßig wie folgt formulieren:

„*Sollten Sie den Betrag von ... nicht bis zum ... zahlen, habe ich Auftrag, Klage einzureichen.*"

und darf nur eine 5/10 Prozessgebühr nach § 32 Abs. 1 fordern.

Hinweis: Sobald die Klage eingereicht wird, ist anstelle der halben Prozessgebühr die volle Gebühr in Ansatz zu bringen.

Wurde noch kein Klageauftrag erteilt, lautet die Formulierung etwa wie folgt:

„*Sollten Sie den Betrag von ... nicht bis zum ... zahlen, werde ich meinem Mandanten raten, gerichtliche Hilfe in Anspruch zu nehmen.*"

In diesem Fall kann er eine **7,5/10** Geschäftsgebühr nach § 118 Abs. 1 S. 1 berechnen (zum Ansatz der Mittelgebühr siehe Abschnitt 2.1.2, S. 160 f.).

Hinweis: Sobald die Klage eingereicht wird, ist die Geschäftsgebühr auf die volle Prozessgebühr anzurechnen (§ 118 Abs. 2).

© Verlag Gehlen

(2) Für **nichtanhängige Ansprüche**, über die lediglich eine Einigung der Parteien zu Protokoll genommen wird, kann der RA eine halbe Prozessgebühr gem. § 32 Abs. 2 erhalten. Diese halbe Prozessgebühr wird auch als *Differenzprozessgebühr* oder *Protokollierungsgebühr* bezeichnet.

Ein gerichtliches Verfahren ist anhängig, wenn eine Antragsschrift beim Gericht **eingereicht** ist, wie z. B. die Klageschrift, der Antrag auf Erlass eines Mahnbescheides, Antrag auf Durchführung eines selbstständigen Beweisverfahrens.

> *Merke:*
> Die *Anhängigkeit* ist nicht mit der *Rechtshängigkeit* zu verwechseln, die mit der Zustellung der Klage usw. eintritt.

Im Gegensatz zur Vergleichsgebühr ist die Protokollierungsgebühr keine Erfolgsgebühr. Sie entsteht deshalb bereits mit der Stellung des Antrages, die geplante Einigung zu Protokoll zu nehmen, ohne dass es tatsächlich zu einer Einigung kommen muss.

In der Regel erwächst die Protokollierungsgebühr parallel mit der 15/10 Vergleichsgebühr gem. § 23 Abs. 1 S. 1 (siehe Abschnitt 4.4.2, S. 48).

Da die halbe Protokollierungsgebühr stets neben der vollen Prozessgebühr anfällt, ist die Vorschrift des § 13 Abs. 3 zu berücksichtigen.

> *Beispiel:*
> *RAin Niedermayer reicht Klage über 10 000,00 DM bei Gericht ein. Nach Erörterung der Sach- und Rechtslage schließen die Parteien zu Protokoll einen Vergleich. Hierdurch verpflichtet sich der Beklagte, zur Abgeltung der Klageforderung und einer weiteren strittigen, aber nicht anhängig gemachten Forderung von 5 000,00 DM an den Kläger 7 500,00 DM zu zahlen.*
>
> *Die Prozessgebühr wird wie folgt berechnet:*
>
> | | |
> |---|---:|
> | *5/10 Prozessgebühr §§ 11, 31 Abs. 1 Nr. 1, 32 Abs. 2 (Wert: 5 000,00 DM)* | 160,00 DM |
> | *10/10 Prozessgebühr §§ 11, 31 Abs. 1 Nr. 1 (Wert: 10 000,00 DM)* | 595,00 DM |
> | *geprüft (10/10 aus 15 000,00 DM) gem. § 13 Abs. 3* | 755,00 DM |

1.1.4 Gegenstandswert

Die Prozessgebühr wird nach dem höchsten Wert des Prozessgegenstandes berechnet, der sich aus dem Antrag des Klägers ergibt. Eine Klageerhöhung und/oder eine Widerklage (soweit neuer Gegenstand) erhöhen den Gegenstandswert; spätere Ermäßigungen durch Klagerücknahme oder Erledigung des Rechtsstreits in der Hauptsache haben auf den Gegenstandswert für die Prozessgebühr keinen Einfluss.

© Verlag Gehlen

Beispiele:
a) RA Scholl reicht eine Klage über 20 000,00 DM ein. Im Termin zahlt der Beklagte einen Teilbetrag von 5 000,00 DM und der Rechtsstreit wird in der Hauptsache insoweit für erledigt erklärt. Auf Antrag der Parteien wird der Rechtsstreit vertagt. Rechtzeitig vor dem nächsten Termin erhöht RA Scholl die Klage um weitere 10 000,00 DM.
Der Gegenstandswert für die Prozessgebühr beträgt 30 000,00 DM.

b) RA Scholl reicht eine Klage wegen einer Kaufpreisforderung über 40 000,00 DM ein. Im Termin nimmt RA Scholl die Klage um 10 000,00 DM zurück. Der Prozessbevollmächtigte des Beklagten erhebt Widerklage wegen einer Schadenersatzforderung über 35 000,00 DM.
Beide RAe haben die Prozessgebühr nach einem Gegenstandswert von 75 000,00 DM abzurechnen.

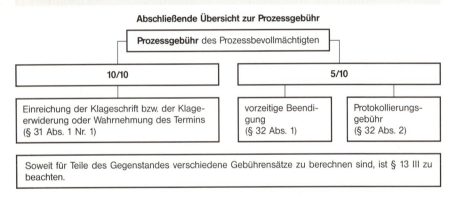

Abschließende Übersicht zur Prozessgebühr

Soweit für Teile des Gegenstandes verschiedene Gebührensätze zu berechnen sind, ist § 13 III zu beachten.

1.2 Verhandlungsgebühr, § 31 Abs. 1 Nr. 2

Gem. § 31 Abs. 1 Nr. 2 erhält der Prozessbevollmächtigte eine volle Gebühr für die mündliche Verhandlung.

1.2.1 Entstehung und Abgeltungsbereich

Die Verhandlungsgebühr entsteht grundsätzlich, wenn
- ein Termin zur mündlichen Verhandlung anberaumt wurde und
- der RA im Termin verhandelt.

Die mündliche Verhandlung wird dadurch eingeleitet, dass die Parteien ihre Anträge stellen (§ 137 Abs. S. 1 ZPO). Das Stellen der Anträge erfolgt entweder durch Verlesung im Verhandlungstermin oder durch Bezugnahme auf die schriftsätzliche Ankündigung. Der Beklagte braucht jedoch keinen ausdrücklichen Klageabweisungsantrag zu stellen; er muss lediglich zum Ausdruck bringen, dass er sich gegen eine Verurteilung wenden will. So reicht es aus, wenn er beantragt, „zu entscheiden wie rechtens", wenn aus dem Sitzungsprotokoll ersichtlich wird, dass streitig zur Sache verhandelt wurde.

Ein Verhandeln im Sinne des § 31 Abs. 1 S. 2 liegt jedoch nicht vor, wenn der RA
- im Termin anwesend ist, aber schweigt oder
- lediglich die Rücknahme der Klage oder die Erledigung des Rechtsstreits in der Hauptsache erklärt.

Ausnahmsweise entsteht die Verhandlungsgebühr gem. § 35 auch **ohne** mündliche Verhandlung aufgrund nur **schriftlicher** Anträge, nämlich wenn

- die Parteien mit einer Entscheidung ohne mündliche Verhandlung einverstanden sind, obwohl das Gesetz sie eigentlich vorschreibt (§ 128 Abs. 2 ZPO),
- das Gericht von Amts wegen bei geringen Streitwerten bis zu 1 500,00 DM das schriftliche Verfahren anordnet (§ 128 Abs. 3 ZPO),
- nach Anträgen des Klägers eine Entscheidung des Gerichts auf Erlass eines Anerkenntnisurteils (§ 307 Abs. 2 ZPO) oder auf Erlass eines Versäumnisurteils (§ 331 Abs. 3 ZPO) ergeht oder
- das Gericht bei Streitwerten bis zu 1 200,00 DM das Verfahren nach eigenem Ermessen bestimmt (§ 495 a ZPO).

1.2.2 Volle Gebühr

Eine volle Verhandlungsgebühr erhält der RA für eine **streitige** Verhandlung, d. h. wenn widersprechende Anträge gestellt worden sind.

Die Anträge der Parteien zur Hauptsache (Sachanträge) lauten regelmäßig wie folgt:
- Klägervertreter: „... *wird beantragt, den Beklagten zu verurteilen, ...* "
- Beklagtenvertreter: „... *wird beantragt, die Klage abzuweisen.* "

Beispiel:
RA Körner reicht Klage über 4 000,00 DM ein. Im Termin zur mündlichen Verhandlung stellt er den Antrag aus der Klageschrift; RA Benz beantragt, die Klage abzuweisen.
Beide RAe erhalten jeweils folgende Gebühren:
10/10 Prozessgebühr §§ 11, 31 Abs. 1 Nr. 1 (Wert: 14 000,00 DM)   735,00 DM.
10/10 Verhandlungsgebühr §§ 11, 31 Abs. 1 Nr. 2 (Wert: 14 000,00 DM)   735,00 DM.

Ausnahmsweise entsteht gem. 33 Abs. 1 S. 2 Nr. 1 bis 3 die volle Verhandlungsgebühr auch dann, wenn **keine** widersprechenden Anträge vorliegen, und zwar für

- einen Antrag auf Entscheidung nach Lage der Akten (331 a ZPO),
- einen Antrag des Berufungs- bzw. Revisions**klägers** auf Erlass eines Versäumnisurteils,
- eine nichtstreitige Verhandlung in Ehe- und Kindschaftssachen.

© Verlag Gehlen

> **Beispiel:**
> RAin Strauch beantragt für die Ehefrau Michaela Nölte die Scheidung. Der nicht anwaltlich vertretene Ehemann Manfred Nölte stimmt dem Scheidungsantrag zu. Für die Scheidung setzt das Gericht den Mindeststreitwert fest.
> RAin Strauch verdient folgende Gebühren:
> 10/10 Prozessgebühr §§ 11, 31 Abs. 1 Nr. 1 (Wert: 4 000,00 DM)   265,00 DM.
> 10/10 Verhandlungsgebühr §§ 11, 31 Abs. 1 Nr. 2, **33 Abs. 1 S. 2 Nr. 3**
> (Wert: 4 000,00 DM)   265,00 DM.

1.2.3 Halbe Gebühr, § 33

Eine halbe Verhandlungsgebühr erhält der RA für:

- eine nichtstreitige Verhandlung (§ 33 Abs. 1 S. 1),
- Anträge zur Prozess- und Sachleitung (§ 33 Abs. 2),
- die Übertragung der Vertretung in der mündlichen Verhandlung auf einen anderen RA (§ 33 Abs. 3 S. 1).

(1) Eine **nichtstreitige** Verhandlung gem. § 33 Abs. 1 S. 1 liegt vor, wenn entweder nur **eine** Partei verhandelt oder beide Parteien Anträge gestellt haben, die sich nicht widersprechen:

▶ *Versäumnisurteil*

Die Gebühr für das Versäumnisurteil erhält nur der RA, der den Erlass des Versäumnisurteil beantragt hat.

> **Beispiel:**
> a) RA Rilke hat gegen Becker Zahlungsklage über 7 000,00 DM erhoben. Zum ersten Verhandlungstermin erscheint für Becker niemand. RA Rilke beantragt den Erlass eines Versäumnisurteils.
> Die Gebühren für den Klägervertreter berechnen sich wie folgt:
> 10/10 Prozessgebühr §§ 11, 31 Abs. 1 Nr. 1 (Wert: 7 000,00 DM)   430,00 DM.
> **5/10** Verhandlungsgebühr §§ 11, 31 Abs. 1 Nr. 2, **33 Abs. 1 S. 1**
> (Wert: 7 000,00 DM)   215,00 DM.
>
> b) RA Schick reicht Klage über 10 000,00 DM bei Gericht ein. Das Gericht ordnet das schriftliche Vorverfahren an. Da der Beklagte seine Verteidigungsbereitschaft nicht angezeigt hat, erwirkt RA Schick antragsgemäß ein Versäumnisurteil im schriftlichen Verfahren.
> RA Schick erhält folgende Gebühren:
> 10/10 PG §§ 11, 31 Abs. 1 Nr. 1 (10 000,00 DM)   595,00 DM
> 5/10 VG §§ 11, 31 Abs. 1 Nr. 2, 33 Abs. 1 S.1, **35** (10 000,00 DM)   297,50 DM

Im Berufungs- und Revisionsverfahren ist gem. § 33 Abs. 1 S. 2 Nr. 2 zu unterscheiden, **wer** den Erlass des Versäumnisurteils beantragt:
- Berufungs-/Revisions**kläger**vertreter: 13/10
- Berufungs-/Revisions**beklagten**vertreter: 6,5/10

Beispiel:
In einem Rechtsstreit über 25 000,00 DM wurde die Klage abgewiesen. RA Becket legt für den Kläger Berufung ein. Zum ersten Verhandlungstermin erscheint für den Beklagten/Berufungsbeklagten niemand. RA Becket beantragt den Erlaß eines Versäumnisurteils.
RA Becket berechnet seine Gebühren wie folgt:
13/10 Prozessgebühr §§ 11, 31 Abs. 1 Nr. 1 (Wert: 25 000,00 DM) 1 232,50 DM.
*13/10 Verhandlungsgebühr §§ 11, 31 Abs. 1 Nr. 2, **33 Abs. 1 S. 2 Nr. 2***
(Wert: 25 000,00 DM) 1 232,50 DM.

▶ *Anerkenntnisurteil*

Die halbe Gebühr für das Anerkenntnisurteil erhält sowohl der Klägervertreter für seinen Antrag auf Erlass des Anerkenntnisurteils als auch der Beklagtenvertreter für die Erklärung des Anerkenntnisses.

Beispiel:
RAin Helweg hat gegen B Zahlungsklage über 3 000,00 DM erhoben. Im ersten Verhandlungstermin erkennt der Beklagtenvertreter die Klageforderung an. RAin Helweg stellt den den Antrag auf Erlass eines Anerkenntnisurteils.
*Die Gebühren für **beide** Prozessbevollmächtigten berechnen sich wie folgt:*
10/10 Prozessgebühr §§ 11, 31 Abs. 1 Nr. 1 (Wert: 3 000,00 DM) 210,00 DM.
*5/10 Verhandlungsgebühr §§ 11, 31 Abs. 1 Nr. 2, **33 Abs. 1 S. 1***
(Wert: 3 000,00 DM) 105,00 DM.

Erkennt der Beklagte nur einen Teil der Klageforderung an, beantragt der Klägervertreter den Erlass eines Anerkenntnisteilurteils. Über den verbleibenden Teil der Klageforderung wird streitig verhandelt. In diesen Fällen ist die Vorschrift des § 13 Abs. 3 anzuwenden.

Beispiel:
RA Müller reicht Klage über 10 000,00 DM bei Gericht ein. Im ersten Verhandlungstermin erkennt der Beklagte sofort einen Teilbetrag der Hauptforderung über 2 000,00 DM an. Auf Antrag ergeht insoweit ein Anerkenntnisteilurteil. Im Übrigen wird streitig verhandelt.
Die Gebühren für RA Müller berechnen sich wie folgt:
10/10 Prozessgebühr, §§ 11, 31 Abs. 1 Nr. 1 (Wert: 10 000 DM) 595,00 DM
5/10 Verhandlungsgebühr, §§ 11, 31 Abs. 1 Nr. 2, 33 Abs. 1 S. 1
(Wert: 2 000,00 DM) 85,00 DM
10/10 Verhandlungsgebühr, §§ 11, 31 Abs. 1 Nr. 2
(Wert: 8 000,00 DM) 485,00 DM
geprüft gem. § 13 Abs. 3 (10/10 aus 10 000,00 DM) 570,00 DM 570,00 DM

▶ Verzichtsurteil

Für das Verzichtsurteil erhalten sowohl der Klägervertreter für seine Verzichtserklärung als auch der Beklagtenvertreter für den Antrag auf Klageabweisung je eine halbe Verhandlungsgebühr.

> **Merke:**
> Hat der RA in derselben Angelegenheit vor der nichtstreitigen Verhandlung bereits schon die volle Verhandlungs- oder Erörterungsgebühr verdient, so kann er daneben keine weitere halbe Verhandlungsgebühr fordern (§ 13 Abs. 2).
> Soweit jedoch nach Einspruch gegen das Versäumnisurteil zur Hauptsache verhandelt oder erörtert wird, kann die Gebühr für das Versäumnisurteil gesondert berechnet werden (vgl. Abschnitt 2.1.2, S. 86).

(2) Für Anträge zur **Prozess- oder Sachleitung** entsteht gem. § 33 Abs. 2 eine halbe Verhandlungsgebühr. Hierzu gehören alle Anträge, die nicht die Hauptsache, sondern lediglich den Verfahrensgang betreffen, wie insbesondere Verweisung, Vertagung, Unterbrechung oder Aussetzung des Verfahrens.

Der Prozessgegner verdient diese Gebühr schon dann, wenn er in der mündlichen Verhandlung zu erkennen gibt, dass er sich dem gestellten Antrag anschließt.

Eine halbe Verhandlungsgebühr fällt jedoch nicht an, wenn

- von Amts wegen über die Prozess- und Sachleitung entschieden wird,
- der Antrag lediglich schriftsätzlich gestellt wird,
- bereits vorher oder danach zur Hauptsache verhandelt oder erörtert wird.

> **Beispiel:**
> RA Volber hat Klage über 40 000,00 DM erhoben. Im ersten Termin wird auf Antrag beider Prozessbevollmächtigter der Rechtsstreit vertagt, weil eine außergerichtliche Einigung angestrebt wird.
> Beide Prozessbevollmächtigte verdienen folgende Gebühren:
> 10/10 Prozessgebühr §§ 11, 31 Abs. 1 Nr. 1
> (Wert: 40 000,00 DM)   1 265,00 DM.
> 5/10 Verhandlungsgebühr §§ 11, 31 Abs. 1 Nr. 2, 33 Abs. 2
> (Wert: 40 000,00 DM)   632,50 DM.

(3) Für die **Übertragung der Vertretung** in der mündlichen Verhandlung auf einen anderen RA erhält der Prozessbevollmächtigte – ohne selbst zu verhandeln – gem. § 33 Abs. 3 für eine streitige Verhandlung eine 5/10 bzw. für eine nichtstreitige Verhandlung eine 3/10 Verhandlungsgebühr (vgl. 2. Teil, Abschnitt 3.2, S. 119 ff.).

© Verlag Gehlen

1.2.4 Gegenstandswert

Maßgebend für die Verhandlungsgebühr ist stets der Wert des Gegenstandes, der den gestellten Anträgen entspricht. Erhöht sich der Streitwert im Verlaufe des Prozesses, so bemisst sich die Verhandlungsgebühr – bei nochmaliger Verhandlung – nach dem erhöhten Gesamtbetrag.

> **Merke:**
> Der Gegenstandswert für die Verhandlungsgebühr kann nie höher sein als der für die Prozessgebühr.

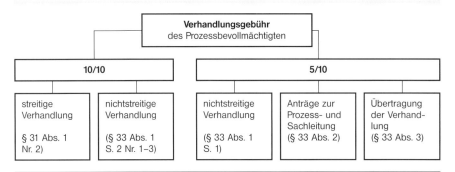

1.3 Beweisgebühr, § 31 Abs. 1 Nr. 3

Der Prozessbevollmächtigte erhält eine volle Gebühr für die Vertretung im Beweisaufnahmeverfahren oder bei der Anhörung oder Vernehmung einer Partei nach § 613 ZPO.

1.3.1 Entstehung und Abgeltungsbereich

Die Entstehung der Beweisgebühr setzt zunächst voraus, dass gesetzlich vorgeschriebene Beweismittel zur Klärung bestrittener und somit zu beweisender Tatsachen benutzt werden, nämlich Beweis durch:

Sachverständige, Augenscheinseinnahme, Parteivernehmung, Urkunden und Zeugen (Merkwort: „SAPUZ").

Eine weitere Voraussetzung für die Entstehung der Beweisgebühr ist die *Vertretung* durch den RA. Hierfür reicht jede im Zusammenhang mit der Beweisaufnahme stehende fördernde Tätigkeit des RA aus, z. B.:

- Zusendung des geprüften Beweisbeschlusses an den Auftraggeber,
- Einzahlung des Gebührenvorschusses für Zeugen oder Sachverständige.

Nicht ausreichend sind hingegen:

- Übersendung des ungeprüften Beweisbeschlusses an den Auftraggeber,
- Anwesenheit des RA bei Verkündung des Beweisbeschlusses und bloße Kenntnisnahme des Inhalts.

1.3.2 Gebührenhöhe und Gegenstandswert

Die Beweisgebühr des Prozessbevollmächtigten ist stets eine volle Gebühr.

Der Gegenstandswert für die Beweisgebühr richtet sich nach dem Wert des Gegenstandes, über den Beweis erhoben wird. Grundsätzlich kann der Gegenstandswert für die Beweisgebühr nicht höher sein als der für die Prozess- bzw. Verhandlungsgebühr.

Wird in derselben Angelegenheit Beweis durch verschiedene Beweismittel erhoben, entsteht die Beweisgebühr dennoch nur einmal. Soweit nur über Teile des Streitgegenstandes Beweis erhoben wird, sind für die Gegenstandswertberechnung die Teilwerte zu addieren.

Beispiel:

RA Dietz erhebt Klage über 60 000,00 DM, und zwar wegen einer Kaufpreisforderung über 10 000,00 DM (= Anspruch 1), einer Schadenersatzforderung über 20 000,00 DM (= Anspruch 2) sowie einer Darlehensforderung über 40 000,00 DM (= Anspruch 3).

Nach streitiger Verhandlung ergeht ein Beweisbeschluss, wonach zum Anspruch 1 ein Zeuge vernommen und zum Anspruch 2 ein Sachverständigengutachten eingeholt werden soll.

Nach Durchführung der Zeugenvernehmung ordnet das Gericht zu Anspruch 1 ergänzend die Vernehmung des Klägers als Partei (§ 448 ZPO) an. Der Kläger wird schließlich als Partei vernommen.

*RA Dietz kann nur **einmal** die Beweisgebühr berechnen, und zwar nach den addierten Werten aus Anspruch 1 und Anspruch 2. Der Gegenstandswert beträgt somit 30 000,00 DM.*

1.3.3 Beweis durch Akten und andere Urkunden, § 34

Die Vorschrift des § 34 unterscheidet zwischen

- der **Vorlage** von Urkunden durch die **Parteien** selbst (§ 34 Abs. 1) und
- der **Beiziehung** von Urkunden oder Akten durch das **Gericht** (§ 34 Abs. 2).

Besteht gem. § 34 Abs. 1 die Beweisaufnahme lediglich in der **Vorlegung** der in den Händen des Beweisführers oder des Gegners befindlichen Urkunden, so entsteht **keine** Beweisgebühr. Dieser Regelung liegt u. a. der Gedanke zugrunde, dass die Parteien zur Schlüssigkeit bzw. Erheblichkeit ihres Sachvortrages notwendigerweise die in ihrem Besitz befindlichen Urkunden vorlegen müssen.

© Verlag Gehlen

Beispiel:
RA Wirth erhebt Klage auf Rückzahlung eines fälligen Darlehens. In der Klageschrift fügt er zum Beweis den Darlehensvertrag in Kopie bei. Im Verhandlungstermin legt RA Wirth nach Aufforderung durch das Gericht den Darlehensvertrag im Original vor.
RA Wirth erhält keine Beweisgebühr.

Gem. § 34 Abs. 2 erhält der RA die Beweisgebühr nur, wenn die Akten oder Urkunden

- durch förmlichen **Beweisbeschluss** oder **sonst erkennbar** zum Beweis **beigezogen** oder
- als Beweis **verwertet** werden.

Werden vom Gericht Akten oder Urkunden – die nicht von der Partei selbst beschafft und vorgelegt werden können – durch Beweisbeschluss oder sonst erkennbar zum Beweis beigezogen, erhält der Prozessbevollmächtigte eine Beweisgebühr.

Beispiel:
a) In einer Verkehrsunfallsache wird aufgrund eines Beweisbeschlusses die polizeiliche Ermittlungsakte beigezogen.
Hier entsteht die Beweisgebühr bereits aufgrund des Beweisbeschlusses.
b) In einem Erbschaftsrechtsstreit zieht das Gericht Nachlassakten aus einem Parallelprozess zur Klärung streitiger Tatsachenbehauptungen bei.
Obgleich kein Beweisbeschluss vorliegt, fällt die Beweisgebühr an, da die Nachlassakten erkennbar zur Klärung des Rechtsstreits dienen.
c) In einem Schadenersatzprozess zieht das Gericht – nur zur Information – eine Konkursakte bei, die im Termin besprochen wird. Nach streitiger Verhandlung ergeht ein Endurteil, in welchem die Konkursakte als Beweis verwertet wird.
Die Verwertung der Konkursakte lässt sich sowohl aus dem Tatbestand als auch aus den Entscheidungsgründen des Urteils entnehmen, sodass der Prozessbevollmächtigte die Beweisgebühr verdient hat.

Merke:
Da § 34 nur eine Prüfvorschrift ist, wird sie in der Abrechnung nicht mit aufgeführt.

1.4 Erörterungsgebühr, § 31 Abs. 1 Nr. 4

Der zum Prozessbevollmächtigten bestellte RA erhält eine volle Gebühr für die **Erörterung der Sache,** auch im Rahmen eines Versuchs zur gütlichen Beilegung.

© Verlag Gehlen

1.4.1 Entstehung und Abgeltungsbereich

Unter Erörterung ist ein Rechtsgespräch bzw. Meinungsaustausch über die Sach- und Rechtslage zwischen den Prozessbeteiligten mit dem Gericht im Termin zu verstehen.

Für die Entstehung der Gebühr ist es ausreichend, wenn das Gericht nur mit einem Parteivertreter die Sache bespricht, während der andere Parteivertreter beobachtend bzw. prüfend oder nickend das einseitige Gespräch verfolgt.

Um später den Nachweis erbringen zu können, dass die Sache vor Gericht erörtert worden ist, ist es im Zweifel zweckmäßig und dienlich, in das Sitzungsprotokoll folgenden Hinweis aufnehmen zu lassen: *„Mit den Parteien wurde die Sach- und Rechtslage eingehend erörtert".*

Die Erörterungsgebühr entsteht nicht, wenn

- Gespräche zur Sache außerhalb des Gerichtssaals geführt werden,
- die Sache mit dem Richter während der laufenden Verhandlung telefonisch besprochen wird,
- über nichtanhängig gemachte Ansprüche – selbst wenn diese Gegenstand eines Vergleichs werden sollten (§§ 23 Abs. 1 S. 1, 32 Abs. 2) – Ausführungen zur Sach- und Rechtslage gemacht werden,
- für die Gegenseite niemand erscheint und der RA alleine mit dem Gericht die Sache erörtert.

1.4.2 Gebührenhöhe und Gegenstandswert

Die Erörterungsgebühr für den Prozessbevollmächtigten ist grundsätzlich eine volle Gebühr. Eine Ausnahme ist lediglich für den Fall der Übertragung der Verhandlung auf einen anderen RA in § 33 Abs. 3 bestimmt.

Der Gegenstandswert für die Erörterungsgebühr richtet sich stets nach dem Wert der anhängigen Ansprüche.

> *Beispiel:*
>
> RA von Zarden erhebt Zahlungsklage über 7 000,00 DM. Im Verhandlungstermin wird die Sach- und Rechtslage hinsichtlich der Klageforderung und einer weiteren, nicht anhängig gemachten Forderung über 5 000,00 DM erörtert.
> Der Gegenstandswert für die Erörterungsgebühr beträgt lediglich 7 000,00 DM.

1.4.3 Anrechnung, § 31 Abs. 2

Wenn über denselben Gegenstand sowohl streitig verhandelt als auch erörtert wird (oder umgekehrt), darf wegen ihrer engen Verwandtschaft gem. § 31 Abs. 2 nur eine der beiden Gebühren berechnet werden. In der Praxis wird regelmäßig die „stärkere" Verhandlungsgebühr in Ansatz gebracht.

© Verlag Gehlen

Beispiel:

Nach Klageerhebung wird die Sach- und Rechtslage im ersten Termin erörtert. Wegen schwebender außergerichtlicher Vergleichsverhandlungen wird der Rechtsstreit vertagt. Da ein Vergleich nicht zustande kommt, wird ein neuer Termin anberaumt, in dem streitig verhandelt wird.

In diesem Fall ist lediglich die 10/10 Verhandlungsgebühr anzusetzen.

Betreffen die (volle) Verhandlungs- und Erörterungsgebühr jedoch unterschiedliche Gegenstände, so liegt kein Anrechnungsfall vor. Beim Zusammentreffen beider Gebühren könnte § 13 Abs. 3 entsprechend angewandt werden. In der Praxis werden aus Vereinfachungsgründen beide Gebühren wie folgt angesetzt: 10/10 Verhandlungsgebühr/Erörterungsgebühr.

Beispiel:

RA Rosner klagt auf Zahlung von insgesamt 70 000,00 DM. Über die der Klageforderung zugrunde liegende Kaufpreisforderung von 40 000,00 DM wird streitig verhandelt, während über die Schadenersatzforderung von 30 000,00 DM die Sach- und Rechtslage erörtert wird. Hiernach nimmt der Kläger mit Einwilligung des Beklagten die Klage zurück.

Die Gebühren für RA Rosner berechnen sich wie folgt:

10/10 Prozessgebühr §§ 11, 31 Abs. 1 Nr. 1 (70 000,00 DM)	1.705,00 DM
10/10 Verhandlungsgebühr/Erörterungsgebühr §§ 11, 31 Abs. 1 Nr. 2 und 4 (70 000,00 DM)	1 705,00 DM

Soweit in derselben Angelegenheit über einen Teil nichtstreitig verhandelt und über den anderen Teil des Streitgegenstandes nur eine Erörterung stattfindet, ist ebenfalls eine Prüfung nach § 13 Abs. 3 vorzunehmen.

Beispiel:

RA Welber klagt auf Zahlung von 10 000,00 DM. Im ersten Termin erkennt der Beklagte einen Teilbetrag von 2 000,00 DM an. Insoweit erwirkt RA Welber ein Anerkenntnisteilurteil. Im Übrigen wird die Sach- und Rechtslage erörtert. Anschließend nimmt RA Welber die Klage insoweit zurück.

RA Welber verdient folgende Gebühren:

10/10 Prozeßgebühr, §§ 11, 31 Abs. 1 Nr. 1 (Wert: 10 000,00 DM)	595,00 DM	
5/10 Verhandlungsgebühr, §§ 11, 31 Abs. 1 Nr. 2, 33 Abs. 1 S. 1 (Wert: 2 000,00 DM)	85,00 DM	
10/10 Erörterungsgebühr, §§ 11, 31 Abs. 1 Nr. 4 (Wert: 8 000,00 DM)	485,00 DM	
geprüft gem. § 13 Abs. 3 (10/10 aus 10 000,00)	570,00 DM	570,00 DM

© Verlag Gehlen

1.5 Wechselnde Gegenstandswerte

Meist bereiten die Abrechnungen in zivilrechtlichen Angelegenheiten hinsichtlich der Bestimmung des Gegenstandswertes für die jeweiligen Gebühren keine Schwierigkeiten. Anders verhält es sich jedoch in umfangreichen und unübersichtlichen Rechtsstreitigkeiten mit wechselnden Werten, die z. B. durch Klageerhöhung, Widerklage oder teilweiser Erledigung des Rechtsstreits usw. hervorgerufen werden können.

In derartigen Fällen hat sich eine skizzenhafte Aufzeichnung in Form einer „Gegenstandswertswert-Tabelle" bewährt, in welche prozessual und gebührenrechtlich relevante Fakten des Rechtsstreits betragsmäßig einzutragen sind. Die entsprechenden Werte können den Schriftsätzen, Sitzungsprotokollen sowie dem Urteil entnommen werden.

Beispiel:

RAin Cramer erhält Klageauftrag wegen einer Kaufpreisforderung von 90 000,00 DM. Bevor sie Klage einreicht, fordert sie den Gegner zur Zahlung auf. Dieser überweist daraufhin einen Teilbetrag von 20 000,00 DM auf die Hauptforderung, lehnt im Übrigen aber weitere Zahlung ab.

RAin Cramer reicht sodann Zahlungsklage über 70 000,00 DM ein. Nachdem die Klage zugestellt wird, zahlt der Beklagte erneut einen Teilbetrag von 20 000,00 DM auf die Hauptforderung. Im anberaumten frühen ersten Termin erklären die Parteien den Rechtsstreit insoweit für erledigt. Sodann wird streitig verhandelt und die Sache erörtert. Daraufhin nimmt RAin Cramer mit Zustimmung des Beklagten die Klage um 10 000,00 DM zurück. Am Schluss der Sitzung ergeht ein Beweisbeschluss, wonach ein Zeuge zur strittigen Kaufpreisforderung gehört werden soll.

Rechtzeitig vor dem Fortsetzungstermin erhöht RAin Cramer die Klage um 33 000,00 DM wegen einer zwischenzeitlich fällig gewordenen Werklohnforderung.

Im Termin wird zunächst der Zeuge zur Kaufpreisforderung gehört. Sodann erkennt der Beklagte hinsichtlich der Werklohnforderung einen Teilbetrag über 11 000,00 DM an, und RAin Cramer erwirkt insoweit ein Anerkenntnisteilurteil. Im Übrigen wird streitig verhandelt und die Sache erörtert. Der Prozess wird vertagt und am Schluss der Sitzung ergeht ein Beweisbeschluss, wonach ein Sachverständigengutachten zur Werklohnforderung eingeholt werden soll.

Vor dem dritten Verhandlungstermin hat der Beklagte Widerklage wegen eines Schadenersatzanspruches in Höhe von 17 000,00 DM erhoben.

Im dritten Termin wird erneut streitig über die Klage und Widerklage verhandelt. Nachdem die gesamte Rechts- und Sachlage und das Sachverständigengutachten eingehend erörtert wurde, schließen die Parteien zu Protokoll einen umfassenden Vergleich.

Durch den Vergleich verpflichtet sich der Beklagte, an den Kläger insgesamt 27 000,00 DM zu zahlen. Hierdurch werden die noch strittigen Klage- und Widerklageforderung und eine weitere dem Kläger zustehende, nicht anhängig gemachte Kaufpreisforderung von 5 000,00 DM erledigt.

Regelgebühren des Prozessbevollmächtigten im Zivilprozess 83

Gegenstandswert-Tabelle zur Berechnung der Regelgebühren

	Prozess-gebühr			Verhand-lungs-gebühr			Be-weis-ge-bühr		Vergleichs-gebühr	
	5/10	10/10	(erle-digt)	5/10	10/10	(erle-digt)	10/10	(erle-digt)	10/10	15/10
Klage	20 000	70 000	20 000		50 000	10 000	40 000		40 000	
Erhö-hung		33 000			11 000	22 000	22 000		22 000	
Wider-klage		17 000			17 000				17 000	
nicht-anhän-gige An-sprüche	5 000									5 000
	25 000	110 000			11 000	89 000	62 000		79 000	5 000
	§ 13 Abs. 3			§ 13 Abs. 3					§ 13 Abs. 3	

Die Berechnung der Gebühren von RAin Cramer ist wie folgt vorzunehmen:

5/10 Prozessgebühr, §§ 11, 31 Abs. 1 Nr. 1, 32 Abs. 1, 2
(Wert: 25 000,00 DM)   512,50 DM

10/10 Prozessgebühr, §§ 11, 31 Abs. 1 Nr. 1
(Wert: 120 000,00 DM)   2 285,00 DM

geprüft (10/10 aus 145 000,00 DM) und ermäßigt
gem. § 13 Abs. 3 von   2 797,50 DM auf 2 445,00 DM

5/10 Verhandlungsgebühr, §§ 11, 31 Abs. 1 Nr. 2,
33 Abs. 1 S. 1 (Wert: 11 000,00 DM)   332,50 DM

10/10 Verhandlungsgebühr, §§ 11, 31 Abs. 1 Nr. 2
(Wert: 89 000,00 DM)   1 985,00 DM

geprüft (10/10 aus 100 000,00 DM) und ermäßigt
gem. § 13 Abs. 3 von   2 317,50 DM auf 2 125,00 DM

10/10 Beweisgebühr, §§ 11, 31 Abs. 1 Nr. 3
(Wert: 62 000,00 DM)   1 705,00 DM

10/10 Vergleichsgebühr, §§ 11, 23 Abs. 1 S. 3
(Wert: 79 000,00 DM)   1 845,00 DM

15/10 Vergleichsgebühr, §§ 11, 23 Abs. 1 S. 1
(Wert: 5 000,00 DM)   480,00 DM

geprüft (15/10 aus 84 000,00 DM) gem. § 13 Abs. 3   2 325,00 DM   2 325,00 DM

                                Summe der Gebühren   8 622,00 DM

© Verlag Gehlen

2 Besondere Verfahren

2.1 Einspruch gegen Versäumnisurteil, § 38

Die Vorschrift des § 38 beinhaltet gebührenrechtliche Sonderregelungen für das weitere Verfahren, wenn gegen ein Versäumnisurteil **Einspruch** eingelegt wird. Hierdurch wird der in § 13 Abs. 2 enthaltene Grundsatz, dass der RA eine Gebühr in derselben Angelegenheit und in demselben Rechtszug nur einmal fordern kann, durchbrochen.

In § 38 wird unterschieden, ob der Einspruch

- zurückgenommen oder verworfen (Abs. 1) oder
- nach dem (zulässigen) Einspruch weiter zur Hauptsache verhandelt oder die Hauptsache erörtert wird (Abs. 2).

2.1.1 Einspruchsverfahren, § 38 Abs. 1

Wird der Einspruch gegen ein Versäumnisurteil **zurückgenommen** oder **verworfen,** so gilt das Verfahren über den Einspruch als **besondere** Angelegenheit (§ 38 Abs. 1 S. 1). Diese Regelung hat zur Folge, dass der RA – unabhängig von den bereits vorher verdienten Gebühren in der Hauptsache – weitere Gebühren verdienen kann. Ausgenommen hiervon ist ausdrücklich die **Prozessgebühr,** die auf die gleiche Gebühr des bisherigen Verfahrens angerechnet wird (§ 38 Abs. 1 S. 2).

Gebührenrechtlich handelt es sich somit um zwei Angelegenheiten:

- Erste Angelegenheit: *„bisheriges Verfahren"* (Verfahren über die Hauptsache),
- Zweite Angelegenheit: *„Einspruchsverfahren"* (Verfahren über den Einspruch).

Voraussetzung für die Entstehung weiterer Gebühren gem. § 38 Abs. 1 ist, dass das Gericht einen Einspruchstermin anberaumt hat. So entstehen keine weiteren Gebühren, wenn der Einspruch ohne mündliche Verhandlung durch Beschluss (§ 341 Abs. 2 S. 2 ZPO) verworfen wird. Gleiches gilt, wenn der Einspruch vor dem Einspruchstermin zurückgenommen wird.

Ob und welche Gebühren der RA im Einspruchsverfahren zusätzlich verdient, hängt von dem weiteren Verfahrensverlauf ab. Wird der Einspruch im Einspruchstermin

- sofort zurückgenommen, entsteht keine weitere Gebühr,
- nach streitiger Verhandlung über die Zulässigkeit des Einspruchs verworfen oder zurückgenommen, entsteht eine zusätzliche volle Verhandlungsgebühr,
- durch Versäumnisurteil verworfen, entsteht eine zusätzliche halbe Verhandlungsgebühr.

© Verlag Gehlen

Beispiel:
a) *RA Schiller erhebt Zahlungsklage gegen den Beklagten Elbers über 10 000,00 DM. Im ersten Termin wird streitig verhandelt und ein Beweisbeschluss verkündet. Im Fortsetzungstermin zur Beweisaufnahme erscheint für den Beklagten niemand. RA Schiller erwirkt antragsgemäß ein Versäumnisurteil, gegen das der Beklagte Einspruch einlegt. Das Gericht beraumt einen Einspruchstermin an, in dem streitig über die Zulässigkeit des Einspruchs verhandelt und Beweis erhoben wird. Durch Urteil wird der Einspruch als unzulässig verworfen.*

RA Schiller verdient folgende Gebühren:
- *Bisheriges Verfahren*
  10/10 Prozessgebühr §§ 11, 31 Abs. 1 Nr. 1 (Wert: 10 000,00 DM)   595,00 DM
  10/10 Verhandlungsgebühr §§ 11, 31 Abs. 1 Nr. 2 (Wert: 10 000,00 DM) 595,00 DM
  10/10 Beweisgebühr §§ 11, 31 Abs. 1 Nr. 3 (Wert: 10 000,00 DM)   595,00 DM
- *Einspruchsverfahren*
  10/10 Verhandlungsgebühr §§ 11, 31 Abs. 1 Nr. 2, **38 Abs. 1**
  (Wert: 10 000,00 DM)   595,00 DM
  10/10 Beweisgebühr §§ 11, 31 Abs. 1 Nr. 3, **38 Abs. 1**
  (Wert: 10 000,00 DM)   595,00 DM

Hinweis: Die Prozessgebühr im Einspruchsverfahren ist wegen ihrer Anrechnung nicht in Ansatz zu bringen.

b) *RA Frank klagt auf Rückzahlung eines Darlehens über 4 000,00 DM. Im ersten Termin ist der Beklagte säumig und RA Frank erwirkt antragsgemäß ein Versäumnisurteil. Hiergegen legt der Beklagte Einspruch ein. Im anberaumten Einspruchstermin findet über die Zulässigkeit des Einspruchs eine Erörterung statt. Anschließend nimmt der Beklagte seinen Einspruch zurück.*

RA Frank verdient folgende Gebühren:
- *Bisheriges Verfahren*
  10/10 Prozessgebühr §§ 11, 31 Abs. 1 Nr. 1 (Wert: 4 000,00 DM)   265,00 DM
  5/10 Verhandlungsgebühr §§ 11, 31 Abs. 1 Nr. 2, 33 Abs. 1 S. 1
  (Wert: 4 000,00 DM)   132,50 DM
- *Einspruchsverfahren*
  10/10 Erörterungsgebühr §§ 11, 31 Abs. 1 Nr. 4, **38 Abs. 1**
  (Wert: 4 000,00 DM)   265,00 DM

Merke:
In der Gebührenberechnung sind die Gebühren des Einspruchsverfahrens mit § 38 Abs. 1 zu kennzeichnen.

Da es sich gebührenrechtlich um zwei Angelegenheiten handelt, kann der RA für das bisherige Verfahren und das Einspruchsverfahren jeweils Post- und Telekommunikationsentgelte gem. § 26 S. 2 beanspruchen. Für die Berechnung der Pauschale im Einspruchsverfahren bleibt die Prozessgebühr wegen ihrer Anrechnung außer Ansatz.

Es wird darauf hingewiesen, dass die Rechtsprechung hierzu uneinheitlich ist und die Auslagen gem. § 26 S. 2 häufig nur einmal zubilligt.

© Verlag Gehlen

2.1.2 Sondergebühr, § 38 Abs. 2

Wird nach einem **zulässigem** Einspruch gegen das Versäumnisurteil
- zur Hauptsache streitig verhandelt,
- zur Hauptsache nichtstreitig verhandelt oder
- die Hauptsache erörtert,

so erhält der RA, der das Versäumnisurteil erwirkt hat, die Gebühr für die Verhandlung, soweit auf dieses das Versäumnisurteil ergangen ist, **besonders.**

Aus diesem Grunde geht die halbe Verhandlungsgebühr für das Versäumnisurteil nicht in der später entstehenden Verhandlungs- bzw. Erörterungsgebühr auf. Vielmehr bleibt sie gem. § 38 Abs. 2 als **Sondergebühr** erhalten.

Im Berufungs- bzw. Revisionsverfahren ist für die Bestimmung der Höhe der Sondergebühr zu beachten, **wer** das Versäumnisurteil erwirkt hat:
- Rechtsmittelkläger: 13/10 (§ 33 Abs. 1 S. 2 Nr. 2),
- Rechtsmittelbeklagter: 6,5/10 (§ 33 Abs. 1 S. 1)

> *Merke:*
> Die Sondergebühr kann auch mehrfach entstehen. Voraussetzung hierfür ist, dass nach jedem zulässigem Einspruch gegen das Versäumnisurteil jeweils zur Hauptsache verhandelt oder die Hauptsache erörtert wird.

§ 38 Abs. 2 ist nicht anwendbar, wenn nur zur Prozess- oder Sachleitung gem. § 33 Abs. 2 verhandelt, die Hauptsache übereinstimmend für erledigt erklärt oder die Klage zurückgenommen wurde.

> *Beispiel:*
> a) RAin Borchard erhebt Zahlungklage über 10 000,00 DM. Im ersten Termin ist der Beklagte säumig und RAin Borchard erwirkt antragsgemäß ein Versäumnisurteil. Der Beklagte legt gegen das Versäumnisurteil Einspruch ein. Nachdem im Einspruchstermin die Zulässigkeit des Einspruchs festgestellt wird, wird zur Hauptsache streitig verhandelt.
> Die Gebühren des RAin Borchard berechnen sich wie folgt:
> 10/10 Prozessgebühr §§ 11, 31 Abs. 1 Nr. 1 (Wert: 10 000,00 DM) 595,00 DM
> 5/10 Verhandlungsgebühr §§ 11, 31 Abs. 1 Nr. 2, 33 Abs. 1 S. 1,
> **38 Abs. 2** (Wert: 10 000,00 DM) 297,50 DM
> 10/10 Verhandlungsgebühr §§ 11, 31 Abs. 1 Nr. 2 (Wert: 10 000,00 DM) 595,00 DM
> *Hinweis:* Beim Zusammentreffen der vollen Verhandlungsgebühr mit der halben Sondergebühr ist § 13 Abs. 3 **nicht** anzuwenden.
> b) RA Schneider vertritt den Berufungskläger wegen einer Forderung von 20 000,00 DM vor dem LG Hamburg. In der Berufungsverhandlung erscheint für den Berufungsbeklagten niemand und RA Schneider erwirkt antragsgemäß ein Versäumnisurteil. Der Berufungsbeklagte legt hiergegen form- und fristgerecht Einspruch ein. Im Folgetermin wird zur Hauptsache streitig verhandelt.

Besondere Verfahren 87

Die Gebühren des RA Schneider für das Berufungsverfahren berechnen sich wie folgt:
13/10 Prozessgebühr §§ 11, 31 Abs. 1 Nr. 1 (Wert: 20 000,00 DM) 1 228,50 DM
13/10 Verhandlungsgebühr §§ 11, 31 Abs. 1 Nr. 2,
***33 I S. 2 Nr. 2, 38 Abs. 2** (Wert: 20.000,00 DM)* 1 228,50 DM
13/10 Verhandlungsgebühr §§ 11, 31 Abs. 1 Nr. 2 (Wert: 20 000,00 DM) 1 228,50 DM

c) RA Koblitz erhebt Klage über 9 000,00 DM. Im ersten Termin erwirkt RA Koblitz gegen den säumigen Beklagten ein Versäumnisurteil. Hiergegen legt dieser form- und fristgerecht Einspruch ein. Im nächsten Termin wird die Hauptsache erörtert. Sodann wird der Rechtsstreit auf Antrag der Parteien vertagt. Im dritten Verhandlungstermin erscheint der Beklagte nicht und RA Koblitz erwirkt erneut ein Versäumnisurteil. Hiergegen legt der Beklagte wiederum Einspruch ein. Im vierten Verhandlungstermin wird die Zulässigkeit des Einspruch festgestellt und anschließend zur Hauptsache streitig verhandelt.

Die Gebühren des RA Koblitz berechnen sich wie folgt:
10/10 Prozessgebühr §§ 11, 31 Abs. 1 Nr. 1 (Wert: 9 000,00 DM) 540,00 DM
5/10 Verhandlungsgebühr §§ 11, 31 Abs. 1 Nr. 2, 33 Abs. 1 S. 1,
***38 Abs. 2** (Wert: 9 000,00 DM)* 270,00 DM
10/10 Verhandlungsgebühr §§ 11, 31 Abs. 1 Nr. 2 (Wert: 9 000,00 DM) 540,00 DM
5/10 Verhandlungsgebühr §§ 11, 31 Abs. 1 Nr. 2, 33 Abs. 1 S. 1,
***38 Abs. 2** (Wert: 9 000,00 DM)* 270,00 DM

d) RA Höpfner erhebt Zahlungklage wegen 10 000,00 DM. Im ersten Termin wird streitig verhandelt. Im Fortsetzungstermin ist der Beklagte säumig und RA Höpfner erwirkt antragsgemäß ein Versäumnisurteil. Der Beklagte legt gegen das Versäumnisurteil wegen eines Teilbetrages von 4 000,00 DM Einspruch ein. Nachdem in Einspruchstermin die Zulässigkeit des Einspruchs festgestellt wird, wird insoweit zur Hauptsache streitig verhandelt.

Die Gebühren des RA Höpfner berechnen sich wie folgt:
10/10 Prozessgebühr §§ 11, 31 Abs. 1 Nr. 1 (Wert: 10 000,00 DM) 595,00 DM
10/10 Verhandlungsgebühr §§ 11, 31 Abs. 1 Nr. 2 (Wert: 10 000,00 DM) 595,00 DM
*5/10 Verhandlungsgebühr §§ 11, 31 Abs. 1 Nr. 2, 33 Abs. 1 S. 1, **38 Abs. 2***
(Wert: 4 000,00 DM) 132,50 DM

***Hinweis:** Wird nur ein Teil-Einspruch gegen das Versäumnisurteil eingelegt, so ist strittig, ob die Sondergebühr aus dem Gesamt- oder Teilwert zu berechnen ist.*

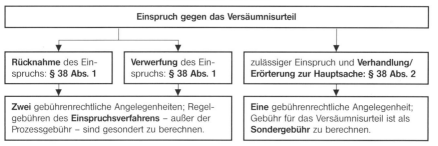

Abschließende Übersicht

Einspruch gegen das Versäumnisurteil		
Rücknahme des Einspruchs: § 38 Abs. 1	**Verwerfung** des Einspruchs: § 38 Abs. 1	zulässiger Einspruch und **Verhandlung/ Erörterung zur Hauptsache**: § 38 Abs. 2
Zwei gebührenrechtliche Angelegenheiten; Regelgebühren des **Einspruchsverfahrens** – außer der Prozessgebühr – sind gesondert zu berechnen.		**Eine** gebührenrechtliche Angelegenheit; Gebühr für das Versäumnisurteil ist als **Sondergebühr** zu berechnen.

© Verlag Gehlen

2.2 Urkundenprozess und Nachverfahren, § 39

Die Vorschrift des § 39 enthält eine Sonderregelung für die Gebühren im Nachverfahren (= ordentliches Verfahren) nach einem Urkunden-, Wechsel- oder Scheckprozess.

Wie in § 38 wird auch in § 39 der allgemeine Grundsatz des § 13 Abs. 2 durchbrochen. Das Nachverfahren, dass nach **Abstandnahme** vom Urkundenprozess (§ 596 ZPO) oder nach einem **Vorbehaltsurteil** (§ 600 ZPO) anhängig bleibt, gilt als **besondere** Angelegenheit (§ 39 S. 1).

Da das Nachverfahren als besondere Angelegenheit gilt, können alle Gebühren nochmals anfallen. Die Prozessgebühr des Urkundenprozesses wird jedoch auf die **Prozessgebühr** des Nachverfahrens **angerechnet** (§ 39 S. 2).

- Soweit der Gegenstandswert im Urkundenprozess und Nachverfahren **gleich bleibt,** kann die weitere Prozessgebühr nicht mehr in Ansatz gebracht werden. Dieses gilt auch, wenn sich der Gegenstandswert im Nachverfahren mindert.

Beispiel:

RA Pfeiffer klagt im Urkundenprozess auf Zahlung von 4 500,00 DM. Im ersten Termin wird die Sache eingehend erörtert. RA Pfeiffer nimmt vom Urkundenprozess Abstand, weil er feststellt, dass er nicht alle klagebegründenden Tatsachen durch Urkunden beweisen kann. Im ordentlichen Verfahren wird nach streitiger Verhandlung ein Sachverständigengutachten eingeholt, das Gegenstand einer längeren Erörterung wird. Schließlich ergeht ein Endurteil, durch das die Klage abgewiesen wird.

RA Pfeiffer rechnet wie folgt ab:
1. Urkundenprozess
 10/10 Prozessgebühr §§ 11, 31 Abs. 1 Nr. 1 (Wert: 4 500,00 DM)   320,00 DM
 10/10 Erörterungsgebühr §§ 11, 31 Abs. 1 Nr. 4 (Wert: 4 500,00 DM)   320,00 DM
2. ordentliches Verfahren
 10/10 Verhandlungsgebühr §§ 11, 31 Abs. 1 Nr. 2, **39 S. 1**
 (Wert: 4 500,00 DM)   320,00 DM
 10/10 Beweisgebühr §§ 11, 31 Abs. 1 Nr. 3, **39 S. 1**
 (Wert: 4 500,00 DM)   320,00 DM

Hinweis: Die Prozessgebühr im ordentlichen Verfahren war nicht mehr in Ansatz zu bringen.

Merke:
In der Gebührenberechnung sind die Gebühren des Nachverfahrens mit § 39 zu kennzeichnen.

- **Erhöht** sich jedoch der Wert im Nachverfahren, so ist die Prozessgebühr nach dem höheren Wert unter Anrechnung der Prozessgebühr aus dem Urkundenprozess zu berechnen.

© Verlag Gehlen

Besondere Verfahren 89

Beispiele:
RA Neumann klagt im Urkundenprozess auf Zahlung von 7 300,00 DM. Nach streitiger Verhandlung und unter Vorlage der Urkunde ergeht ein Vorbehaltsurteil. Im Nachverfahren erhöht RA Neumann die Klage um einen weiteren Anspruch, welcher nicht durch Urkunden beweisbar ist. Dieser weitere Anspruch beläuft sich auf 3 400,00 DM. Über den gesamten Klageanspruch wird streitig verhandelt, und es werden hierzu drei Zeugen vernommen. Nach der Beweisaufnahme ergeht ein Endurteil.

RA Neumann rechnet wie folgt ab:
1. Urkundenprozess
   10/10 Prozessgebühr §§ 11, 31 Abs. 1 Nr. 1 (Wert: 7 300,00 DM)   485,00 DM
   10/10 Verhandlungsgebühr §§ 11, 31 Abs. 1 Nr. 2 (Wert: 7 300,00 DM) 485,00 DM
2. Nachverfahren (ordentliches Verfahren)
   10/10 Prozessgebühr §§ 11, 31 Abs. 1 Nr. 1, **39 S. 1**
   (Wert: 10 700,00 DM)   665,00 DM
   – 10/10 Prozessgebühr §§ 11, 31 Abs. 1 Nr. 1, **39 S. 2**
   (Wert: 7 300,00 DM)   485,00 DM 180,00 DM

   10/10 Verhandlungsgebühr §§ 11, 31 Abs. 1 Nr. 2, **39 S. 1**
   (Wert: 10 700,00 DM)   665,00 DM
   10/10 Beweisgebühr §§ 11, 31 Abs. 1 Nr. 3, **39 S. 1**
   (Wert: 10 700,00 DM)   665,00 DM

Hinweis: Im Urkundenprozess entsteht keine Beweisgebühr durch Vorlage der Urkunde (§ 34 Abs. 1)

Wegen weiterer, besonders problematischer Anrechnungsfälle wird auf eine zusammenfassende Abhandlung im 2. Teil, Abschnitt 7, S. 166 ff. verwiesen.

Da es sich gebührenrechtlich um zwei Angelegenheiten handelt, kann der RA für den Urkundenprozess und das Nachverfahren jeweils Post- und Telekommunikationsentgelte gem. § 26 S. 2 beanspruchen. Es wird darauf hingewiesen, dass die Rechtsprechung hierzu uneinheitlich ist und die Auslagen gem. § 26 S. 2 häufig nur einmal zubilligt.

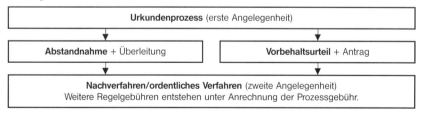

2.3 Arrest- und einstweiliges Verfügungsverfahren, § 40

Wird der RA in einem Verfahren auf Anordnung, Abänderung oder Aufhebung eines Arrestes oder einer einstweiligen Verfügung tätig, so gilt dieses Verfahren gebührenrechtlich als **besondere Angelegenheit** (§ 40 Abs. 1).

© Verlag Gehlen

Der RA kann demnach neben den Gebühren im Hauptsacheverfahren zusätzlich die Gebühren des § 31 auch im Verfahren über den Arrest oder die einstweilige Verfügung verdienen.

Die **Beweisgebühr** entsteht jedoch nur dann, wenn entweder eine in der Verhandlung anwesende Person vernommen oder in diesem Termin eine eidesstattliche Versicherung zu Protokoll genommen wird. Eines förmlichen Beweisbeschlusses bedarf es nicht.

> *Merke:*
> Die Vorlage der für die Eilverfahren notwendigen eidesstattlichen Versicherungen lösen gem. § 34 Abs. 1 keine Beweisgebühr aus.

Wird über die Hauptsache und den Arrest oder die einstweilige Verfügung ein **gemeinsamer Vergleich** geschlossen, erhält der RA nach herrschender Rechtsprechung nur **eine** Vergleichsgebühr, und zwar aus den **zusammengerechneten** Werten der Haupt- und Eilsache.

Der **Gegenstandswert** wird in diesen Eilverfahren gem. § 20 Abs. 1 GKG in Verbindung mit § 3 ZPO bestimmt. Das Gericht setzt hierfür den Wert nach freiem Ermessen fest: Die Höhe ist wegen des nur vorläufigen Rechtsschutzes in der Regel niedriger als der Wert der Hauptsache. In der Praxis wird im Allgemeinen ein Wert von ca. 1/4 bis 1/3 des Hauptsachewertes zugrunde gelegt.

> *Beispiel:*
> RA Klein beantragt den Erlass einer einstweiligen Verfügung in einer Unterlassungssache. Die einstweilige Verfügung wird antragsgemäß ohne mündliche Verhandlung erlassen. Im Hauptsacheverfahren klagt RA Klein entsprechend auf Unterlassung und nach streitiger Verhandlung schließen die Parteien zu Protokoll zur Erledigung des Eil- und des Hauptsacheverfahrens einen Vergleich. Das Gericht hat den Streitwert für die einstweilige Verfügung auf 2 000,00 DM und den für die Hauptsache auf 8 000,00 DM festgesetzt.
> RA Klein rechnet folgende Gebühren ab:
> 1. einstweiliges Verfügungsverfahren
>   10/10 Prozessgebühr §§ 11, 31 Abs. 1 Nr. 1, **40** (Wert: 2 000,00 DM)   170,00 DM
> 2. Hauptsacheverfahren
>   10/10 Prozessgebühr §§ 11, 31 Abs. 1 Nr. 1 (Wert: 8 000,00 DM)   485,00 DM
>   10/10 Verhandlungsgebühr §§ 11, 31 Abs. 1 Nr. 2 (Wert 8 000,00 DM)   485,00 DM
>   10/10 Vergleichsgebühr §§ 11, 23 Abs. 1 S. 3 (Wert: 10 000,00 DM)   595,00 DM

> *Merke:*
> Die Gebühren des Arrest-/einstweiligen Verfügungsverfahrens sind stets mit § 40 zu kennzeichnen.

Besondere Verfahren

Das **gesamte** Arrest-/einstweilige Verfügungsverfahren bildet eine Angelegenheit, sodass der RA innerhalb dieses Verfahrens für den Antrag auf Anordnung, Abänderung sowie Aufhebung die Gebühren nur **einmal** berechnen darf (§ 40 Abs. 2).

Beispiel:
RAin Wegner hat antragsgemäß eine einstweilige Verfügung erwirkt. Nachdem der Antragsgegner Widerspruch erhoben hat, wird die einstweilige Verfügung nach streitiger Verhandlung durch Urteil teilweise abgeändert. Nach drei Wochen wird die einstweilige Verfügung durch Beschluss wegen veränderter Umstände auf Antrag des Antragsgegners ganz aufgehoben. Den Streitwert hat das Gericht auf 3 000,00 DM festgesetzt.
RAin Wegner rechnet ihre Gebühren für das einstweilige Verfügungsverfahren wie folgt ab:
10/10 Prozessgebühr §§ 11, 31 Abs. 1 Nr. 1, 40 (Wert: 3 000,00 DM)   210,00 DM
10/10 Verhandlungsgebühr §§ 11, 31 Abs. 1 Nr. 2, 40 (Wert: 3 000,00 DM) 210,00 DM

Arrest und einstweilige Verfügung, § 40	
§ 40 Abs. 1: Arrest/einstweilige Verfügung *und* Hauptsache = **zwei** Angelegenheiten.	**§ 40 Abs. 2:** Anordnung, Abänderung, Aufhebung von Arrest/einstweiliger Verfügung = **eine** Angelegenheit.

Eine so genannte **Schutzschrift** des Antragsgegners, die dieser schon vorsorglich vor der erwarteten Antragsschrift bei Gericht hinterlegt hat, löst nach herrschender Rechtsprechung nur eine halbe Prozessgebühr nach § 32 Abs. 1 aus.

Sie erwächst zu einer vollen Gebühr, wenn zum einen der Antrag auf Erlass des Arrestes bzw. einstweiliger Verfügung bei diesem Gericht anhängig wird und zum anderen die Schutzschrift die Zurückweisung des zu erwartenden Antrages als Sachantrag enthält.

Beispiele:
a) RA Kahl hat für seinen Auftraggeber eine Schutzschrift mit einem Zurückweisungsantrag beim LG Hamburg hinterlegt, weil sein Auftraggeber den Antrag auf Erlass einer einstweiligen Verfügung erwartet. Kurze Zeit später geht der Antrag beim LG Hamburg ein. Der Antrag auf Erlass der einstweilige Verfügung wird durch Beschluss zurückgewiesen. Das Gericht setzt den Streitwert auf 15 000,00 DM fest.
RA Kahl rechnet wie folgt ab:
10/10 Prozessgebühr §§ 11, 31 Abs. 1 Nr. 1, 40 (Wert: 15 000,00 DM)   805,00 DM
b) Wie zuvor, jedoch wird kein Antrag auf Erlass einer einstweiligen Verfügung beim LG Hamburg eingereicht.
RA Kahl rechnet wie folgt ab:
5/10 Prozessgebühr §§ 11, 31 Abs. 1 Nr. 1, 32 Abs. 1, 40
(Wert: 15 000,00 DM)   402,50 DM.

© Verlag Gehlen

Hinweis: Ob und in welcher Höhe die Gebühr für die Schutzschrift erstattungsfähig ist, ist in der Rechtsprechung umstritten.

Wird ein Antrag auf Anordnung des Arrestes oder der einstweiligen Verfügung bei dem **Berufungsgericht** als Gericht der Hauptsache (§ 943 ZPO) eingereicht, bestimmt § 40 Abs. 3, dass der RA für das Eilverfahren nicht die um 3/10 erhöhten Gebühren erhält.

Beispiel:
RA Schneider erhebt Zahlungsklage über 130 000,00 DM. Nach streitiger Verhandlung wird die Klage abgewiesen. RA Schneider legt auftragsgemäß Berufung ein und beantragt während des Berufungsverfahrens die Anordnung des dinglichen Arrestes über das Vermögen des Beklagten. Nach streitiger Verhandlung über den Arrestantrag und Vernehmung eines Zeugen ergeht ein Arresturteil mit einer Streitwertfestsetzung über 50 000,00 DM. In der Hauptsache ergeht nach streitiger Verhandlung ein Endurteil.

RA Schneider rechnet wie folgt ab:
1. Hauptsacheverfahren (1. Instanz)
   10/10 Prozessgebühr §§ 11, 31 Abs. 1 Nr. 1 (Wert: 130 000,00 DM)   2 285,00 DM
   10/10 Verhandlungsgebühr §§ 11, 31 Abs. 1 Nr. 2 (Wert: 130 000,00 DM) 2 285,00 DM
2. Hauptsacheverfahren (2. Instanz)
   13/10 Prozessgebühr §§ 11, 31 Abs. 1 Nr. 1 (Wert: 130 000,00 DM)   2 970,50 DM
   13/10 Verhandlungsgebühr §§ 11, 31 Abs. 1 Nr. 2 (Wert: 130 000,00 DM) 2 970,50 DM
3. Arrestverfahren
   10/10 Prozessgebühr §§ 11, 31 Abs. 1 Nr. 1, **40** (Wert: 50 000,00 DM) 1 425,00 DM
   10/10 Verhandlungsgebühr §§ 11, 31 Abs. 1 Nr. 2, **40**
   (Wert: 50 000,00 DM)   1 425,00 DM
   10/10 Beweisgebühr §§ 11, 31 Abs. 1 Nr. 3, **40** (Wert: 50 000,00 DM)   1 425,00 DM

Merke:
Nur soweit das Arrest-/einstweilige Verfügungsverfahren selbst Gegenstand des Berufungsverfahrens ist, erhöhen sich die Gebühren jeweils um 3/10 gem. § 11 Abs. 1 S. 4.

Für die **Vollziehung** (Vollstreckung) aus dem Arrest oder der einstweiligen Verfügung erhält der RA gem. § 59 die in §§ 57, 58 bestimmten 3/10-Gebühren. Der Gegenstandswert hierfür bestimmt sich – wie bei jeder anderen Vollstreckung – nach der zu vollstreckenden Forderung einschließlich der Nebenforderungen.

Beispiel:
RA Kranz hat wegen einer Forderung über 80 000,00 DM gegen den Antragsgegner – ohne mündliche Verhandlung – einen Arrestbeschluss erwirkt. Das Gericht hat den Streitwert auf 25 000,00 DM festgesetzt. Aus diesem Arrestbeschluss betreibt RA Kranz wegen der Hauptforderung sowie der Nebenkosten – die hier mit 2 000,00 DM angenommen werden – die Vollziehung.

RA Kranz rechnet wie folgt ab:
1. Arrestverfahren
10/10 Prozessgebühr §§ 11, 31 Abs. 1 Nr. 1, **40** *(Wert: 25 000,00 DM)*   *1 025,00 DM*
2. Vollziehung
3/10 Prozessgebühr §§ 11, 31 Abs. 1 Nr. 1, **57, 59** *(Wert: 82 000,00 DM)*   *595,50 DM*

Soweit es sich um eine **einstweilige Verfügung** handelt, die keiner besonderen Vollziehung bedarf, erhält der Prozessbevollmächtigte für die Zustellung der einstweiligen Verfügung keine gesonderte Gebühr nach § 59, da diese Tätigkeit gebührenrechtlich noch zum Anordnungsverfahren gehört.

Beispiel:

RAin Jansen hat im Wege der einstweiligen Verfügung – ohne mündliche Verhandlung – einen Beschluss auf Unterlassung ruhestörenden Lärms erwirkt (Streitwert: 1 800,00 DM). Er beauftragt den Gerichtsvollzieher, diesen Beschluss dem Antragsgegner zuzustellen.
RAin Jansen rechnet wie folgt ab:
10/10 Prozessgebühr §§ 11, 31 Abs. 1 Nr. 1, **40** *(Wert: 1 800,00 DM)*   *130,00 DM*
Hinweis: Es fällt keine Gebühr nach § 59 an.

2.4 Mahnverfahren, § 43

Die Vorschrift des § 43 bestimmt die Gebühren für den im Mahnverfahren (§§ 688 bis 703 d ZPO sowie § 46 ArbGG) tätigen RA. Der Gesetzgeber unterscheidet hierbei zwischen den Gebühren für den RA des Antragstellers und den RA des Antragsgegners.

2.4.1 Gebühren für den RA des Antragstellers

Eine **10/10 Mahnbescheidsgebühr** gem. § 43 Abs. 1 Nr. 1 erhält der RA des Antragstellers für seine Tätigkeit im Verfahren über den Antrag auf Erlass des Mahnbescheides einschließlich der Mitteilung des Widerspruchs an den Auftraggeber. Diese Gebühr entsteht – wie die volle Prozessgebühr – mit Einreichung des Antrages auf Erlass des Mahnbescheides bei Gericht.

Endigt der Auftrag vor Einreichung des Antrages auf Erlass des Mahnbescheides, erhält der RA nur eine 5/10 Mahnbescheidsgebühr gem. §§ 43 Abs. 3 i. V. m. § 32 Abs. 1.

Beispiel:
a) RA Kurz wird beauftragt, den Erlass eines Mahnbescheides über 3 000,00 DM zu beantragen. Nach Einreichung des Antrages bei Gericht zahlt der Antragsgegner die geltend gemachte Hauptforderung einschließlich der Nebenforderungen.
RA Kurz rechnet wie folgt ab:
10/10 Mahnbescheidsgebühr, §§ 11, 43 Abs. 1 Nr. 1 (Wert: 3 000,00 DM)   *210,00 DM*

b) Wie zuvor, jedoch zahlt der Schuldner vor Einreichung des Antrages auf Erlass des Mahnbescheides.
In diesem Fall rechnet RA Kurz wie folgt ab:
5/10 Mahnbescheidsgebühr, §§ 11, 43 Abs. 1 Nr. 1, Abs. 3, 32 Abs. 1
(Wert: 3.000,00 DM) 105,00 DM

Wird der RA für mehrere Auftraggeber tätig, erhöht sich die Mahnbescheidsgebühr gem. § 6 Abs. 1 S. 2 für jeden weiteren Auftraggeber um 3/10 (vgl. 1. Teil, Abschnitt 4.5, S. 52).

Hinweis: Die Gebühren des RA im Mahnverfahren sind grundsätzlich erstattungsfähig. Allerdings stellt eine neuere Entscheidung diesen Grundsatz infrage (OLG Nürnberg, NJW 98, S. 388 ff.).

Eine 5/10 **Vollstreckungsbescheidgebühr** gem. § 43 Abs. 1 Nr. 3 erhält der RA für seine Tätigkeit im Verfahren über den Antrag auf Erlass eines Vollstreckungsbescheides. Hierfür müssen folgende Voraussetzungen erfüllt sein:

- Antrag **nach** Ablauf der Widerspruchsfrist (§ 699 Abs. 1 S. 2 ZPO),
- kein Widerspruch des Antragsgegners **innerhalb** der Widerspruchsfrist.

Beispiel:
RA Merz beantragt den Erlass eines Mahnbescheides über 1 000,00 DM. Nach Ablauf der Widerspruchsfrist beantragt RA Merz den Erlass des Vollstreckungsbescheides. Da nicht innerhalb der Widerspruchsfrist Widerspruch erhoben wurde, wird der Vollstreckungsbescheid antragsgemäß erlassen.

Die Gebühren des Mahnverfahrens berechnen sich wie folgt:
10/10 Mahnbescheidsgebühr, §§ 11, 43 Abs. 1 Nr. 1 (Wert: 1 000,00 DM) 90,00 DM
5/10 Vollstreckungsbescheidgebühr, §§ 11, 43 Abs. 1 Nr. 3
(Wert: 1 000,00 DM) 45,00 DM

Merke:
Für die Entstehung der Vollstreckungsbescheidgebühr kommt es nicht darauf an, ob der wirksam beantragte Vollstreckungsbescheid auch erlassen wird oder nicht.

Wird nach Ablauf der Widerspruchsfrist, aber noch **vor Verfügung** des Vollstreckungsbescheids Widerspruch erhoben, so ist dieser Widerspruch prozessual noch rechtzeitig, weil er den Erlass eines Vollstreckungsbescheides hindert (§ 694 Abs. 1 ZPO). Gebührenrechtlich ist dieser Widerspruch jedoch unerheblich, da die Vollstreckungsbescheidgebühr bereits entstanden ist. Soweit der Antragsteller bei Antrag auf Erlass des Vollstreckungsbescheid jedoch **Kenntnis** von der verspäteten Einlegung des Widerspruchs hatte, fällt die Vollstreckungsbescheidgebühr nicht an.

Beispiel:
a) RA Friedel beantragt den Erlass eines Mahnbescheides über 12 300,00 DM und nach Ablauf der Widerspruchsfrist den Erlass eines Vollstreckungsbescheides. Der Vollstreckungsbescheid wird jedoch nicht erlassen, da der Antragsgegner rechtzeitig, aber nach Ablauf der Widerspruchsfrist, und zwar zwei Tage nach Eingang des Antrages auf Erlass des Vollstreckungsbescheides, Widerspruch erhoben hat.

© Verlag Gehlen

Besondere Verfahren 95

Die Gebühren des Mahnverfahrens berechnen sich wie folgt:
10/10 Mahnbescheidsgebühr, §§ 11, 43 Abs. 1 Nr. 1 (Wert: 12 300,00 DM)   735,00 DM
5/10 Vollstreckungsbescheidsgebühr, §§ 11, 43 Abs. 1 Nr. 3
(Wert: 12 300,00 DM)   367,50 DM.

b) *Wie zuvor, jedoch ruft der Antragsgegner einen Tag nach Ablauf der Widerspruchsfrist bei RA Friedel an und teilt ihm mit, dass er – wenn auch verspätet – soeben Widerspruch erhoben habe. RA Friedel beantragt dennoch den Erlass eines Vollstreckungsbescheides.*
Die Gebühren des Mahnverfahrens berechnen sich wie folgt:
10/10 Mahnbescheidsgebühr, §§ 11, 43 Abs. 1 Nr. 1 (Wert: 12 300,00 DM)   735,00 DM
Hinweis: *Eine Vollstreckungsbescheidsgebühr darf nicht in Ansatz gebracht werden.*

2.4.2   Gebühren für den RA des Antragsgegners

Eine **3/10 Widerspruchsgebühr** gem. § 43 Abs. 1 Nr. 2 erhält der RA des Antragsgegners für die Erhebung des Widerspruchs. Die Gebühr berechnet sich nach dem Betrag, über den Widerspruch erhoben wird. Dieses ist zu beachten, wenn ein Teil-Widerspruch erhoben wird.

Eine Ermäßigung der Gebühr bei vorzeitiger Beendigung tritt gem. § 43 Abs. 3 nicht ein. Wird der RA für mehrere Auftraggeber tätig, erhöht die Widerspruchsgebühr gem. § 6 Abs. 1 S. 2 für jeden weiteren Auftraggeber um 3/10 = 0,9/10 (vgl. 1. Teil, Abschnitt 4.5, S. 52).

Beispiel:
RAin Schmitz erhebt für ihren Auftraggeber gegen einen Mahnbescheid über 13 000,00 DM einen Teil-Widerspruch in Höhe von 7 000,00 DM.
Die Gebühr berechnet sich wie folgt:
3/10 Widerspruchsgebühr, §§ 11, 43 Abs. 1 Nr. 2 (Wert: 7 000,00 DM)   129,00 DM.

In der Rechtsprechung ist umstritten, ob der RA des Antragsgegners eine volle Prozessgebühr erhält bzw. ob diese erstattungsfähig ist, wenn er zusammen mit dem Widerspruch einen Klageabweisungsantrag stellt.

Die BRAGO regelt jedoch nicht ausdrücklich den Fall, dass gegen einen Vollstreckungsbescheid **Einspruch** eingelegt wird. Dem RA wird für diese Tätigkeit überwiegend eine volle Prozessgebühr zugebilligt (OLG München, AnwBl. 92, S. 400). Dies wird damit begründet, dass der Einspruchs nicht mehr zum Mahnverfahren gerechnet wird, sondern als Tätigkeit, die der RA in Ausführung seines Prozessauftrages vornimmt.

2.4.3   Anrechnung, § 43 Abs. 2

Geht ein Mahnverfahren durch Widerspruch gegen den Mahnbescheid oder Einspruch gegen den Vollstreckungsbescheid in das streitige Verfahren über, so werden die Mahnbescheids- bzw. Widerspruchsgebühr auf die nachfolgende Prozessgebühr gem. § 43

Abs. 2 angerechnet. Eine gewisse zeitliche Nähe zwischen dem Mahnverfahren und dem nachfolgenden streitigen Verfahren ist für die Anrechnung nicht erforderlich (OLG München, AnwBl. 91, 275 f).

Bei der Anrechnung der Mahnbescheidsgebühr auf die Prozessgebühr ist zu unterscheiden, ob der Gegenstand aus dem Mahnverfahren im nachfolgenden streitigen Verfahren

- gleich bleibt (identischer Streitgegenstand),
- sich erhöht (Hinzunahme weiterer Streitgegenstände),
- sinkt (Wegfall von Teilen des ursprünglichen Streitgegenstandes).

Wie die Anrechnung durchzuführen ist, wird in Auslegung des Begriffes „Anrechnung" unterschiedlich gehandhabt. Während nach einer Auffassung die anzurechnende Mahnbescheidsgebühr in der Prozessgebühr „untergeht" und somit zu einer Prozessgebühr erwächst, bleibt nach anderer Auffassung die bereits verdient Mahnbescheidsgebühr erhalten, sodass eine Prozessgebühr insoweit nicht mehr in Ansatz gebracht werden kann. Die Verfasser vertreten die zweite Auffassung. In der Mehrzahl der Anrechnungsfälle führen beide Auffassungen im Ergebnis zum gleichen Gebührenaufkommen des RA.

Beispiel zur Anrechnung bei **gleich bleibenden** Gegenstandswerten:
RAin Döring hat einen Mahnbescheid über 7 000,00 DM erwirkt. Nachdem der Antragsgegner Widerspruch erhoben hat, geht das Mahnverfahren in das streitige Verfahren über. Nach streitiger Verhandlung ergeht ein Endurteil.

Die Gebühren können wie folgt berechnet werden:

1. Gebühr für das Mahnverfahren:
10/10 Mahnbescheidsgebühr §§ 11, 43 Abs. 1 Nr. 1
(Wert: 7 000,00 DM)   430,00 DM

2. Gebühren für das Streitverfahren:
10/10 Prozessgebühr §§ 11, 31 Abs. 1 Nr. 1
(Wert: 7 000,00 DM)   430,00 DM
./. 10/10 Mahnbescheidsgebühr §§ 11, 43 Abs. 1 Nr.1, Abs. 2
(Wert: 7 000,00 DM)   430,00 DM   0,00 DM
10/10 Verhandlungsgebühr §§ 11, 31 Abs. 1 Nr. 2
(Wert: 7 000,00 DM)   430,00 DM

In der Praxis wird regelmäßig neben der Verhandlungsgebühr nur die Prozessgebühr – unter Weglassung der Mahnbescheidsgebühr – berechnet:

10/10 Prozessgebühr §§ 11, 31 Abs. 1 Nr. 1
(Wert: 7 000,00 DM)   430,00 DM
10/10 Verhandlungsgebühr §§ 11, 31 Abs. 1 Nr. 2
(Wert: 7 000,00 DM)   430,00 DM

Beispiel zur Anrechnung, wenn sich der Gegenstandswert **erhöht:**
RA Peters hat einen Mahnbescheid über 12 400,00 DM erwirkt. Nachdem der Antragsgegner Widerspruch erhoben hat, geht das Mahnverfahren in das streitige Verfahren über. Rechtzeitig vor dem Termin erhöht RA Peters die Klage um weitere 7 600,00 DM. Nach streitiger Verhandlung ergeht ein Endurteil.

Die Gebühren können wie folgt berechnet werden:
1. Gebühr für das Mahnverfahren:
   10/10 Mahnbescheidgebühr §§ 11, 43 Abs. 1 Nr. 1
   (Wert: 12 400,00 DM)   735,00 DM
2. Gebühren für das Streitverfahren:
   10/10 Prozessgebühr §§ 11, 31 Abs. 1 Nr. 1
   (Wert: 20 000,00 DM)   945,00 DM
   ./. 10/10 Mahnbescheidgebühr §§ 11, 43 Abs. 1 Nr. 1, Abs. 2
   (Wert: 12 400,00 DM)   735,00 DM   210,00 DM

   10/10 Verhandlungsgebühr §§ 11, 31 Abs. 1 Nr. 2
   (Wert: 20 000,00 DM)   945,00 DM

In der Praxis wird neben der Verhandlungsgebühr – wie im vorhergehenden Beispiel – nur die Prozessgebühr berechnet:

10/10 Prozessgebühr §§ 11, 31 Abs. 1 Nr. 1 (Wert: 20 000,00 DM)   945,00 DM
10/10 Verhandlungsgebühr §§ 11, 31 Abs. 1 Nr. 2 (Wert: 20 000,00 DM)   945,00 DM

Beispiel zur Anrechnung, wenn der Gegenstandswert **sinkt:**
RA Tiedemann hat einen Mahnbescheid über 9 400,00 DM erwirkt. Nach Zustellung des Mahnbescheides leistet der Antragsgegner einen Teilbetrag auf die Hauptforderung in Höhe von 3 400,00 DM. Wegen des verbleibenden Restes über 6 000,00 DM erhebt er Widerspruch und das Mahnverfahren geht in das streitige Verfahren über. Nach streitiger Verhandlung ergeht ein Endurteil.

Die Gebühren können wie folgt berechnet werden:
1. Gebühr für das Mahnverfahren:
   10/10 Mahnbescheidgebühr §§ 11, 43 Abs. 1 Nr. 1
   (Wert: 9 400,00 DM)   595,00 DM
2. Gebühren für das Streitverfahren:
   10/10 Prozessgebühr §§ 11, 31 Abs. 1 Nr. 1
   (Wert: 6 000,00 DM)   375,00 DM
   ./. 10/10 Mahnbescheidgebühr §§ 11, 43 Abs. 1 Nr. 1, Abs. 2
   (Wert: 6 000,00 DM)   375,00 DM   0,00 DM

   10/10 Verhandlungsgebühr §§ 11, 31 Abs. 1 Nr. 2
   (Wert: 6 000,00 DM)   375,00 DM

Hinweis: Die Mahnbescheidgebühr wird nur mit dem Gegenstandswert angerechnet, der in das streitige Verfahren übergegangen ist.

In der Praxis wird neben der Verhandlungsgebühr regelmäßig nur die Mahnbescheidsgebühr – unter Weglassung der Prozessgebühr – berechnet:

© Verlag Gehlen

98 Bürgerliche Rechtsstreitigkeiten und ähnliche Verfahren

- Gebühr für das Mahnverfahren:
  10/10 Mahnbescheidsgebühr §§ 11, 43 Abs. 1 Nr. 1
  (Wert: 9 400,00 DM)   595,00 DM
- Gebühren für das Streitverfahren:
  10/10 Verhandlungsgebühr §§ 11, 31 Abs. 1 Nr. 2
  (Wert: 6 000,00 DM)   375,00 DM

Die zuvor beschriebenen Anrechnungsverfahren gelten entsprechend auch für die Anrechnung der **Widerspruchsgebühr** auf die später im streitigen Verfahren entstehende Prozessgebühr.

Beispiel:
RA Guhr erhebt für den Antragsgegner gegen einen Mahnbescheid über 30 000,00 DM Widerspruch. Im anschließenden streitigen Verfahren wird streitig verhandelt.
1. Gebühr für das Mahnverfahren:
   3/10 Widerspruchsgebühr §§ 11, 43 Abs. 1 Nr. 2
   (Wert: 30 000,00 DM)   331,50 DM
2. Gebühren für das Streitverfahren:
   10/10 Prozessgebühr §§ 11, 31 Abs. 1 Nr. 1
   (Wert: 30 000,00 DM)   1 105,00 DM
   ./. 3/10 Widerspruchsgebühr §§ 11, 43 Abs. 1 Nr. 2, Abs. 2
   (Wert: 30 000,00 DM)   331,50 DM   773,50 DM
   10/10 Verhandlungsgebühr §§ 11, 31 Abs. 1 Nr. 2
   (Wert: 30 000,00 DM)   1 105,00 DM

In der Praxis wird neben der Verhandlungsgebühr – unter Weglassung der Widerspruchsgebühr – nur die Prozessgebühr berechnet:
10/10 Prozessgebühr §§ 11, 31 Abs. 1 Nr. 1 (Wert: 30 000,00 DM)   945,00 DM
10/10 Verhandlungsgebühr §§ 11, 31 Abs. 1 Nr. 2 (Wert: 30 000,00 DM)   945,00 DM

Wegen weiterer, besonders problematischer Anrechnungsfälle wird auf eine zusammenfassende Abhandlung im 2. Teil, Abschnitt 7, S. 166 ff. verwiesen.

Merke:
Soweit im Mahn- und Streitverfahren verschiedene RAe tätig werden, ist eine Anrechnung nicht durchzuführen.

2.4.4 Urkunden-Mahnverfahren

In diesem Verfahren gelten grundsätzlich die vorstehenden Ausführungen. Für die Entstehung der 5/10 Vollstreckungsbescheidsgebühr gilt jedoch nachstehende Besonderheit. In Abweichung zum normalen Mahnverfahren entsteht die Vollstreckungsbescheidsgebühr hier trotz Erhebung eines Widerspruchs, wenn dieser gem. § 703 a Abs. 2 Nr. 4 ZPO **beschränkt** erhoben wird.

© Verlag Gehlen

Besondere Verfahren 99

Beispiel:
RA Detlefs erwirkt einen Urkunden-Mahnbescheid über 10 000,00 DM. Der Antragsgegner erhebt hiergegen rechtzeitig einen gem. § 703 a Abs. 2 Nr.4 beschränkten Widerspruch. Auf Antrag von RA Detlefs ergeht somit ein Vollstreckungsbescheid unter Vorbehalt. Im Urkunden-Mahnverfahren sind folgende Gebühren entstanden:

10/10 Mahnbescheidsgebühr §§ 11, 43 Abs. 1 Nr. 1 (Wert: 10 000,00 DM)   595,00 DM
5/10 Vollstreckungsbescheidsgebühr §§ 11, 43 Abs. 1 Nr. 3
(Wert: 10 000,00 DM)   297,50 DM

Hinweis: Hätte der Antragsgegner einen (unbeschränkten) Widerspruch erhoben, wäre das Urkunden-Mahnverfahren in den Urkundenprozess (§ 39) übergegangen. Eine Vollstreckungsbescheidsgebühr wäre in diesem Fall nicht entstanden.

2.5 Selbständiges Beweisverfahren

Die Vorschrift des § 48 regelt das Gebührenaufkommen für das selbständige Beweisverfahren. Der RA kann für dieses Verfahren die in § 31 bestimmten Gebühren sowie gegebenenfalls die Vergleichsgebühr nach § 23 erhalten.

Das selbständige Beweisverfahren kann entweder

- eigenständig, d. h. ohne Anhängigkeit eines Hauptsacheverfahrens, oder
- in Verbindung mit einem anhängigen Hauptsacheverfahren durchgeführt werden.

Der **Gegenstandswert** für das selbständige Beweisverfahren ist – soweit ein Hauptsacheverfahren anhängig ist – in der Regel mit dem Wert des Hauptsacheverfahrens identisch. Im Übrigen ist der Wert des zu sichernden Anspruchs maßgeblich, wobei das Gericht gem. § 3 ZPO den Wert nach freiem Ermessen festzusetzen kann. Die Rechtsprechung hierzu ist nicht einheitlich.

2.5.1 Nichtanhängiges Hauptsacheverfahren

Wird das selbständige Beweisverfahren durchgeführt, ohne dass ein Hauptsacheverfahren anhängig ist oder wird, erhält der RA gem. § 48 die in § 31 bestimmten Gebühren.

Die volle Prozessgebühr entsteht, sobald der RA den Antrag auf Durchführung des selbständigen Beweisverfahrens bei Gericht einreicht. Nur wenn das Gericht eine Verhandlungstermin anberaumt, können die Verhandlungsgebühr bzw. die Erörterungsgebühr berechnet werden, sofern streitig verhandelt bzw. die Sache erörtert wird. Bei einer nichtstreitigen Verhandlung ist nur die halbe Verhandlungsgebühr zu berechnen. Die volle Beweisgebühr entsteht – unter den gleichen Voraussetzungen wie im ordentlichen Verfahren –, wenn das Gericht das selbständige Beweisverfahren anordnet. Eine Vergleichsgebühr kann gem. § 23 Abs. 1 S. 3 nur in Höhe von 10/10 entstehen, da die Sache durch das selbständige Beweisverfahren als gerichtlich anhängig gilt.

© Verlag Gehlen

> **Beispiel:**
> RA Werner hat ein selbständiges Beweisverfahren anhängig gemacht. Nach streitiger Verhandlung und Durchführung der Beweisaufnahme schließen die Parteien zur Erledigung des Rechtsstreits zu Protokoll einen Vergleich. Das Gericht setzt den Streitwert auf 14 000,00 DM fest.
> RA Werner rechnet die Gebühren für das selbständige Beweisverfahren wie folgt ab:
> 10/10 Prozessgebühr §§ 11, 31 Abs. 1 Nr. 1, **48** (Wert: 14 000,00 DM)   735,00 DM
> 10/10 Verhandlungsgebühr §§ 11, 31 Abs. 1 Nr. 2, **48** (Wert: 14 000,00 DM)   735,00 DM
> 10/10 Beweisgebühr §§ 11, 31 Abs. 1 Nr. 3, **48** (Wert: 14 000,00 DM)   735,00 DM
> 10/10 Vergleichsgebühr §§ 11, 23 Abs. 1 S. 3 (Wert: 14 000,00 DM)   735,00 DM

> **Merke:**
> Die Regelgebühren des § 31 im selbstständigen Beweisverfahren sind auch dann mit § 48 zu kennzeichnen, wenn kein Hauptsacheverfahren folgt.

2.5.2 Anhängiges Hauptsacheverfahren

Ist oder wird die **Hauptsache anhängig**, kann der RA die Gebühren des § 48 nicht gesondert in Ansatz bringen, da das selbständige Beweisverfahren gem. § 37 Nr. 3 ausdrücklich zum Rechtszug und somit zum Hauptsacheverfahren gehört. Dies hat gem. § 13 Abs. 2 zur Folge, dass die Gebühren nicht mehr zusätzlich neben den gleichen Gebühren des Hauptsacheverfahrens gefordert werden können.

Die Gebühren nach § 48 können **dennoch** – ganz oder zum Teil – gesondert anfallen, wenn entweder

- der Streitgegenstand der Hauptsache und des selbständigen Beweisverfahrens nicht übereinstimmen oder
- die Parteien beider Verfahren nicht identisch sind oder
- in beiden Verfahren nicht derselbe RA tätig ist.

Ob und wann die **Beweisgebühr** insbesondere bei einem **Anwaltswechsel** auch im Hauptsacheverfahren entsteht, ist in der Rechtsprechung umstritten. Zum Teil wird die Auffassung vertreten, dass eine Beweisgebühr im Hauptsacheverfahren nur entsteht, wenn auch in diesem Verfahren eine Beweisaufnahme stattfindet. Nach anderer Auffassung reicht es aus, wenn das Ergebnis der im selbständigen Beweisverfahren durchgeführten Beweisaufnahme im Hauptsacheverfahren verwertet wird. Nach einer dritten Auffassung ist nicht einmal die Verwertung des Ergebnisses des selbstständigen Beweisverfahrens im Hauptsacheverfahren erforderlich, vielmehr soll es hiernach genügen, dass sich eine Partei im Hauptsacheverfahren gem. § 493 Abs. 1 ZPO auf Tatsachen beruft, über die selbstständig Beweis erhoben wurde (OLG Schleswig, AnwBl 97, 569).

Beispiel:

RA Lindner beantragt wegen einer Schadenersatzforderung die Durchführung eines selbständigen Beweisverfahrens, und zwar vor Anhängkeit des Hauptsacheverfahrens. Das Gericht ordnet eine mündliche Verhandlung an, in der streitig über diesen Antrag verhandelt wird. Die beantragte Beweisaufnahme wird angeordnet. Nach Durchführung der Beweisaufnahme erhebt RA Lindner Klage in der Hauptsache über 80 000,00 DM. Nach streitiger Verhandlung und Verwertung der Beweisaufnahme ergeht ein Endurteil.

Die Gebühren in beiden Verfahren lassen sich – theoretisch – wie folgt berechnen:

1. Gebühren für das selbständige Beweisverfahren:
10/10 Prozessgebühr §§ 11, 31 Abs. 1 Nr. 1, 48
(Wert: 80 000,00 DM)   1 845,00,00 DM
10/10 Verhandlungsgebühr §§ 11, 31 Abs. 1 Nr. 2, 48
(Wert: 80 000,00 DM)   1 845,00,00 DM
10/10 Beweisgebühr §§ 11, 31 Abs. 1 Nr. 3, 48
(Wert: 80 000,00 DM)   1 845,00,00 DM

2. Gebühren für das Hauptsacheverfahren:
10/10 Prozessgebühr §§ 11, 31 Abs. 1 Nr. 1
(Wert: 80 000,00 DM)   1.845,00 DM
./. 10/10 Prozessgebühr §§ 11, 31 Abs. 1 Nr. 1, 48
(Wert: 80 000,00 DM)   1.845,00 DM   0,00 DM
10/10 Verhandlungsgebühr §§ 11, 31 Abs. 1 Nr. 2
(Wert: 80 000,00 DM)   1 845,00 DM
./. 10/10 Verhandlungsgebühr §§ 11, 31 Abs. 1 Nr. 2, 48
(Wert: 80 000,00 DM)   1 845,00 DM   0,00 DM

In der Praxis wird jedoch regelmäßig wie folgt abgerechnet:

10/10 Prozessgebühr §§ 11, 31 Abs. 1 Nr. 1
(Wert: 80 000,00 DM)   1 845,00 DM
10/10 Verhandlungsgebühr §§ 11, 31 Abs. 1 Nr. 2
(Wert: 80 000,00 DM)   1 845,00 DM
*10/10 Beweisgebühr §§ 11, 31 Abs. 1 Nr. 3, **48***
(Wert: 80 000,00 DM)   1 845,00 DM

Wird das selbständige Beweisverfahren zur Verwendung eines bereits anhängigen Hauptsacheverfahrens in der Berufungsinstanz durchgeführt, entstehen die Gebühren auch für das selbstständige Beweisverfahren gem. § 11 Abs. 1 S. 4 in Höhe von 13/10.

© Verlag Gehlen

102　Bürgerliche Rechtsstreitigkeiten und ähnliche Verfahren

> **Beispiel:**
> RAin Möller vertritt den Berufungskläger in einem Schadenersatzprozess wegen 10 000,00 DM vor dem Berufungsgericht. Parallel hierzu hat das Gericht – ohne mündliche Verhandlung – die Durchführung des selbstständigen Beweisverfahrens angeordnet. Nach streitiger Verhandlung im Hauptsacheverfahren und Verwertung des Beweisergenisses ergeht ein Endurteil.
> RAin Möller rechnet ihre Gebühren – praxisgerecht – wie folgt ab:
> 13/10 Prozessgebühr §§ 11, 31 Abs. 1 Nr. 1 (Wert: 10 000,00 DM)　　773,50 DM
> 13/10 Verhandlungsgebühr §§ 11, 31 Abs. 1 Nr. 2 (Wert: 10 000,00 DM)　773,50 DM
> 13/10 Beweisgebühr §§ 11, 31 Abs. 1 Nr. 3, **48** (Wert: 10 000,00 DM)　　773,50 DM

2.5.3 Kostenerstattung

Für die **Erstattung** der im selbstständigen Beweisverfahren entstandenen Kosten ist zu unterscheiden, ob ein Rechtsstreit in der Hauptsache nachfolgt oder nicht.

Liegt ein Hauptsacheverfahren vor, so unterliegen die Kosten des selbstständigen Beweisverfahrens der Kostengrundentscheidung in der Hauptsache.

Wird jedoch das selbstständige Beweisverfahren ohne Hauptsacheverfahren erledigt, wie z. B. durch Rücknahme oder Zurückweisung des Antrages, ist in der Rechtsprechung umstritten, ob überhaupt eine Kostengrundentscheidung zu ergehen hat.

Unstreitig sind dem Antragsteller jedoch dann die Kosten aufzuerlegen, wenn er der Anordnung auf Klageerhebung nicht Folge leistet (§ 494a Abs. 2 ZPO).

2.6　Prozesskostenhilfeverfahren und Beratungshilfe, §§ 51, 121 ff.

Eine Partei, die nach ihren persönlichen und wirtschaftlichen Verhältnissen die Kosten der Prozessführung nicht, nur zum Teil oder nur in Raten aufbringen kann, erhält auf Antrag Prozesskostenhilfe (nachfolgend PKH), wenn die beabsichtigte Rechtsverfolgung oder Rechtsverteidigung hinreichende Aussicht auf Erfolg bietet und nicht mutwillig erscheint (§ 114 ZPO).

2.6.1　Bewilligungsverfahren, § 51

Bevor das Gericht auf Antrag PKH bewilligt, hat es in einem besonderen Verfahren – dem so genannten Bewilligungs- oder Prüfungsverfahren – festzustellen, ob die Voraussetzungen für die Gewährung von PKH überhaupt vorliegen. Für die Tätigkeit in diesem Verfahren erhält der RA 5/10 der in § 31 bestimmten Gebühren (§ 51 Abs. 1 S. 1), wenn er diese Gebühren **nicht** als Prozessbevollmächtigter im Prozessverfahren verdient.

Sofern PKH für ein Berufungs- oder Revisionsverfahren beantragt wird, erhöhen sich die Gebühren des § 51 Abs. 1 S. 1 auf jeweils 6,5/10.

Besondere Verfahren 103

Die Vorschriften der §§ 32, 33 Abs. 1 und Abs. 2 sind gem. § 51 Abs. 1 S. 3 nicht anzuwenden.

Der **Gegenstandswert** bestimmt sich für das Bewilligungsverfahren nach dem für die Hauptsache maßgeblichen Wert (§ 51 Abs. 2).

Beispiel:

RA Wilm beantragt für seinen Auftraggeber die Bewilligung von PKH wegen einer beabsichtigten Zahlungsklage über 13 000,00 DM. Das Gericht weist den Antrag – ohne mündliche Verhandlung – mangels hinreichender Erfolgsaussicht zurück. Der Rechtsstreit wird in der Hauptsache nicht anhängig gemacht.
RA Wilm rechnet seine Gebühren für das Bewilligungsverfahren wie folgt ab:
5/10 Prozessgebühr §§ 11, 31 Abs. 1 Nr. 1, **51** (Wert: 13 000,00 DM)   367,50 DM

Merke:

Die Regelgebühren des § 31 im PKH-Bewilligungsverfahren sind stets mit § 51 zu kennzeichnen.

Beispiel:

RAin Weber erhält den Auftrag, PKH in einer Schadenersatzangelegenheit wegen 6 000,00 DM zu beantragen. Vor Einreichung dieses Antrages hat sich der Auftrag vorzeitig erledigt.
RAin Weber rechnet wie folgt ab:
5/10 Prozessgebühr §§ 11, 31 Abs. 1 Nr. 1, **51** (Wert: 6 000,00 DM)   187,50 DM
Hinweis: § 32 Abs. 1 ist hier nicht anzuwenden.

Beispiel:

RA Zeidler beantragt für seinen Auftraggeber für das beabsichtigte Berufungsverfahren wegen 22 000,00 DM PKH. Durch Beschluß wird der Antrag zurückgewiesen. Auf die Durchführung der Berufung wird sodann verzichtet.
RA Zeidler rechnet wie folgt ab:
6,5/10 Prozessgebühr §§ 11, 31 Abs. 1 Nr. 1, **51** (Wert: 22 000,00 DM)   666,30 DM

Neben den halben Regelgebühren des § 31 kann aber die **Vergleichsgebühr** in voller Höhe gem. § 23 Abs. 1 S. 3 entstehen. Gegenstand eines solchen Vergleichs im Bewilligungsverfahren kann nur der Anspruch sein, für den die Bewilligung beantragt worden ist.

Beispiel:

RA Ebeling beantragt für seinen Auftraggeber die Bewilligung von PKH für eine Zahlungsklage über 18 000,00 DM. Das Gericht hat im Bewilligungsverfahren einen Termin anberaumt. Nach Erörterung der Sach- und Rechtslage schließen die Parteien zur Erledigung des Rechtsstreits zu Protokoll einen Vergleich. Das Gericht hat keine PKH bewilligt.

© Verlag Gehlen

> RA Ebeling rechnet seine Gebühren für das Bewilligungsverfahren wie folgt ab:
> 5/10 Prozessgebühr §§ 11, 31 Abs. 1 Nr. 1, **51** (Wert: 18 000,00 DM)   437,50 DM
> 5/10 Erörterungsgebühr §§ 11, 31 Abs. 1 Nr. 4, **51** (Wert: 18 000,00 DM)   437,50 DM
> 10/10 Vergleichsgebühr §§ 11, 23 Abs. 1 S. 3 (Wert: 18 000,00 DM)   875,00 DM

Der RA, der den **Antragsgegner** im Bewilligungsverfahren vertritt, verdient grundsätzlich dieselben Gebühren wie der RA des Antragstellers, soweit er zu dem PKH-Antrag schriftsätzlich bzw. in der Verhandlung Stellung nimmt. Eine **Erstattung** der dem Antragsgegner entstandenen Kosten findet nicht statt (§ 118 Abs. 1 S. 4 ZPO).

Wird der RA sowohl im Bewilligungsverfahren als auch im Hauptsacheverfahren als Prozessbevollmächtigter tätig, so sind die im Bewilligungsverfahren entstandenen Gebühren auf die im Hauptsacheverfahren verdienten Gebühren **anzurechnen.**

> *Merke:*
> Da das Bewilligungsverfahren gem. § 37 Nr. 3 zum Rechtszug gehört, dürfen die Gebühren gem. § 13 Abs. 2 nur einmal berechnet werden.

> *Beispiel:*
> RA Meister beantragt für seinen Auftraggeber die Bewilligung von PKH wegen einer beabsichtigten Zahlungsklage über 5 000,00 DM. Das Gericht weist den Antrag – ohne mündliche Verhandlung – mangels hinreichender Erfolgsaussicht zurück. Trotzdem erhebt RA Meister auftragsgemäß Klage. Nach streitiger Verhandlung wird die Klage abgewiesen.
> RA Meister könnte seine Gebühren wie folgt abrechnen:
> 1. Bewilligungsverfahren
>   5/10 Prozessgebühr §§ 11, 31 Abs. 1 Nr. 1, **51**
>   (Wert: 5 000,00 DM)   160,00 DM
> 2. Prozessverfahren
>   10/10 Prozessgebühr §§ 11, 31 Abs. 1 Nr. 1
>   (Wert: 5 000,00 DM)   320,00 DM
>   – 5/10 Prozessgebühr §§ 11, 31 Abs. 1 Nr. 1, **51**
>   (Wert: 5 000,00 DM)   160,00 DM   160,00 DM
>   10/10 Verhandlungsgebühr §§ 11, 31 Abs. 1 Nr. 2
>   (Wert: 5 000,00 DM)   320,00 DM
> In der Praxis wird jedoch regelmäßig – mit dem gleichen Ergebnis – wie folgt abgerechnet:
> 10/10 Prozessgebühr §§ 11, 31 Abs. 1 Nr. 1 (Wert: 5 000,00 DM)   320,00 DM
> 10/10 Verhandlungsgebühr §§ 11, 31 Abs. 1 Nr. 2 (Wert: 5 000,00 DM)   320,00 DM

Für das Bewilligungsverfahren selbst wird keine Prozesskostenhilfe gewährt. Eine Ausnahme hiervon ist dann möglich, wenn in diesem Verfahren ein Vergleich geschlossen wird. Welche Gebühren dann von der PKH erfasst werden, hängt von dem Umfang der Bewilligung ab (KG Berlin AnwBl 91, 543 f.).

© Verlag Gehlen

Besondere Verfahren 105

2.6.2 Vergütung des beigeordneten RA, §§ 121 ff. BRAGO[1]

Die Bewilligung der PKH bewirkt, dass der beigeordnete RA seine Vergütung nicht mehr gegen seinen Auftraggeber geltend machen kann (§ 122 Abs. 1 Nr. 3 ZPO). Stattdessen hat der im Wege der PKH oder nach § 11a ArbGG beigeordnete RA gem. § 121 BRAGO einen öffentlichrechtlichen Vergütungsanspruch für die gesetzlichen Gebühren gegen die Staatskasse.

Die Vorschrift des § 123 BRAGO enthält jedoch eine Sonderregelung. Anstelle der vollen Gebühr (§ 11 Abs. 1 S. 1 und S. 2 BRAGO) gelten ab einem Gegenstandswert von mehr als **6 000,00 DM** nur die in § 123 BRAGO in der Tabelle vorgesehenen, **geminderten** Gebühren. Ab einem Gegenstandswert über 50 000,00 DM kann nur eine Höchstgebühr berechnet werden.

Merke:
Für Gegenstandswerte
- **bis 6 000,00 DM:** Tabelle nach § 11 BRAGO (sog. Wahlanwaltsgebühren),
- **über 6 000,00 DM:** Tabelle nach § 123 BRAGO (sog. PKH-Gebühren),
- **über 50 000,00 DM: Höchstgebühr** von 765,00 DM.

Soweit der beigeordnete RA **Bruchteilsgebühren**, wie z. B. 5/10 oder 13/10 Gebühren, beansprucht, erhält er die entsprechenden Bruchteile von den in der Tabelle des § 123 BRAGO genannten Beträgen. Bei einer Auftraggebermehrheit ist § 6 BRAGO entsprechend zu berücksichtigen.

Die Herabsetzung der Gebühren des § 123 BRAGO gilt nicht für **Betragsrahmengebühren**, insbesondere nicht für den im Sozialgerichtsverfahren beigeordneten RA (§ 116 Abs. 1 BRAGO).

Merke:
Post- und Telekommunikationsentgelte werden nicht gemindert, sondern nach dem fiktiven Gebührenaufkommen eines Wahlanwalts nach der Tabelle des § 11 BRAGO berechnet.

Bei einem **Vergleichsabschluss** kann es für den beigeordneten RA fraglich sein, ob er eine 10/10 oder 15/10 Vergleichsgebühr in Ansatz bringen kann, wenn nichtanhängige Ansprüche in den Vergleich mit einbezogen werden.

In der Rechtsprechung ist die Höhe der Vergleichsgebühr bei Einbeziehung eines nichtanhängigen Anspruchs (hier: Umgangsrecht) umstritten. Die Gebührenhöhe hängt davon ab, was unter Anhängigkeit eines PKH-Verfahrens i. S. v. § 23 Abs. 1 S. 3 Hs. 2 zu verstehen ist.

- Nach einer Meinung wird die Anhängigkeit schon dadurch begründet, dass für einen abzuschließenden Vergleich Prozesskostenhilfe antragsgemäß bewilligt wird. Hiernach entsteht nur eine 10/10 Vergleichsgebühr (so: OLG Saarbrücken RPfl 97, 72; OLG Köln RPfl 97, 187).

[1] In diesem Abschnitt werden die Vorschriften der BRAGO ausnahmsweise als solche gekennzeichnet, um eine Verwechslung mit den Vorschriften der ZPO zu vermeiden.

© Verlag Gehlen

- Die Gegenmeinung versteht unter Anhängigkeit, dass über die antragsgemäße Bewilligung hinaus in der Hauptsache selbst entschieden werden kann. Da nichtanhängige Ansprüche nicht Gegenstand der Hauptsache sein können, entsteht die 15/10 Vergleichsgebühr (so: OLG München, AnwBl. 97, S. 501; OLG Zweibrücken, RPfl. 97, S. 187).

Beispiel:

RA Unger wird für das Verfahren auf Zuweisung der ehelichen Wohnung der Antragstellerin in der mündlichen Verhandlung beigeordnet. Nach Erörterung der Sach- und Rechtslage wird ein Vergleich geschlossen, in dem auch das – nicht anhängig gemachte – Umgangsrecht für das gemeinsame Kind mitgeregelt wird. Im Anschluß hieran wird der Antragstellerin bewilligte PKH auf die Umgangsregelung ausgedehnt und ihr auch insoweit RA Unger beigeordnet. Die Streitwerte werden für die Zuweisung der ehelichen Wohnung auf 12 000,00 DM und für das Umgangsrecht auf 5 000,00 DM festgesetzt.

Demnach könnte RA Unger die Vergleichsgebühr wie folgt abrechnen:

10/10 Vergleichsgebühr §§ 23 Abs. 1 S. 3, 121, 123	
(Wert: 17 000,00 DM)	475,00 DM
oder	
10/10 Vergleichsgebühr §§ 23 Abs. 1 S. 3, 121, 123	
(Wert: 12 000,00 DM)	445,00 DM
15/10 Vergleichsgebühr §§ 23 Abs. 1 S. 1, 121, 123	
(Wert: 5 000,00 DM)	480,00 DM
geprüft (15/10 aus 17 000,00 DM) und	
ermäßigt gem. § 13 Abs. 3 von	925,00 DM auf 712,50 DM

Grundsätzlich hat der beigeordnete RA – unabhängig vom Ausgang des Rechtsstreits – einen Vergütungsanspruch gegen die **Staatskasse**.

Beispiel:

*Dem Kläger Alf wurde PKH **ohne** Ratenzahlung unter Beiordnung von RA Polster bewilligt, und zwar für eine Zahlungsklage wegen 10 000,00 DM gegen den Beklagten Busse, der durch RA Breitling vertreten wird. Nach streitiger Verhandlung wird die Klage durch Endurteil abgewiesen. Beide RAe rechnen diese Sache ab.*

1. RA Polster rechnet gegenüber der Staatskasse wie folgt ab:

10/10 Prozessgebühr §§ 31 Abs. 1 Nr. 1, **121, 123**	
(Wert: 10 000,00 DM)	435,00 DM
10/10 Verhandlungsgebühr §§ 31 Abs. 1 Nr. 2, **121, 123**	
(Wert: 10 000,00 DM)	435,00 DM
Post- und Telekommunikationsentgelte, § 26 S. 2	40,00 DM
Zwischensumme	910,00 DM
16 % Mehrwertsteuer, § 25 Abs. 2	145,60 DM
Gesamtbetrag	1 055,60 DM

2. RA Breitling erstellt folgende Vergütungsberechnung:

10/10 Prozessgebühr §§ 11, 31 Abs. 1 Nr. 1 (Wert: 10 000,00 DM)	595,00 DM
10/10 Verhandlungsgebühr §§ 11, 31 Abs. 1 Nr. 2 (Wert: 10 000,00 DM)	595,00 DM
Post- und Telekommunikationsentgelte, § 26 S. 2	40,00 DM
Zwischensumme	1 230,00 DM
16 % Mehrwertsteuer, § 25 Abs. 2	196,80 DM
Gesamtbetrag	1 426,80 DM

Hinweis: Die Gebühren des RA Breitling sind vom unterlegenen Kläger in voller Höhe zu erstatten (§ 123 ZPO).

Soweit der Partei PKH mit **Ratenzahlung** bewilligt wird, hat der beigeordnete RA gegen die Staatskasse gem. § 124 BRAGO einen Anspruch auf **weitere Vergütung,** und zwar in Höhe der Differenz zwischen den Wahlanwaltgebühren (§ 11 BRAGO) und den PKH-Gebühren (§ 123 BRAGO). Diese Vergütung wird in der Praxis häufig als Differenzgebühr bezeichnet.

Die weitere Vergütung wird erst dann gezahlt, wenn

- zum einen die von der Staatskasse eingezogenen Raten den Betrag übersteigen, der zur Deckung der Gerichtskosten und PKH-Gebühren erforderlich ist,
- und zum anderen von den – gem. § 115 Abs. 1 S. 4 ZPO höchstens – **48 Monatsraten** noch so viele Raten „unverbraucht" sind, dass auch die geforderte Differenz abgedeckt wird.

Beispiel:

*a) Wie zuvor, jedoch hat das Gericht dem Kläger PKH mit einer monatlichen **Ratenzahlung** von **90,00 DM** bewilligt. Nach Beendigung des Verfahrens will RA Polster die weitere Vergütung festsetzen lassen.*

Die weitere Vergütung gem. § 124 BRAGO berechnet sich wie folgt:

Wahlanwaltsvergütung einschließlich Auslagen und Mehrwertsteuer	=	1 426,80 DM
PKH-Vergütung einschließlich Auslagen und Mehrwertsteuer	=	1 055,60 DM
Differenz	=	371,20 DM

Von den monatlichen Raten werden zunächst die Gerichtskosten und die PKH-Gebühren abgegolten. Für die weitere Vergütung ist nur noch dann Raum, wenn noch nicht alle 48 Raten geleistet wurden.

Im vorliegenden Fall dienen die ersten 20 Raten à 90,00 DM zur Verrechnung für die:

Gerichtskosten	705,00 DM	
PKH-Gebühren	1 055,60 DM	1 760,60 DM.

Der Differenz von 371,20 DM stehen noch maximal 28 Raten à 90,00 DM gegenüber, sodass die weitere Vergütung aus der Staatskasse erstattet werden kann.

© Verlag Gehlen

108 Bürgerliche Rechtsstreitigkeiten und ähnliche Verfahren

b) Wie zuvor, jedoch hat das Gericht dem Kläger PKH mit einer monatlichen **Ratenzahlung** von **30,00 DM** bewilligt.
Da in diesem Fall von den höchstens aufzubringenden 48 Raten à 30,00 DM (=1 440,00 DM) nicht einmal die Gerichtskosten von 705,00 DM sowie die PKH-Gebühren von 1 055,60 DM, also insgesamt 1 760,60 DM, beglichen werden können, erhält RA Polster keine weitere Vergütung mehr.

Im Falle des Obsiegens kann der beigeordnete RA wahlweise seine Vergütung

- entweder in voller Höhe vom Gegner verlangen
- oder als geminderte PKH-Gebühren gegenüber der Staatskasse abrechnen und **zusätzlich** die Differenz zur normalen Vergütung gegen den Gegner festsetzen lassen.

Die Festsetzung der Kosten gegen den Gegner (§§ 103 ff. ZPO) kann der beigeordnete RA gem. § 126 Abs. 1 ZPO ausnahmsweise **im eigenen Namen** beantragen.

Soweit die Kostenfestsetzung im Namen der PKH-Partei beantragt wird, besteht die Gefahr, dass der erstattungspflichtige Gegner mit einer Forderung gegen die PKH-Partei aufrechnet. Unter Umständen kann der beigeordnete RA sogar seinen Vergütungsanspruch gegen die Staatskasse verlieren (OLG München, AnwBl 98, 54).

Merke:
Die Kostenfestsetzung gegen den Gegner sollte der beigeordnete RA gem. § 126 Abs. 1 ZPO im eigenen Namen betreiben.
Antragsberechtigt ist nur der namentlich beigeordnete RA und nicht alle Sozien.

Ob der beigeordnete RA seine Vergütung aus der Staatskasse oder vom Gegner verlangt, wird er regelmäßig davon abhängig machen, ob vom Gegner Zahlung zu erwarten ist.

Beispiel:
RAin Emmerich vertritt den Kläger in einem Schadenersatzprozess wegen 40 000,00 DM. Antragsgemäß wird PKH ohne Ratenzahlung unter Beiordnung von RAin Emmerich bewilligt. Nach streitiger Verhandlung wird der Beklagte antragsgemäß verurteilt.
RAin Emmerich hat zwei Möglichkeiten, ihre Vergütung geltend zu machen:
1. Kostenfestsetzungsantrag **gegen den Beklagten** (§ 126 ZPO)

10/10 Prozessgebühr §§ 11, 31 Abs. 1 Nr. 1 (Wert: 40 000,00 DM)	1 265,00 DM
10/10 Verhandlungsgebühr §§ 11, 31 Abs. 1 Nr. 2 (Wert: 40 000,00 DM)	1 265,00 DM
Post- und Telekommunikationsentgelte, § 26 S. 2	40,00 DM
Zwischensumme	2 570,00 DM
16 % Mehrwertsteuer, § 25 Abs. 2	411,20 DM
Gesamtbetrag	2 981,20 DM

© Verlag Gehlen

Besondere Verfahren

2. Erstattungsantrag gegen die Staatskasse (§ 121 BRAGO)
10/10 Prozessgebühr §§ 31 Abs. 1 Nr. 1, **121, 123** (Wert: 40 000,00 DM)   645,00 DM
10/10 Verhandlungsgebühr §§ 31 Abs. 1 Nr. 2, **121, 123**
(Wert: 40 000,00 DM)   645,00 DM
Post- und Telekommunikationsentgelte, § 26 S. 2   40,00 DM

Zwischensumme   1 330,00 DM
16 % Mehrwertsteuer, § 25 Abs. 2   212,80 DM
Gesamtbetrag   1 542,80 DM
und
Kostenfestsetzungantrag für die Differenz zwischen Wahl- und PKH-Anwaltsgebühren in Höhe von 1 438,40 DM gegen den Beklagten.

2.6.3 Anrechnung von Vorschüssen und Zahlungen, § 129

Sämtliche Vorschüsse und Zahlungen, die der RA vor oder nach seiner Beiordnung von seinem Auftraggeber oder einem Dritten erhalten hat, sind zunächst auf eine ihm zustehende weitere Vergütung nach § 124 anzurechnen.

Um den Vergütungsanspruch – unter Berücksichtigung des anzurechnenden Vorschusses – gegen die Staatskasse ermitteln zu können, ist folgende Berechnungsmethode anzuwenden:

- 1. Ermittlung der fiktiven Wahlanwaltsgebühren,
- 2. Berechnung der PKH-Gebühren,
- 3. Feststellung der Differenz,
- 4. Anrechnung des Vorschusses auf die Differenz.

Beispiel:

*RA Abel wird beauftragt, für eine beabsichtigte Zahlungsklage über 10 000,00 DM PKH zu beantragen. Er erhält von seinem Auftraggeber einen Vorschuss in Höhe von 500,00 DM. Nach antragsgemäßer Bewilligung von PKH **ohne** Ratenzahlung wird im Termin streitig verhandelt. Die Klage wird durch Endurteil abgewiesen.*

Um seinen Vergütungsanspruch – unter Berücksichtigung des Vorschusses – gegen die Staatskasse festsetzen zu lassen, muss RA Abel wie folgt vorgehen:
1. Die fiktiven Wahlanwaltsgebühren betragen:
10/10 Prozessgebühr §§ 11, 31 Abs. 1 Nr. 1 (Wert: 10 000,00 DM)   595,00 DM
10/10 Verhandlungsgebühr §§ 11, 31 Abs. 1 Nr. 2 (Wert: 10 000,00 DM)   595,00 DM
Post- und Telekommunikationsentgelte, § 26 S. 2   40,00 DM

Summe   1 230,00 DM
16 % Mehrwertsteuer, § 25 Abs. 2   196,80 DM
Gesamtbetrag   1 426,80 DM

2. Die PKH-Gebühren betragen:

10/10 Prozessgebühr §§ 31 Abs. 1 Nr. 1, **121, 123** (Wert: 10 000,00 DM)	435,00 DM
10/10 Verhandlungsgebühr §§ 31 Abs. 1 Nr. 2, **121, 123** (Wert: 10 000,00 DM)	435,00 DM
Post- und Telekommunikationsentgelte, § 26 S. 2	40,00 DM
Summe	910,00 DM
16 % Mehrwertsteuer, § 25 Abs. 2	145,60 DM
Gesamtbetrag	1 055,60 DM

3. Differenz zwischen Wahlanwaltsgebühren und PKH-Gebühren = 371,20 DM.

4. Anrechnung des Vorschusses gem. § 129:

Vorschuß	=	500,00 DM
− Differenz	=	371,20 DM
		128,80 DM

Im Ergebnis erhält RA Abel von der Staatskasse die PKH-Gebühren	=	1 055,60 DM
abzüglich des anzurechnenden Vorschusses	=	128,80 DM
RA Abel beantragt somit die Festsetzung von		926,80 DM.

Durch die Anrechnung des Vorschusses gem. § 129 hat RA Abel folgendes Gebührenaufkommen:

Erstattung aus der Staatskasse	=	926,80 DM
+ nicht anzurechnender Vorschuss	=	371,20 DM
insgesamt		1 298,00 DM.

2.6.4 Beratungshilfe, §§ 131 ff.

Während für gerichtliche Verfahren einer bedürftigen Partei PKH gewährt werden kann, kann ein Rechtssuchender – der prozesskostenhilfeberechtigt ist – in **außergerichtlichen** Angelegenheiten Beratungshilfe nach dem Beratungshilfegesetz (BerHG) in Anspruch nehmen.

In den Ländern Bremen und Hamburg tritt an die Stelle der Beratungshilfe die öffentliche Rechtsberatung; in Berlin hat der Rechtsuchende die Wahl zwischen der öffentlichen Rechtsberatung und der Beratungshilfe (§ 14 BerHG).

Über die Gewährung von Beratungshilfe entscheidet auf Antrag das für den Rechtsuchenden zuständige Amtsgericht, das einen so genannten **Berechtigungsschein** ausstellt. Bei diesem Gericht hat der RA die Erstattung seiner Vergütung zu beantragen (§ 131).

Besondere Verfahren 111

Der RA kann im Rahmen der Beratungshilfe folgende – wertunabhängige – **Festgebühren** verdienen, nämlich für

- die Erteilung von Rat bzw. Auskunft   = 45,00 DM (§ 132 Abs. 1),
- die Vertretung – Tätigkeit i. S. v. § 118   = 110,00 DM (§ 132 Abs. 2),
- eine Erledigung der Rechtssache i. S. v. § 24   = 135,00 DM (§ 132 Abs. 3),
- einen Vergleich der Rechtssache i. S. v. § 23   = 200,00 DM (§ 132 Abs. 3).

In § 132 sind drei **Anrechnungsbestimmungen** enthalten:

- die Gebühr für Rat bzw. Auskunft (§ 132 Abs. 1 S. 1) ist auf die anderen Gebühren des § 132 in voller Höhe anzurechnen,

- die Gebühr für die Vertretung (§ 132 Abs. 2 S. 1) ist zur Hälfte auf die in einem anschließenden behördlichen oder gerichtlichen Verfahren entstehenden Gebühren anzurechnen.

- die Gebühr für die Vertretung (§ 132 Abs. 2 S. 3) ist zu einem Viertel auf die Gebühren für ein Verfahren auf Vollstreckbarerklärung eines Vergleichs nach den §§ 296 a und 796 b ZPO anzurechnen.

Neben den Gebühren des § 132 hat der RA gem. § 8 Abs. 1 BerHG gegen den Rechtsuchenden einen Anspruch auf eine gesonderte, so genannte **Schutzgebühr** von **20,00 DM,** die er nach dessen wirtschaftlichen Verhältnissen erlassen kann. Da es sich bei diesem Entgelt zum einen nicht um eine BRAGO-Gebühr und zum anderen um einen Festbetrag handelt, kann der RA hierauf nicht zusätzlich Auslagen oder Mehrwertsteuer berechnen. Des Weiteren ist diese Gebühr gem. § 19 nicht festsetzbar.

Beispiel:
Die Eheleute M. und F. Hellmann beauftragen unter Vorlage eines Berechtigungsscheines RA Kämmerling, Ansprüche gegen ihren Vermieter wegen Wohnungsmängeln geltend zu machen. Er korrespondiert mit dem Vermieter und schließt zur Erledigung der Angelegenheit einen Vergleich. Auf die Berechnung der Schutzgebühr hat RA Kämmerling verzichtet.

RA Kämmerling rechnet gegenüber der Landeskasse wie folgt ab:

Vertretungsgebühr §§ 131, 132 Abs. 2, 6	*143,00 DM*
Vergleichsgebühr §§ 131, 132 Abs. 3	*200,00 DM*
Post- und Telekommunikationsentgelte, § 26 S. 2	*40,00 DM*
	383,00 DM
16 % Mehrwertsteuer, § 25 Abs. 2	*61,28 DM*
Gesamtbetrag	*444,28 DM*

Hinweis: Die Vertretungsgebühr ist bei mehreren Auftraggebern gem. § 6 um 3/10 zu erhöhen.

2.7 Beschwerde- und Erinnerungsverfahren, § 61

Der RA hat im Beschwerdeverfahren sowie im Verfahren über die Erinnerung gegen die Kostenfestsetzung und gegen den Kostenansatz einen **gesonderten** Anspruch auf 5/10 der in § 31 bestimmten Gebühren.

Beide Verfahren gelten als besondere Angelegenheiten, da sie **nicht** zum Rechtszug im Sinne des § 37 Nr. 7 gehören.

2.7.1 Beschwerdeverfahren

Die Bestimmung des § 61 Abs. 1 Nr. 1 gilt grundsätzlich für alle Arten der Beschwerde, nämlich **einfache** Beschwerde (z. B. im Prozesskostenhilfeverfahren, § 127 Abs. 2 S. 2 ZPO), **sofortige** Beschwerde (z. B. gegen die Kostengrundentscheidung, § 91 a Abs. 2 oder im Zwangsvollstreckungsverfahren, § 793 Abs. 1) sowie die **weitere** Beschwerde (gegen die Entscheidung des Beschwerdegerichts, § 568 Abs. 2 ZPO).

Der RA erhält in diesen Fällen ausnahmslos **5/10 der vollen** in § 31 bestimmten Gebühren, wobei ohne Bedeutung ist,

- ob die Grundgebühren nur Bruchteilsgebühren sind, z. B. im Prozesskostenhilfeverfahren 5/10 oder im Zwangsvollstreckungsverfahren 3/10,
- in welcher Instanz sich das Verfahren befindet; z. B. die Einlegung der Beschwerde gegen die Verwerfung der Berufung durch Beschluss (§ 519b Abs. 2 ZPO),
- ob sich der Auftrag vorzeitig erledigt oder nichtstreitig verhandelt wird bzw. lediglich Anträge zur Prozess- und Sachleitung gestellt werden, da gem. § 61 Abs. 3 die Vorschriften der §§ 32 und 33 Abs. 1 und 2 nicht gelten.

Die Vorschrift des § 61 Abs. 1 ist **nicht** anzuwenden, soweit **vorrangige Sonderregelungen** bestehen, wie z. B.

- **Prozesskostenhilfe:** Die Erinnerung bzw. Beschwerde gegen die Festsetzung der aus der Staatskasse zu gewährenden Vergütung des beigeordneten RA sind gebührenfrei (§ 128 Abs. V),
- **FGG-Scheidungsfolgesachen:** Die befristete und weitere Beschwerde lösen die erhöhten (vollen) Gebühren nach § 11 Abs. S. 4 und 5 aus (§ 61 a), also die sonst für das Berufungs- bzw. Revisionsverfahren vorgesehenen Gebühren,
- **arbeitsgerichtliches Beschlussverfahren:** Die Beschwerde löst für das Rechtsmittelverfahren ebenfalls die erhöhten (vollen) Gebühren nach § 11 Abs. 1 S. 4 aus (§ 62 Abs. 2),
- **Hausratssachen:** Für Beschwerden gegen eine den Rechtszug beendende Entscheidung entstehen die gleichen Gebühren wie im ersten Rechtszug (§ 63 Abs. 2 und 3), also 5/10,

© Verlag Gehlen

- **Wohnungseigentumssachen:** Für Beschwerden gegen eine den Rechtszug beendende Entscheidung entstehen die gleichen Gebühren wie im ersten Rechtszug (§ 63 Abs. 2), also 10/10,
- **Arrest- oder einstweilige Verfügungssachen:** Soweit auf die Beschwerde hin das Gericht eine mündliche Verhandlung anordnet, ist in der Rechtsprechung umstritten, ob der RA die 5/10 Gebühren nach § 61 Abs. 1 Nr. 1 oder die vollen Gebühren des § 31 verdient,
- **Schiedssprüche und Anwaltsvergleiche:** In Rechtsbeschwerden gem. § 1065 ZPO erhält der RA die gleichen Gebühren wie im ersten Rechtszug (46 Abs. 2), also 10/10.

In der Regel erhält der RA nur die Prozessgebühr, da im Beschwerdeverfahren nur selten mündlich verhandelt und Beweis erhoben wird. Der Rechtsanwalt des Gegners erhält die Prozessgebühr wenn er eine Gegenerklärung auf die Beschwerdeschrift einreicht.

Merke:
Eine Vergleichsgebühr kann nach § 23 Abs. 1 S. 3 in voller Höhe entstehen.

Beispiel:
a) RA Schuldt beantragt für seinen Auftraggeber Prozesskostenhilfe wegen eines Schadenersatzanspruches über 5 000,00 DM. Durch Beschluss wird der Prozesskostenhilfeantrag zurückgewiesen. Sodann erhält RA Schuldt den Auftrag, gegen diesen Beschluss Beschwerde einzulegen. Bevor er die Beschwerdeschrift bei Gericht einreicht, teilt ihm sein Auftraggeber mit, dass er von seiner beabsichtigten Rechtsverfolgung Abstand nehmen will.

RA Schuldt rechnet die Gebühren für das Beschwerdeverfahren wie folgt ab:
5/10 Prozessgebühr, §§ 11, 31 Abs. 1 Nr. 1, 61 Abs. 1 Nr. 1
(Wert: 5 000,00 DM) 160,00 DM

b) RA Doll vertritt den Berufungskläger in einem Räumungsprozess (Streitwert: 12 000,00 DM). Im Berufungstermin erklären die Prozessbevollmächtigten den Rechtsstreit in der Hauptsache übereinstimmend für erledigt. Durch Beschluss werden die Kosten des Rechtsstreits dem Berufungskläger auferlegt (§ 91 a ZPO). Hiergegen legt RA Doll sofortige Beschwerde ein.

RA Doll rechnet die Gebühren für die Beschwerde wie folgt ab:
5/10 Prozessgebühr, §§ 11, 31 Abs. 1 Nr. 1, 61 Abs. 1 Nr. 1
(Wert: 12 000,00 DM) 332,50 DM

Mehrere Beschwerden können mehrfach die besonderen Gebühren des § 61 Abs. 1 Nr. 1 auslösen, wenn sie sich gegen verschiedene Entscheidungen richten. So liegen z. B. zwei Beschwerdeverfahren vor, wenn das Gericht zunächst der (ersten) Beschwerde abhilft, und dann der Gegner gegen diese Entscheidung seinerseits eine (zweite) Beschwerde einlegt.

2.7.2 Erinnerungsverfahren

Die Tätigkeit des RA im Kostenfestsetzungsverfahren gehört gem. § 37 Nr. 7 zum Rechtszug und löst keine gesonderten Gebühren aus. Dies gilt jedoch ausdrücklich nicht für das Erinnerungsverfahren. Hierfür erhält der RA gem. § 61 Abs. 1 Nr. 2 gesondert 5/10 der in § 31 bestimmten Gebühren. Gleiches gilt für die Erinnerung gegen die vom Gericht in Ansatz gebrachten Gerichtskosten (§ 5 GKG, § 14 KostO und § 9 GVKostG).

Beispiel:

RAin Kunze legt auftragsgemäß Erinnerung gegen einen Kostenfestsetzungsbeschluss ein, da der Rechtspfleger die beantragte Beweisgebühr in Höhe von 540,00 DM zuzüglich 16 % MwSt. von 86,40 DM nicht berücksichtigt hat. Da weder der Rechtspfleger noch der Richter abhelfen, wird die Sache als Durchgriffserinnerung dem Rechtsmittelgericht vorgelegt, welches der Erinnerung durch Beschluss stattgibt.

RAin Kunze rechnet die Gebühren für das Erinnerungsverfahren wie folgt ab:
5/10 Prozessgebühr, §§ 11, 31 Abs. 1 Nr. 1, 61 Abs. 1 **Nr. 2**
(Wert: 626,40 DM)   *45,00 DM*

Hinweis: Soweit weder der Rechtspfleger noch der Richter der Erinnerung abhelfen und diese als so genannte Durchgriffserinnerung (= sofortige Beschwerde) dem Rechtsmittelgericht vorgelegt wird, liegt gem. § 61 Abs. 2 gebührenrechtlich nur **eine** Angelegenheit vor, die dann jedoch nach § 61 Abs. 1 Nr. 1 abzurechnen ist.

3 Nichtprozessbevollmächtigte Anwälte, §§ 52 ff.

In diesem Abschnitt werden die Gebühren der Anwälte behandelt, die zwar keine Prozessbevollmächtigten sind, aber in einem Prozess Tätigkeiten *neben* oder *für* einen Prozessbevollmächtigten ausüben.

3.1 Verkehrsanwalt, § 52

Der Verkehrsanwalt, der auch als Korrespondenzanwalt bezeichnet wird, hat die Aufgabe, den Schriftverkehr zwischen der Partei und dem Prozessbevollmächtigten zu führen und zu vermitteln sowie den Prozessstoff mit seinem Auftraggeber zu besprechen. Häufig fertigt er die Schriftsätze – ohne Briefkopf – an, die er dem Prozessbevollmächtigten zur Unterzeichnung und zur Einreichung übermittelt.

Merke:

Der Verkehrsanwalt ist weder Prozess- noch Unterbevollmächtigter, sondern in seiner Vermittlungsfunktion ein weiterer Bevollmächtigter der Partei.

© Verlag Gehlen

Die Einschaltung eines Verkehrsanwalts erfolgt insbesondere, wenn
- der RA seinen Auftraggeber in einem Prozess einem vor einem **auswärtigen Gericht** vertreten soll, bei dem er nicht zugelassen ist. In diesem Fall beauftragt er einen beim auswärtigem Gericht zugelassenen RA als Prozessbevollmächtigten. Hierbei ist entscheidend, dass nur derjenige RA als Verkehrsanwalt angesehen werden kann, der am Wohnort der Partei oder in dessen nächster Nähe seine Kanzlei führt (OLG Düsseldorf, AnwBl 97, 569),
- der in der ersten Instanz als Prozessbevollmächtigter tätig gewese RA für die Durchführung des Berufungs- bzw. Revisionsverfahren einem beim Rechtsmittelgericht zugelassenen RA die Prozessführung überträgt.

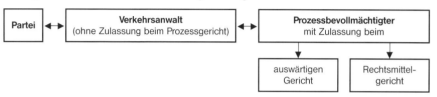

Die Gebühr nach § 52 ist der Prozessgebühr nach § 31 Abs. 1 Nr. 1 grundsätzlich **gleichzustellen**. Dies hat gebührenrechtlich zur Folge:
- Die Gebühr des § 52 entspricht regelmäßig in Höhe und Gegenstandswert der Prozessgebühr des Prozessbevollmächtigten.
- Falls der Verkehrsanwalt zum Prozessbevollmächtigten wird oder umgekehrt, darf er von beiden Gebühren nur eine Gebühr verlangen (§ 13 Abs. 2).
- Soweit Anrechnungsvorschriften für die Prozessgebühr bestehen, gelten diese auch für die Verkehrsgebühr, z. B. die Anrechnung der **Mahnbescheidsgebühr** auf die Prozessgebühr gem. § 43 Abs. 2.

Hinweis: Die Gebühr nach § 52 wird auch als Verkehrs- oder Korrespondenzgebühr bezeichnet.

Beispiel:
a) RA Haefler aus Hamburg soll für seinen Hamburger Auftraggeber den in Köln wohnhaften Schuldner auf Zahlung von 40 000,00 DM verklagen. RA Haefler beauftragt den beim Landgericht Köln zugelassenen RA Kluge mit der Prozessführung, wobei die Korrespondenz über RA Haefler geführt werden soll. Nach streitiger Verhandlung vor dem LG Köln ergeht ein Endurteil.

Die Anwälte rechnen ihre Gebühren wie folgt ab:
*1. RA Haefler als **Verkehrsanwalt:***
*10/10 Prozessgebühr §§ 11, 31 Abs. 1 Nr. 1, **52** (Wert: 40 000,00 DM)   1 265,00 DM*
*2. RA Kluge als **Prozessbevollmächtigter:***
10/10 Prozessgebühr §§ 11, 31 Abs. 1 Nr. 1 (Wert: 40 000,00 DM)   1 265,00 DM
10/10 Verhandlungsgebühr §§ 11, 31 Abs. 1 Nr. 2
(Wert: 40 000,00 DM)   1 265,00 DM

b) *Der in erster Instanz wegen einer Forderung von 30 000,00 DM tätig gewesene RA Gerhard aus Gießen soll gegen das klageabweisende Urteil des LG Gießen Berufung beim OLG Frankfurt einlegen. Er beauftragt den beim OLG Frankfurt zugelassenen RA Friedrichs mit der Einlegung der Berufung, wobei die Korrespondenz über ihn geführt werden soll. Nach streitiger Verhandlung wird die Berufung durch Urteil zurückgewiesen.*

Abrechnung der Gebühren für das Berufungsverfahren:

1. *RA Gerhard als* **Verkehrsanwalt:**
13/10 Prozessgebühr §§ 11, 31 Abs. 1 Nr. 1, **52**
(Wert: 30 000,00 DM) 1 436,00 DM

2. *RA Friedrichs als* **Prozessbevollmächtigter:**
13/10 Prozessgebühr §§ 11, 31 Abs. 1 Nr. 1
(Wert: 30 000,00 DM) 1 436,50 DM
13/10 Verhandlungsgebühr §§ 11, 31 Abs. 1 Nr. 2
(Wert: 30 000,00 DM) 1 436,50 DM

Hinweis: *Eine Gebührenteilungsvereinbarung zwischen den Anwälten ist zulässig.*

Der Verkehrsanwalt kann über die Verkehrsgebühr hinaus noch **weitere** Gebühren verdienen:

- 10/10 Verhandlungs- oder Erörterungsgebühr, wenn dem Verkehrsanwalt für die mündliche Verhandlung nur die Ausführung der Parteirechte übertragen wurde (§ 53 S. 1, 2. Alt.),

- 5/10 Beweisgebühr, wenn er auftragsgemäß einen Beweistermin wahrnimmt (§ 54 S. 1), wobei die halbe Prozessgebühr des § 54 auf die Prozess- bzw. Verkehrsgebühr anzurechnen ist,

- 10/10 bzw. 15/10 Vergleichsgebühr, wenn er beim Abschluß des Vergleichs mitgewirkt hat (§ 23).

Die Gebührensätze erhöhen sich im Berufungs- und Revisionsverfahren gem. § 11 Abs. 1 S. 4 und 5.

Beispiel:

a) *RA Rolff aus Rostock soll für seine Auftraggeberin den in Dortmund wohnhaften Schuldner in einer Bausache auf Zahlung von 50 000,00 DM verklagen. Er beauftragt hiermit den beim LG Dortmund zugelassenen RA Dorsch. Der Schriftverkehr soll mit RA Rolff geführt werden. Auf Wunsch der Klägerin nimmt RA Rolff an der mündlichen Verhandlung vor dem LG Dortmund teil. Nachdem die Prozessbevollmächtigten ihre Anträge gestellt haben, wird die Ausführung der Parteirechte auf RA Rolff übertragen. RA Rolff macht umfangreiche Ausführungen zur Sach- und Rechtslage. Am Schluss der Sitzung ergeht ein Beweisbeschluss, nach welchem ein Zeuge in Rostock im Wege der Rechtshilfe vernommen werden soll. Diesen Beweistermin nimmt RA Rolff wahr. Nachdem nochmals vor dem LG Dortmund streitig verhandelt wurde, ergeht ein Endurteil.*

Die Anwälte rechnen ihrer Gebühren wie folgt ab:
1. *RA Rolff als* **Verkehrsanwalt:**
10/10 Prozessgebühr §§ 11, 31 Abs. 1 Nr. 1, **52** *(Wert: 50 000,00 DM)*   1 425,00 DM
10/10 Verhandlungsgebühr §§ 11, 31 Abs. 1 Nr. 2, **53**
(Wert: 50 000,00 DM)   1 425,00 DM
5/10 Beweisgebühr §§ 11, 31 Abs. 1 Nr. 3, **54** *(Wert: 50 000,00 DM)*   712,50 DM
2. *RA Dorsch als* **Prozessbevollmächtigter:**
10/10 Prozessgebühr §§ 11, 31 Abs. 1 Nr. 1 (Wert: 50 000,00 DM)   1 425,00 DM
10/10 Verhandlungsgebühr §§ 11, 31 Abs. 1 Nr. 2
(Wert: 50 000,00 DM)   1 425,00 DM
10/10 Beweisgebühr §§ 11, 31 Abs. 1 Nr. 3 (Wert: 50 000,00 DM)   1 425,00 DM

b) *RAin Dreimann aus Dresden soll für ihren Auftraggeber den in Stuttgart wohnhaften Schuldner auf Schadensersatz von 15 000,00 DM verklagen. Sie beauftragt hiermit den beim LG Stuttgart zugelassenen RA Stolte. Der Schriftverkehr soll mit RAin Dreimann geführt werden. Im Termin zur mündlichen Verhandlung wird nach ausführlicher Erörterung der Sach- und Rechtslage zur Erledigung des Rechtsstreits zu Protokoll ein Vergleich unter Widerrufsvorbehalt geschlossen.*

RAin Dreimann bespricht diesen Vergleich mit ihrem Auftraggeber und rät dazu, den Vergleich nicht zu widerrufen.

Die Anwälte rechnen ihre Gebühren wie folgt ab:
1. *RAin Dreimann als* **Verkehrsanwältin:**
10/10 Prozessgebühr §§ 11, 31 Abs. 1 Nr. 1, **52** *(Wert: 15 000,00 DM)*   805,00 DM
10/10 Vergleichsgebühr §§ 11, 23 Abs. 1 S. 3 (Wert: 15 000,00 DM)   805,00 DM
2. *RA Stolte als* **Prozessbevollmächtigter:**
10/10 Prozessgebühr §§ 11, 31 Abs. 1 Nr. 1 (Wert: 15 000,00 DM)   805,00 DM
10/10 Erörterungsgebühr §§ 11, 31 Abs. 1 Nr. 4 (Wert: 15 000,00 DM)   805,00 DM
10/10 Vergleichsgebühr §§ 11, 23 Abs. 1 S. 3 (Wert: 15 000,00 DM)   805,00 DM

Hinweis: *Übernimmt bei einer überörtlichen Sozietät ein auswärtiger Sozius die Aufgaben eines Verkehrsanwalts, entsteht keine Gebühr nach § 52.*

Die **Erstattungsfähigkeit** der Verkehrsgebühr hängt vom jeweiligen Einzelfall ab. Zur ihrer Beurteilung sind die Bestimmungen des § 91 Abs. 1 sowie Abs. 2 S. 1 und S. 3 ZPO heranzuziehen. In der Regel kann die Einschaltung eines Verkehrsanwalts dann als **notwendig** im Sinne des § 91 ZPO angesehen werden, wenn es der Partei entweder nicht möglich oder nicht zumutbar war, sich direkt an den Prozessbevollmächtigten zu wenden. Kriterien hierfür können – je nach Lage des Einzelfalls – beispielsweise sein:

- räumliche Entfernung vom Sitz der Partei zum Gerichtsort,
- Alter, Gesundheitszustand und Bildungsstand der Partei,
- Eilbedürftigkeit der Sache, insbesondere im Arrest- oder einstweiligen Verfügungsverfahren,
- besondere Kenntnisse des Verkehrsanwalts mit einem rechtlich und tatsächlich schwierigen Prozessgegenstand.

Soweit die Beauftragung eines Verkehrsanwalts nicht als notwendig im Sinne des § 91 Abs. 1 S. 1 ZPO angesehen wird, können gem. § 91 Abs. 1 S. 2 die Kosten bis zur Höhe der **fiktiven Kosten** der Partei für eine Informationsreise zum Prozessbevollmächtigten am Gerichtsort erstattungsfähig sein. Hierunter fallen nach dem hier anzuwendenden ZSEG insbesondere Verdienstausfall, Aufwandsentschädigung, Übernachtungskosten und sonstige Auslagen der Partei.

Beispiel:

RA Mulder aus München soll für seinen Auftraggeber den in Hamburg wohnhaften Schuldner auf Zahlung von 50 000,00 DM verklagen. Er beauftragt hiermit den beim LG Hamburg zugelassenen RA Heinrich. Der Schriftverkehr soll mit RA Mulder geführt werden. Nach streitiger Verhandlung vor dem LG Hamburg wird der Beklagte antragsgemäß verurteilt. Der Vergütungsanspruch des Verkehrsanwalts wird nicht als erstattungsfähig angesehen.

RA Mulder berechnet seinen (nicht erstattungsfähigen) Vergütungsanspruch wie folgt:

10/10 Prozessgebühr §§ 11, 31 Abs. 1 Nr. 1, **52** (Wert: 50 000,00 DM)	1 425,00 DM
Post- und Telekommunikationsentgelte, § 26 S. 2	40,00 DM
	1 465,00 DM
16 % Mehrwertsteuer, § 25 Abs. 2	234,40 DM
Gesamtbetrag	1 699,40 DM

Im Kostenfestsetzungsantrag werden allerdings die fiktiven Kosten des Klägers für eine Informationsreise zum Prozessbevollmächtigten nach München nach dem ZSEG wie folgt geltend gemacht:

Kosten für die Bahnfahrt (Hin- und Rückfahrt, ohne BahnCard)	486,00 DM
angenommene Übernachtungskosten	210,00 DM
angenommener Verdienstausfall	400,00 DM
angenommene sonstige Auslagen	52,00 DM
insgesamt	1 148,00 DM

Da diese fiktiven Kosten für eine Informationsreise nicht den Vergütungsanspruch in der Höhe von 1 699,40 DM erreichten, wird dieser nur in Höhe von 1 148,00 DM als erstattungsfähig festgesetzt.

Mögliche Gebühren des Verkehrsanwalts, § 52	
Prozess-/Verkehrsgebühr	10/10 (§ 52)
Verhandlung-/Erörterungsgebühr	nur bei Ausführungen der Parteirechte: **10/10 (§ 53 S. 1 Hs. 1)**
Beweisgebühr	nur bei Tätigkeit auch als Beweisanwalt: **5/10 (§ 54)**
Vergleichsgebühr	nur bei Mitwirkung: 10/10 bzw. 15/10 (§ 23)

© Verlag Gehlen

3.2 Verhandlungsvertreter/Unterbevollmächtigter, § 53

Die Vorschrift des § 53 regelt das Gebührenaufkommen für prozessuale Tätigkeiten des RA, der weder Prozessbevollmächtigter noch Verkehrsanwalt ist.
Je nach Auftragserteilung ist zu unterscheiden zwischen der Übertragung:

- der Vertretung nur für die mündliche Verhandlung,
- der Ausführung der Parteirechte und
- der Vertretung in Untervollmacht ganz allgemein.

Der Hauptanwendungsfall des § 53 betrifft den Fall, dass der Prozessbevollmächtigte namens seines Auftraggebers, insbesondere in einem Parteiprozess vor einem auswärtigen Gericht, einen anderen RA (nur) für die mündliche Verhandlung die Vertretung überträgt (§ 53 S. 1, 1. Alt.). Dieser RA, der als Verhandlungs- oder auch als Terminsvertreter bezeichnet wird, stellt im Termin die Anträge bzw. nimmt an der Erörterung der Sach- und Rechtslage teil.

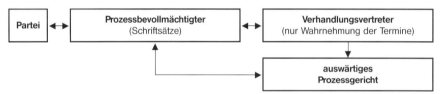

Der **Verhandlungsvertreter** erhält folgende Gebühren:

- 5/10 **Prozessgebühr** gem. § 53 S. 1, die ihm auch dann gem. § 53 S. 2 verbleibt, wenn sich der Auftrag vor der mündlichen Verhandlung erledigt.

- 10/10 **Verhandlungs-** bzw. **Erörterungsgebühr.** Für eine nichtstreitige Verhandlung (§ 33 Abs. 1 S. 1) und für Anträge zur Prozess- und Sachleitung (§ 33 Abs. 2) erhält er eine 5/10 Verhandlungsgebühr.

    Hinweis: Für die Verhandlungs- bzw. Erörterungsgebühr des Prozessbevollmächtigten ist § 33 Abs. 3 zu beachten (vgl. hierzu Abschnitt II. Teil, 1.2.3, S. 176).

- 10/10 **Beweisgebühr** gem. § 53 S. 3 nur, wenn sich seine Vertretung auf eine mit der mündlichen Verhandlung verbundene Beweisaufnahme erstreckt (§ 370 Abs. 1 ZPO).

    Im Gegensatz zum Prozessbevollmächtigten erhält er die Beweisgebühr nur, wenn die Beweisaufnahme auch tatsächlich stattgefunden hat.

- 10/10 **Vergleichsgebühr** gem. § 23, wenn er am Abschluß des Vergleichs mitgewirkt hat. Soweit nichtanhängige Ansprüche in den Vergleich mit einbezogen werden, erhält er neben der 15/10 Vergleichsgebühr gem. § 23 Abs. 1 S. 1 eine (nicht weiter ermäßigte) 5/10 Prozessgebühr gem. § 32 Abs. 2.

© Verlag Gehlen

Beispiel:

RA Contenius aus Cottbus erhebt für die Klägerin vor dem AG Augsburg Klage auf Zahlung von 2 500,00 DM und beauftragt den Augsburger RA Ahlenstorf, den Termin zur mündlichen Verhandlung wahrzunehmen. Im Termin vor dem AG Augsburg erkennt der Beklagte sofort einen Teilbetrag von 500,00 DM an und RA Ahlenstorf erwirkt insoweit ein Anerkenntnisteilurteil. Im Übrigen wird wegen 2 000,00 DM streitig verhandelt. Am Schluss der Sitzung ergeht ein Beweisbeschluss, den RA Contenius mit der Klägerin ausführlich bespricht. RA Ahlenstorf nimmt den Fortsetzungstermin mit der Beweisaufnahme wahr. Nach erneuter streitiger Verhandlung ergeht ein Endurteil.

Die Anwälte rechnen ihre Gebühren wie folgt ab:

1. RA Ahlenstorf als **Verhandlungsvertreter:**
5/10 Prozessgebühr §§ 11, 31 Abs. 1 Nr. 1, **53**
(Wert: 2 500,00 DM)   105,00 DM
5/10 Verhandlungsgebühr §§ 11, 31 Abs. 1 Nr. 2,
33 Abs. 1 S. 1, **53** (Wert: 500,00 DM)   25,00 DM
10/10 Verhandlungsgebühr §§ 11, 31 Abs. 1 Nr. 2, **53**
(Wert: 2 000,00 DM)   170,00 DM
geprüft (10/10 aus 2 500,00 DM) gem. § 13 Abs. 3   195,00 DM   195,00 DM
10/10 Beweisgebühr §§ 11, 31 Abs. 1 Nr. 3, **53**
(Wert: 2 000,00 DM)   170,00 DM

2. RA Contenius als **Prozessbevollmächtigter:**
10/10 Prozessgebühr §§ 11, 31 Abs. 1 Nr. 1
(Wert: 2 500,00 DM)   210,00 DM
3/10 Verhandlungsgebühr §§ 11, 31 Abs. 1 Nr. 2,
33 Abs. 1 S. 1, **33 Abs. 3** (Wert: 500,00 DM)   20,00 DM
5/10 Verhandlungsgebühr §§ 11, 31 Abs. 1 Nr. 2, **33 Abs. 3**
(Wert: 2 000,00 DM)   85,00 DM
geprüft (5/10 aus 2 500,00 DM) gem. § 13 Abs. 3   105,00 DM   105,00 DM
10/10 Beweisgebühr §§ 11, 31 Abs. 1 Nr. 3, **53**
(Wert: 2 000,00 DM)   170,00 DM

Beispiel:

RA Bernhard aus Berlin erhebt für den Kläger vor dem AG Flensburg Klage auf Zahlung von 8 000,00 DM und beauftragt den Flensburger RA Fleming, den Termin zur mündlichen Verhandlung wahrzunehmen. Im Termin vor dem AG Flensburg verhandelt RA Fleming streitig. Am Schluß der Sitzung ergeht ein Beweisbeschluss, wonach ein Zeuge vernommen werden soll. Nachdem RA Bernhard den angeforderten Zeugengebührenvorschuß entrichtet hat, beraumt das AG Flensburg den Fortsetzungstermin zur Beweisaufnahme an. Dieser Termin wird wieder von RA Fleming wahrgenommen. Die Parteien verzichten im Termin auf die Durchführung der Beweisaufnahme und schließen nach Erörterung der Sach- und Rechtslage zur Erledigung des Rechtsstreits zu Protokoll einen Vergleich.

© Verlag Gehlen

Die Anwälte rechnen ihre Gebühren wie folgt ab:
1. RA Fleming als **Verhandlungsvertreter:**
   5/10 Prozessgebühr §§ 11, 31 Abs. 1 Nr. 1, **53** (Wert: 8 000,00 DM)   242,50 DM
   10/10 Verhandlungsgebühr §§ 11, 31 Abs. 1 Nr. 2, **53** (Wert: 8 000,00 DM)   485,00 DM
   10/10 Vergleichsgebühr §§ 23 Abs. 1 S. 3 (Wert: 8 000,00 DM)   485,00 DM
   Hinweis: Eine Beweisgebühr gem. § 53 S. 3 darf nicht berechnet werden.
2. RA Bernhard als **Prozessbevollmächtigter:**
   10/10 Prozessgebühr §§ 11, 31 Abs. 1 Nr. 1 (Wert: 8 000,00 DM)   485,00 DM
   5/10 Verhandlungsgebühr §§ 11, 31 Abs. 1 Nr. 2, **33 Abs. 3**
   (Wert: 8 000,00 DM)   242,50 DM
   10/10 Beweisgebühr §§ 11, 31 Abs. 1 Nr. 3 (Wert: 8 000,00 DM)   485,00 DM
   10/10 Vergleichsgebühr §§ 23 Abs. 1 S. 3 (Wert: 8 000,00 DM)   485,00 DM

In der Praxis kommt es auch vor, dass der Prozessbevollmächtigte den bei einem auswärtigen AG tätigen Vertreter nicht nur mit der Vertretung für die mündliche Verhandlung beauftragt, sondern darüber hinaus ihm die gesamte Vertretung in Untervollmacht überträgt. In diesem Fall wird dieser RA als **allgemeiner Unterbevollmächtigter** bezeichnet. Er ist im Gegensatz zum Verhandlungsvertreter befugt, Ladungen, Schriftsätze sowie Entscheidungen entgegenzunehmen. Das Gebührenaufkommen des Unterbevollmächtigten entspricht dem des Verhandlungsvertreters, jedoch mit der Ausnahme, dass er die volle Beweisgebühr – wie der Prozessbevollmächtigte – auch dann verdient, wenn es nicht zur Beweisaufnahme kommt.

Hinweise:
1. Besteht Anwaltszwang, kann ein RA, der bei dem Prozessgericht nicht zugelassen ist, weder Verhandlungsvertreter noch allgemeiner Unterbevollmächtigter sein.
2. Eine Beiordnung im Wege der Prozesskostenhilfe ist für den in der mündlichen Verhandlung auftretenden Unterbevollmächtigten neben dem Prozessbevollmächtigten nicht zulässig, da hierfür keine gesetzliche Grundlage besteht.

Ein weiterer Anwendungsfall der Verhandlungsvertretung liegt vor, wenn der Prozessbevollmächtigte einem anderen RA lediglich die Ausführung der Parteirechte übertragen hat (§ 53 S. 1, 2. Alt.). Eine entsprechende Beauftragung erfolgt insbesondere dann, wenn die Partei einen RA mit speziellen Sach- und Rechtskenntnissen hinzuzieht. Dieser nimmt an der mündlichen Verhandlung aktiv teil, indem er Ausführungen zur Sach- und Rechtslage macht, während der Prozessbevollmächtigte bzw. der Verhandlungsvertreter die Anträge stellt. Er erhält für seine Tätigkeit gem. § 53 eine 5/10 Prozessgebühr und eine 10/10 Verhandlungs- bzw. Erörterungsgebühr (vgl. Beispiel in 3.1).

Soweit der Prozessbevollmächtigte aufgrund **persönlicher Verhinderung,** etwa bei Erkrankung oder Terminskollisionen, den Verhandlungstermin nicht selbst wahrnehmen kann, wird er (nur) im eigenen Namen einen RA als **Terminsvertreter** für sich bestellen. Dieser RA ist dann kein Unterbevollmächtigter im Sinne des § 53. Vielmehr verdient er die Gebühren für den Prozessbevollmächtigten als dessen Vertreter im Sinne des § 4, ohne dass ihm ein eigener Gebührenanspruch gegen die Partei erwächst.

© Verlag Gehlen

Hinweis: Bei einer entsprechenden Vertretung in demselben Gerichtsbezirk verlangt dieser Vertreter oftmals aus Gründen der Kollegialität keine Vergütung.

In einigen Gerichtsbezirken besteht darüber hinaus die Gepflogenheit, dem Terminsvertreter einen Festbetrag als Vergütung zu gewähren. So erhalten beispielsweise die Terminsvertreter im Hamburger Gerichtsbezirk folgende Beträge:

Amtsgericht, Arbeitsgericht und Landgericht 100,00 DM sowie Oberlandesgericht 140,00 DM.

Dieses Honorar deckt diejenige Tätigkeit einschließlich Wartezeit ab, die bis zur Vollendung der ersten halben Stunde anfallen. Für jede weitere, auch angefangene halbe Stunde bekommt der Terminsvertreter einen Zuschlag von jeweils 75 %.

Gebührenvergleich: Prozessbevollmächtigter und Verhandlungsvertreter, § 53		
Gebühren:	**Prozessbevollmächtigter, = Hauptbevollmächtigter:**	**Verhandlungsvertreter oder Unterbevollmächtigter:**
Prozessgebühr	10/10	5/10 (§ 53)
Verhandlungsgebühr – streitige – nichtstreitige	5/10 (§ 33 Abs. 3) 3/10 (§ 33 Abs. 3)	10/10 (§ 53) 5/10 (§ 53)
Beweisgebühr	10/10	**Verhandlungsvertreter** – nur in Verbindung mit der mündlichen Verhandlung: **10/10 (§ 53)** **Unterbevollmächtigter** – wie der Prozessbevollmächtigte: **10/10**
Vergleichsgebühr:		Bei Mitwirkung am Vergleichsabschluss können beide RAe sie verdienen.

Grundsätzlich sind die Kosten für die Einschaltung eines weiteren RA im Sinne des § 53 nicht erstattungsfähig. Allerdings können die Kosten insoweit als erstattungsfähig angesehen werden, als die Partei Kosten für eine notwendige Informationsreise einspart (vgl. hierzu die Ausführungen zu 2. Teil, Abschnitt 3.1, S. 118).

3.3 Beweisanwalt, § 54

Die Tätigkeit des Beweisanwalts – der weder Prozessbevollmächtigter noch Verkehrsanwalt oder Verhandlungsvertreter ist – beschränkt sich auf die Vertretung in der Beweisaufnahme. Die Beauftragung eines Beweisanwalts kommt dann in Betracht, wenn das Prozessgericht eine Beweisaufnahme außerhalb eines (Fortsetzungs-) Termins zur mündlichen Verhandlung anordnet, die vor dem

- beauftragten Richter als Mitglied des Prozessgerichts (§ 361 ZPO) oder
- ersuchten Richter eines anderen Gerichts (§ 362 ZPO)

stattfinden soll.

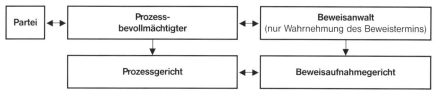

Der Beweisanwalt verdient gem. § 54 eine halbe **Prozessgebühr** – die ihm auch dann verbleibt, wenn sich der Auftrag vor der Wahrnehmung eines Beweistermins erledigt – sowie eine halbe **Beweisgebühr**. Erledigt sich der Auftrag ohne Wahrnehmung des Beweistermins, erhält der Beweisanwalt keine Beweisgebühr. Dies gilt jedoch nicht, wenn er zum Termin erscheint, die Beweisaufnahme aber nicht stattfindet, weil beispielsweise der Zeuge nicht erschienen ist.

Der Gegenstandswert für die Prozessgebühr richtet sich grundsätzlich nach dem vollem Wert des Streitgegenstandes.

Beispiel:
RAin Donner aus Duisburg erhebt für den Kläger vor dem AG Duisburg Klage auf Zahlung von 3 500,00 DM. Nach streitiger Verhandlung wird durch Beweisbeschluss angeordnet, dass ein Zeuge im Wege der Rechtshilfe beim AG Bayreuth vernommen werden soll. RA Bartels aus Bayreuth nimmt dort im Auftrag der RAin Donner unseren Auftrag den Beweistermin wahr. Nach Rückkehr der Prozessakte zum AG Duisburg und erneuter streitiger Verhandlung ergeht ein Endurteil.
Die Anwälte rechnen ihre Gebühren wie folgt ab:
*1. RA Bartels als **Beweisanwalt:***
   5/10 Prozessgebühr §§ 11, 31 Abs. 1 Nr. 1, 54 (Wert: 3 500,00 DM)   132,50 DM
   5/10 Beweisgebühr §§ 11, 31 Abs. 1 Nr. 3, 54 (Wert: 3 500,00 DM)   132,50 DM
*2. RAin Donner als **Prozessbevollmächtigte:***
   10/10 Prozessgebühr §§ 11, 31 Abs. 1 Nr. 1 (Wert: 3 500,00 DM)   265,00 DM
   10/10 Verhandlungsgebühr §§ 11, 31 Abs. 1 Nr. 2 (Wert: 3 500,00 DM) 265,00 DM
   10/10 Beweisgebühr §§ 11, 31 Abs. 1 Nr. 3 (Wert: 3 500,00 DM)   265,00 DM

Gebühren des Beweisanwalts, § 54	
Prozessgebühr	5/10 (§ 54)
Verhandlungsgebühr	entfällt
Beweisgebühr	5/10 (§ 54)

Hinweis: Im Berufungs- und Revisionsverfahren erhöhen sich die Gebühren um 3/10.

© Verlag Gehlen

Erstattungsfähig sind die Kosten des Beweisanwalts grundsätzlich bis zur Höhe der ersparten fiktiven Reisekosten (vgl. hierzu 2. Teil, Abschnitt 3.1, S. 118).

3.4 Sonstige Einzeltätigkeiten, § 56

Die Vorschrift des § 56 regelt die Vergütung des **nicht** zum Prozessbevollmächtigten bestellten RA für Einzeltätigkeiten in gerichtlichen Verfahren, die nicht insbesondere in den §§ 48 bis 54 erfasst werden.

Gem. § 56 Abs. 1 erhält der RA eine 5/10 Gebühr (im Berufungs- bzw. Revisionsverfahren eine 6,5/10 Gebühr) für die

- Einreichung, Anfertigung oder Unterzeichnung von Schriftsätzen (Schriftsatzgebühr), z. B. lediglich die Einreichung eines Kostenfestsetzungsantrags,
- Wahrnehmung von anderen als zur mündlichen Verhandlung oder zur Beweisaufnahme bestimmten Terminen (Terminsgebühr), z. B., Teilnahme an einer Ortsbesichtigung, die ein Sachverständiger zur Vorbereitung seines Gutachtens vornimmt.

Sind für ein Verfahren niedrigere Gebühren vorgesehen, wie z. B. für das Zwangsvollstreckungsverfahren (§ 57), erhält er gem. § 13 Abs. 6 auch nur die Gebühr in Höhe von 3/10, wie sie der Prozessbevollmächtigte erhalten würde.

Bei vorzeitiger Beendigung des Auftrages erhält der RA gem. § 56 Abs. 2 nur 3/10 der vollen Gebühr. Handelt es sich um ganz einfache kurze Schriftsätze, so erhält der RA gem. § 56 Abs. 3 i. V. m. § 120 nur eine 2/10 Gebühr, wie z. B. der Antrag auf Wiederaufnahme des Verfahrens (§ 251 Abs. 2 ZPO).

4 Vollstreckungsverfahren
4.1 Zwangsvollstreckung, §§ 57, 58

Die Vergütung des RA im Zwangsvollstreckungsverfahren ist in den §§ 57 ff. geregelt, wonach er für die Vertretung des Schuldners oder auch des Gläubigers gesondert sämtliche in § 31 bestimmten Gebühren in Höhe von jeweils 3/10 erhalten kann.

Soweit der RA schon im Erkenntnisverfahren Prozessbevollmächtigter des Gläubigers war, ist zu beachten, dass bestimmte zur Zwangsvollstreckung gehörende Tätigkeiten gem. § 37 Nr. 7 durch die bereits verdiente Prozessgebühr abgegolten werden, wie z. B. die Einholung des Rechtskraftzeugnisses (vergleiche hierzu 2. Teil, Abschnitt 1.1.1, S. 68).

Nicht anzuwenden sind die §§ 57 ff. jedoch für Tätigkeiten in den nachstehenden Verfahren:

© Verlag Gehlen

- Zwangsversteigerungs- und Zwangsverwaltungsverfahren (§§ 68 bis 70),
- Konkurs- und Vergleichsverfahren (§§ 72 ff.),
- Verwaltungsvollstreckungsverfahren (§ 119) und
- Zwangsverfahren gem. § 33 FGG (§ 118).

Für die Vollziehung des Arrestes oder der einstweiligen Verfügung gelten gem. § 59 die Vorschriften der §§ 57 und 58 sinngemäß (vgl. hierzu 2. Teil, Abschnitt 2.3, S. 92).

Das Zwangsvollstreckungsverfahren beginnt mit dem Vollstreckungsauftrag und endet in der Regel mit der völligen Befriedigung des Gläubigers. Alle in diesen Zeitraum liegenden Tätigkeiten des RA werden durch §§ 57 ff. abgegolten, wobei die Gebühren je nach Tätigkeitsumfang mehrfach entstehen können.

Einleitende Übersicht: Regelungsbereich der §§ 57 und 58	
§ 57 Abs. 1	Höhe der Vergütung = 3/10 der in § 31 bestimmten Gebühren
§ 57 Abs. 2 und 3	Besondere Wertvorschriften für die Zwangsvollstreckung
§ 58 Abs. 1	Begriff der „Angelegenheit" in der Zwangsvollstreckung
§ 58 Abs. 2	Keine besonderen Angelegenheiten (Beispiele)
§ 58 Abs. 3	Besondere Angelegenheiten (abschließende Aufzählung)

4.1.1 Gebühren

Gem. § 57 Abs. 1 erhält der mit der Zwangsvollstreckung beauftragte RA die Gebühren des § 31 Abs. 1 jeweils in Höhe von **3/10,** und zwar die

- **Prozessgebühr:** Sie entsteht bereits mit der ersten Tätigkeit nach Erhalt des Vollstreckungsauftrags. Die Vorschrift des § 32 (vorzeitige Beendigung) findet im Zwangsvollstreckungsverfahren keine Anwendung (§ 57 Abs. 1 S. 2). Ist der Anwalt für **mehrere Auftraggeber** tätig, so erhöht sich diese Gebühr gem. § 6 Abs. 1 S. 2 um jeweils **0,9/10** für jeden weiteren Auftraggeber (vgl. hierzu I. Teil, Abschnitt 4.5.3, S. 49 ff.).
- **Verhandlungsgebühr:** Sie entsteht, sofern im Zwangsvollstreckungsverfahren eine mündliche Verhandlung stattfindet. Die Vorschriften des § 33 Abs. 1 und 2 gelten gem. § 57 Abs. 1 S. 2 nicht.
- **Beweisgebühr:** Sie entsteht mit einer Beweisaufnahme im Zwangsvollstreckungsverfahren.
- **Erörterungsgebühr:** Sie kann unter denselben Voraussetzungen entstehen wie im Erkenntnisverfahren.

Die **Vergleichsgebühr** kann im Zwangsvollstreckungsverfahren ebenfalls entstehen, und zwar in **voller** Höhe. Kommt es zu einer Ratenzahlungsvereinbarung mit dem Schuldner, kann keine Vergleichsgebühr in Ansatz gebracht werden, da die Bereitschaft des Schuldners zur Ratenzahlung nicht als Nachgeben im Sinne des § 779 BGB zu verstehen ist (vgl. hierzu I. Teil, Abschnitt 4.4.1, S. 46).

Hinweis: Die 3/10 Prozessgebühr gem. § 57 wird häufig als „Zwangsvollstreckungsgebühr" bezeichnet.

4.1.2 Gegenstandswert

Bei der zu vollstreckenden **Geldforderung** bestimmt sich der Wert nach dem zu vollstreckenden Betrag einschließlich der Nebenforderungen (§ 57 Abs. 2 Nr. 1 Hs. 1). Somit werden neben der Hauptforderung auch die festgesetzten Kosten, Zinsen sowie Kosten bisheriger Vollstreckungsmaßnahmen erfasst. Die Kosten für die beabsichtigte Vollstreckungsmaßnahme sind jedoch nicht hinzuzurechnen.

Beispiel:

RA Rothe hat für seinen Auftraggeber einen Vollstreckungsbescheid über 3 000,00 DM gegen Schuldner erwirkt und erteilt am 24. April 1998 dem Gerichtsvollzieher einen Vollstreckungsauftrag über die Gesamtforderung.

Hauptforderung:		3 000,00 DM
vorgerichtliche Kosten		10,00 DM
6 % Zinsen auf 1 200,00 DM vom 15. Februar 1997 bis 24. April 1998		214,50 DM
Kosten des Mahnbescheides:	277,73 DM	
Kosten des Vollstreckunsbescheides:	130,53 DM	
	408,26 DM	408,26 DM
4 % Zinsen auf 178,60 DM vom 8. Januar 1998 bis 24. April 1998		4,91 DM
Gegenstandswert für die Zwangsvollstreckung		**3 637,67 DM**
RA Rothe berechnet seine Vergütung wie folgt:		
3/10 Prozessgebühr §§ 11, 31 Abs. 1 Nr. 1, 57, 58 (Wert: 3 637,67 DM)		79,50 DM
Post- und Telekommunikationsentgelte, § 26 S. 2		12,00 DM
		91,50 DM
16 % Mehrwertsteuer, § 25 Abs. 2		14,64 DM
		106,14 DM

Wird der RA beauftragt, aus Kostenersparnisgründen nur wegen einer **Teilforderung** zu vollstrecken, so ist lediglich dieser Betrag zugrunde zu legen.

Beispiel:

RAin Sanft hat für ihren Auftraggeber ein Zahlungsurteil erwirkt. Die zu vollstreckende Gesamtforderung beläuft sich derzeit auf 87 450,00 DM. Da der Schuldner nicht zahlungsfähig ist und der Gläubiger den Erhalt einer Unpfändbarkeitsbescheinigung erwartet, soll die Zwangsvollstreckung aus Kostenersparnisgründen nur wegen einer Teilforderung in Höhe von 3 000,00 DM betrieben werden.

Der Gegenstandswert für die Vollstreckungsgebühr beträgt nur 3 000,00 DM.

© Verlag Gehlen

Soll im Auftrag des Gläubigers eine **bestimmte Sache** gepfändet werden, richtet sich der Gegenstandswert nach dem Wert dieser Sache, auch wenn dieser niedriger ist als die Gesamtforderung (§ 57 Abs. 2 Nr. 1 Hs. 2).

Beispiel:
RA Rothe erteilt dem GVZ den Auftrag, ein bestimmtes Gemälde, dessen Wert der Gläubiger realistischerweise auf 1 500,00 DM schätzt, zu pfänden.
Der Gegenstandswert beträgt hier 1 500,00 DM. Stellt sich im Nachhinein heraus, dass das Gemälde nur einen Wert von 1 000,00 DM hatte, ändert sich der Gegenstandswert nachträglich nicht.

Bei der **Forderungspfändung** wird ebenfalls in einen bestimmten Gegenstand i. S. d. § 57 Abs. 2 Nr. 1 Hs. 2 vollstreckt. Wenn der Wert der gepfändeten Forderung geringer ist als der Gesamtforderungsbetrag, ist der geringe Wert als Gegenstandswert maßgebend.

Soweit die Forderungspfändung ganz oder teilweise ins Leere geht, ist umstritten, in welcher Höhe der Gegenstandswert anzusetzen ist. Hierzu wird die Auffassung vertreten, dass der Wert in derartigen Fällen entsprechend den Umständen des Einzelfalls auf einen realistischen Betrag herabzusetzen ist, was in der Praxis jedoch selten geschieht. Nach anderer Auffassung wird auf den Betrag abgestellt, der den Erwartungen des Gläubigers hinsichtlich des Vollstreckungserfolges entspricht.

Soll wegen **gesetzlicher Unterhaltsansprüche** oder wegen **Schadenersatzrenten** (§ 850 d Abs. 3 ZPO) ein künftig fällig werdendes **Arbeitseinkommen** gepfändet werden, bestimmt sich der Gegenstandswert gem. § 57 Abs. 2 Nr. 1 Hs. 3 für künftig fällig werdende Unterhaltsansprüche nach dem Wert des zwölfmonatigen Betrages (§ 17 Abs. 1 GKG) und bei Schadenersatzrenten nach dem fünfjährigen Bezug (§ 17 Abs. 2 GKG). Soweit die Pfändung auch wegen rückständiger Ansprüche erfolgt, sind die Rückstände dem Gegenstandswert hinzuzurechnen.

Beispiel:
RA Juhnke hat einen Titel wegen laufenden gesetzlichen Unterhalts in Höhe von monatlich 1 200,00 DM sowie wegen eines Unterhaltsrückstandes von insgesamt 6 000,00 DM erwirkt. RA Juhnke beantragt wegen dieser Ansprüche sowie wegen der festgesetzten Kosten von 3 739,50 DM den Erlass eines Pfändungs- und Überweisungsbeschlusses gegen den Arbeitgeber des Schuldners.
Der Gegenstandswert setzt sich wie folgt zusammen:

künftig fällig werdende Unterhaltsansprüche: 12 x 1 200,00 DM	= 14 400,00 DM
rückständige Unterhaltsansprüche: 5 x 1 200,00 DM	= 6 000,00 DM
festgesetzte Kosten	= 3 739,50 DM
	24 139,50 DM

Hinweis: Soll Unterhalt aus einer einstweiligen Anordnung vollstreckt werden, ist der Halbjahresbetrag maßgeblich (§ 20 Abs. 2 S. 1 GKG).

> **Merke:**
>
> Gegenstandswert bei der Vollstreckung in das bewegliche Vermögen bestimmt sich nach der zu vollstreckende Hauptforderung einschließlich aller Nebenforderungen.
>
> Betrifft die Vollstreckungshandlung nur einen bestimmten Gegenstand, so ist nur der Wert dieses Gegenstandes maßgebend.
>
> Bei weiteren Maßnahmen sind für die Wertbestimmung einerseits hinzugekommene Vollstreckungskosten und weitere Zinsen, andererseits gezahlte bzw. beigetriebene Beträge entsprechend zu berücksichtigen.

Bei der Vollstreckung wegen eines Anspruchs auf **Herausgabe von Sachen** bestimmt sich der Gegenstandswert nach dem (Verkehrs-) Wert der herauszugebenden oder zu leistenden Sache (§ 57 Abs. 2 Nr. 2). Der Gegenstandswert darf jedoch nicht höher sein als der Streitwert nach dem GKG, der für den Herausgabe- oder Räumungsanspruch maßgeblich ist.

> **Beispiel:**
>
> RAin Seeler soll aus einem Räumungstitel die zwangsweise Räumung einer Wohnung (monatlicher Mietzins 1 500,00 DM) betreiben. Der Wert der zu räumenden Wohnung beträgt 220 000,00 DM.
>
> Der Gegenstandswert richtet sich hier nach dem einjährigen Mietzins (§ 16 GKG), also 1 500,00 DM x 12 = 18 000,00 DM, und nicht nach dem Wert der zu räumenden Wohnung.

Bei einer Vollstreckung aus Titeln, bei denen der Schuldner zur Vornahme einer **Handlung, Duldung oder Unterlassung** verurteilt wurde, bestimmt sich der Gegenstandswert nach dem Wert, den die zu erwirkende Handlung, Duldung oder Unterlassung für den Gläubiger hat (§ 57 Abs. 2 Nr. 3).

Verfahren über den Antrag auf Abnahme der **eidesstattlichen Versicherung** (§ 807 ZPO) richtet sich der Gegenstandswert grundsätzlich nach dem titulierten Betrag einschließlich aller Nebenforderungen, wobei der Wert jedoch **höchstens 3 000,00 DM** betragen darf (§ 57 Abs. 2 Nr. 4).

Ergänzend bestimmt § 57 Abs. 3, dass in Verfahren über

- **Anträge des Schuldners** (z. B. nach §§ 765 a, 813 a ZPO),
- **Rechtsbehelfe** (z. B. § 766 ZPO) und
- **Beschwerden** (z. B. § 793 ZPO)

der Wert nach dem Interesse des Antragsteller oder des Beschwerdeführers nach billigem Ermessen zu bestimmen ist.

4.1.3 Umfang und Begriff der Angelegenheiten

Je nach Umfang seiner Tätigkeit in der Zwangsvollstreckung kann der RA die Gebühren nach § 57 Abs. 1 mehrfach verdienen. Die Vorschrift des § 58 bestimmt in ihren Absätzen 1 bis 3 den gebührenrechtlichen Begriff der Angelegenheit.

Gem. § 58 Abs. 1 gilt jede Vollstreckungs**maßnahme** zusammen mit den durch diese vorbereiteten weiteren Vollstreckungs**handlungen** bis zur ihrer Beendigung gebührenrechtlich als **eine** Angelegenheit. Die Vollstreckungshandlungen müssen hierfür in einem inneren Zusammenhang stehen, um die einmal eingeleitete Vollstreckungsmaßnahme vorzubereiten oder fortzusetzen. Die Durchführung der Vollstreckungsmaßnahme endet, wenn der Gläubiger völlig befriedigt wird oder die ergriffene Vollstreckungsmaßnahme fruchtlos bleibt.

Beispiel:

RA Thiede betreibt für den Gläubiger aus einem Zahlungstitel die Zwangsvollstreckung und beauftragt den Gerichtsvollzieher mit der Mobiliarvollstreckung, die fruchtlos verläuft. Sodann betreibt RA Thiede die Lohnpfändung, die schließlich zur Befriedigung des Gläubigers führt.

*Es liegen hier **zwei** gebührenauslösende Vollstreckungs**maßnahmen** vor.*

Bei der Zwangsvollstreckung gegen **mehrere Schuldner** (Gesamtschuldner) gilt die Vollstreckung gegen jeden einzelnen Schuldner als eine besondere Angelegenheit. Dies gilt auch dann, wenn der RA den Vollstreckungsauftrag in einem Antragsformular erteilt.

Beispiel:

RA Hantke hat ein Zahlungsurteil erwirkt, wodurch die Eheleute Margot und Bernd Schwartz gesamtschuldnerisch zur Zahlung verurteilt wurden. Er beauftragt den Gerichtsvollzieher bei den Eheleuten zu vollstrecken.

Es liegen zwei getrennt abzurechnende Vollstreckungsmaßnahmen vor.

Merke:
Mehrere Vollstreckungsmaßnahmen i. S. d. § 58 Abs. 1 liegen regelmäßig vor, wenn
- für die Vollstreckung verschiedene Vollstreckungsorgane zuständig sind oder
- gegen mehrere (gesamtschuldnerisch haftende) Schuldner vollstreckt wird.

Mehrere einzelne Vollstreckungs**handlungen** lösen keine gesonderten Gebühren aus, sofern sie in einem inneren Zusammenhang mit der eingeleiteten Vollstreckungsmaßnahme stehen.

Beispiel:

RAin Kloss betreibt für den Gläubiger aus einem Zahlungstitel die Zwangsvollstreckung und wird im Einzelnen wie folgt tätig:
1. Schriftsätzliche Androhung von Vollstreckungsmaßnahmen,
2. Vollstreckungsauftrag an den Gerichtsvollzieher,
3. EMA-Anfrage, weil der Schuldner unbekannt verzogen ist,

> 4. erneuter Vollstreckungsauftrag an **denselben** Gerichtsvollzieher, nachdem die neue Schuldneranschrift (innerhalb **desselben** Gerichtsbezirks) ermittelt worden ist.
> Für diese vier Vollstreckungshandlungen, die zur eingeleiteten Vollstreckungsmaßnahme gehören, erhält die RAin die 3/10 Gebühr insgesamt nur **einmal**.

Soweit der Schuldner jedoch in einen anderen Gerichtsbezirk verzogen ist und der RA zur Fortsetzung der Zwangsvollstreckung einen anderen Gerichtsvollzieher beauftragt, liegen nach herrschender Meinung gebührenrechtlich **zwei** Angelegenheiten vor.

Um zwei Angelegenheiten handelt es sich auch dann, wenn der Gerichtsvollzieher auftragsgemäß in der **Wohnung** und in dem – in einem anderen Ort gelegenen – **Geschäftslokal** des Schuldners vollstreckt.

Die Bestimmung des § 58 Abs. 2 führt beispielhaft („insbesondere") auf, welche Tätigkeiten **keine besonderen Angelegenheiten** sind und somit für den bereits in der Zwangsvollstreckung tätigen RA keine weiteren Gebühren auslösen. Hierzu gehören u. a. Anträge (zur Vorbereitung der Zwangsvollstreckung) auf:

- erstmalige Erteilung des Notfrist- sowie Rechtskraftzeugnisses und Vollstreckungsklausel,
- Zulassung der Zwangsvollstreckung zur Nachtzeit sowie an Sonn- und Feiertagen,
- Erlass eines richterlichen Durchsuchungsbeschlusses,
- Zustellung des Urteils (im Parteibetrieb).

In der Regel werden die zuvor genannten Tätigkeiten entweder bereits durch die vom Prozessbevollmächtigten verdiente Prozessgebühr gem. § 31 Abs. 1 Nr. 1 i. V. m. § 37 Nr. 7 oder durch die bisherige Tätigkeit in der Zwangsvollstreckung abgegolten. Soweit der RA **lediglich** eine dieser Tätigkeiten ausübt, fällt die Gebühr für ihn stets an.

Dagegen regelt § 58 Abs. 3 abschließend, welche Tätigkeiten in der Zwangsvollstreckung als **besondere Angelegenheiten** gelten und somit zusätzliche Gebühren auslösen. Hierzu zählen insbesondere folgende Verfahren:

- auf Zulassung der Austauschpfändung,
- auf Eintragung einer Zwangshypothek,
- zur Ausführung der Zwangsvollstreckung auf Vornahme einer Handlung durch Zwangsmittel,
- auf Erzwingung von Unterlassung und Duldung durch Verurteilung zu einem Ordnungsgeld,
- zur Abnahme der der eidesstattlichen Versicherung,
- auf Löschung der Eintragung im Schuldnerverzeichnis.

Für die Feststellung, ob es sich im Zwangsvollstreckungsverfahren um eine oder mehrere gebührenrechtliche Angelegenheiten handelt, hat sich folgende Prüfungsreihenfolge bewährt, wenn der RA im Rahmen der Zwangsvollstreckung weitere Tätigkeiten entfaltet:

Merke:
Eine oder mehrere Angelegenheiten?
1. Ist die Tätigkeit in § 58 Abs. 3 genannt?
   Wenn ja: besondere Angelegenheit; sonst:
2. Ist die Tätigkeit in den Beispielen des § 58 Abs. 2 aufgeführt?
   Wenn ja: keine besondere Angelegenheit; sonst:
3. Ähnelt die Tätigkeit den Beispielen des § 58 Abs. 2?
   Wenn ja: keine besondere Angelegenheit; sonst:
4. Liegt eine weitere bzw. andere Vollstreckungs**maßnahme** i. S. d. § 58 Abs. 1 vor?
   In den meisten Fällen wird hier eine besondere Angelegenheit anzunehmen sein.

Beispiel:
RA Müller betreibt für den Gläubiger aus einem Zahlungstitel die Zwangsvollstreckung und wird im Einzelnen wie folgt tätig:
1. **Vollstreckungsauftrag** *an den Gerichtsvollzieher; Schuldner verweigert den Wohnungszutritt,*
2. *Antrag auf Erteilung einer richterlichen* **Durchsuchungsanordnung** *(§ 758 a ZPO),*
3. **erneuter Vollstreckungsauftrag** *an den Gerichtsvollzieher,*
4. *Antrag auf Zulassung der* **Austauschpfändung.**
Zu 1.: Der erste Vollstreckungsauftrag löst die 3/10 Gebühr nach § 57 Abs. 1 aus.
Zu 2.: Der Antrag auf richterliche Durchsuchungsanordnung stellt gem. § 58 Abs. 2 Nr. 3 keine besondere Angelegenheit dar.
Zu 3.: Der erneute Vollstreckungsauftrag setzt lediglich die eingeleitete Maßnahme fort und löst keine zusätzliche Gebühr aus.
Zu 4.: Der Antrag auf Zulassung der Austauschpfändung gilt gem. § 57 Nr. 4 als besondere Angelegenheit.
Im Ergebnis liegen zwei gebührenrechtliche Angelegenheiten vor.

Beispiel:
RA Lüdenscheid betreibt für den Gläubiger aus einem Zahlungstitel die Zwangsvollstreckung und wird im Einzelnen wie folgt tätig:
1. **Vollstreckungsauftrag** *an den Gerichtsvollzieher; der die Unpfändbarkeit bescheinigt,*
2. *Ausbringung eines* **vorläufigen Zahlungsverbots** *und gleichzeitig Antrag auf Erlass eines* **Pfändungs- und Überweisungsbeschlusses,**
3. *Antrag auf Bestimmung eines Termins zur Abgabe der* **eidesstattlichen Versicherung,**
4. **Verhaftungsauftrag** *gegen den nicht erschienenen Schuldner.*

© Verlag Gehlen

Zu 1.: Der erste Vollstreckungsauftrag löst die 3/10 Gebühr nach § 57 Abs. 1 aus.
Zu 2.: Das vorläufige Zahlungsverbot stellt eine vorbereitende Maßnahme für den Antrag auf Erlass eines Pfändungs- und Überweisungsbeschlusses dar, sodass im Rahmen der Forderungspfändung beide Tätigkeiten nur einmal die 3/10 Gebühr auslösen.
Zu 3.: Der Antrag auf Bestimmung eines Termins zur Abgabe der eidesstattlichen Versicherung gilt gem. § 58 Abs. 3 Nr. 11 als besondere Angelegenheit.
Zu 4.: Der Verhaftungsauftrag löst keine gesonderten Gebühren aus, da er als Fortsetzungshandlung im Verfahren zur Abgabe der eidesstattlichen Versicherung gehört.
Im Ergebnis liegen **drei** gebührenrechtliche Angelegenheiten vor.

4.1.4 Ausgewählte Angelegenheiten in der Zwangsvollstreckung

Nachstehend werden – ergänzend zu den vorstehenden Ausführungen – einzelne Vollstreckungsangelegenheiten mit weiteren Hinweisen erläutert.

Grundsätzlich ist zu beachten,

- dass in einigen Vollstreckungsverfahren auf Anordnung des Vollstreckungs- oder Prozessgerichts eine **mündliche Verhandlung** ggf. mit **Beweisaufnahme** stattfinden kann. Soweit der RA entsprechend tätig wird, können neben der 3/10 Prozessgebühr eine 3/10 Verhandlungs- bzw. Erörterungsgebühr sowie eine 3/10 Beweisgebühr entstehen.
- dass der RA, der **lediglich** eine der in § 58 Abs. 1 bis 3 genannten Tätigkeit ausübt, die 3/10 Gebühr auch dann verdient, wenn diese Tätigkeit als solche keine besondere Angelegenheit i. S. V. § 37 Nr. 7 oder § 58 Abs. 2 darstellt.

▶ *Vollstreckungsandrohung*

Die Androhung der Zwangsvollstreckung gilt als vorbereitende Tätigkeit für die einzuleitende Vollstreckungsmaßnahme und löst eine 3/10 Gebühr aus. Die Kosten hat der Schuldner zu tragen, wenn die Voraussetzungen für die Einleitung der Zwangsvollstreckung vorliegen. Diese Gebühr ist auf die Gebühr des anschließenden Vollstreckungsauftrages anzurechnen.

▶ *EMA-Anfrage*

Ob eine Anfrage beim Einwohnermeldeamt zur Ermittlung des Schuldnerwohnsitzes eine gesonderte Gebühr auslöst, ist in der Rechtsprechung umstritten. Zum Teil wird die Auffassung vertreten, dass diese Tätigkeit mit der 3/10 Gebühr für die Zwangsvollstreckungsmaßnahme abgegolten wird. Nach anderer Auffassung kann der RA hier eine Gebühr in Höhe von 20,00 DM gem. § 120 Abs. 2 in Ansatz bringen.

© Verlag Gehlen

▶ Erbringung einer angeordneten Sicherheitsleistung

Häufig wird bei noch nicht rechtskräftigen Urteilen zum Zwecke der Zwangsvollstreckung bzw. zu ihrer Abwendung eine im Urteil angeordnete Sicherheitsleistung zu erbringen sein.

Beschränkt sich die Tätigkeit des RA darauf, dass er **lediglich** den Hinterlegungsschein oder die Bürgschaftsurkunde **zustellt,** wird diese Tätigkeit durch eine bereits entstandene Prozess- oder Vollstreckungsgebühr **abgegolten.**

Führt der RA die **Hinterlegung** für den Auftraggeber **selbst** durch oder besorgt er die Bankbürgschaft, so handelt es sich um eine – nicht auf andere Gebühren anzurechnende – Tätigkeit, die nach **§ 118 Abs. 1** zu vergüten ist.

▶ Austauschpfändung (§ 811 a ZPO)

Das Verfahren auf **Zulassung** der Austauschpfändung gilt gem. § 58 Abs. 3 Nr. 4 als **besondere Angelegenheit,** wonach der RA gesonderte Gebühren nach § 57 erhält. Eine vorläufige Austauschpfändung (§ 811 b ZPO) als solche gilt nicht als besondere Angelegenheit, da sie nicht in § 58 Abs. 3 Nr. 4 genannt wird. Sobald der RA jedoch den Antrag auf Zulassung der Austauschpfändung stellt, verdient er die Gebühr besonders. Für den **Gegenstandswert** ist der geringere Wert, der sich aus dem Wert der Gläubigerforderung oder dem Wert des zu schätzenden Überschusses des Versteigerungserlöses ergibt, maßgeblich.

▶ Andere Verwertungsart (§ 825 ZPO)

Die Tätigkeit im Verfahren über den Antrag auf anderweitige Verwertung stellt gem. § 58 Abs. 3 Nr. 4 a eine **besondere Angelegenheit** dar, wonach der RA gesonderte Gebühren nach § 57 erhält.

Der **Gegenstandswert** bemisst sich in der Regel nach dem geringeren Wert der gepfändeten Sache.

▶ Forderungspfändung

Der Antrag auf Erlass eines Pfändungs- und Überweisungsbeschlusses bildet zusammen mit der etwaigen Ausbringung eines **vorläufigen Zahlungsverbotes** (§ 845 ZPO) **eine Vollstreckungsmaßnahme** i. S. d. § 58 Abs. 1, sodass die 3/10 Gebühr nur einmal zu berechnen ist. Um eine Angelegenheit handelt es sich auch dann, wenn die Pfändung mehrerer Forderungen gegen einen oder mehrere Drittschuldner in einem einheitlichen Antrag begehrt wird.

Soweit die Pfändung verschiedener Forderungen getrennt beantragt wird, liegen regelmäßig verschiedene Angelegenheiten vor. Der **Gegenstandswert** wird durch die Vollstreckungsforderung bestimmt, wenn nicht der Wert der zu pfändenden Forderung geringer ist.

▶ Offenbarungsversicherung und Verhaftung (§§ 900 ff. ZPO)

Das gesamte Verfahren zur Abnahme der eidesstattlichen Versicherung gilt gem. § 58 Abs. 3 Nr. 11 als besondere Angelegenheit. Der **Gegenstandswert** ist gem. § 57 Abs. 2 Nr. 4 auf 3 000,00 DM begrenzt.

Die 3/10 Gebühr entsteht bereits mit der Antragstellung, auch wenn sich diese nur auf die Erteilung einer Auskunft aus dem Schuldnerverzeichnis richtet.

Wenn der RA aufgrund eines erwirkten Haftbefehls den Gerichtsvollzieher mit der **Verhaftung** und Vorführung des Schuldners beauftragt, entstehen **keine** weiteren gesonderten Gebühren. Etwas anderes gilt dann, wenn der RA den Verhaftungsauftrag mit einem Auftrag zur Mobiliar- bzw. Taschenpfändung verbindet.

Ein so genannter „Nachbesserungs"-Antrag, der bei unvollständigen oder ungenauen Vermögensverzeichnissen notwendig wird, gilt als Fortsetzung der bisherigen Vollstreckungsmaßnahme.

Der Antrag auf wiederholte Abnahme der eidesstattlichen Versicherung innerhalb von drei Jahren nach Abgabe der ersten Versicherung (§ 903 ZPO) gilt dann als neue Angelegenheit, wenn sich die Vermögensverhältnisse des Schuldners entsprechend verändert haben.

▶ Herausgabevollstreckung

Wenn im Zusammenhang mit der Herausgabevollstreckung gleichzeitig wegen titulierter Kosten Pfändungsauftrag erteilt wird, sind die Werte zur Ermittlung des Gegenstandswertes zu addieren.

▶ Erwirkung vertretbarer Handlung (§ 887 ZPO)

Der beim Prozessgericht anzubringende Antrag auf Ermächtigung, die Handlung auf Kosten des Schuldners vornehmen zu lassen, bildet mit einem etwaiger Antrag auf Verurteilung zur Vorauszahlung der entstehenden Kosten **eine Angelegenheit** gem. § 58 Abs. 1. Der **Gegenstandswert** bestimmt sich nach dem Wert der vorzunehmenden Handlung.

Soweit der RA aus dem Beschluss, durch welchen der Schuldner zu Vorauszahlung der Kosten verurteilt wurde, die Vollstreckung betreibt, liegt gem. § 58 Abs. 3 Nr. 7 eine **besondere Angelegenheit** vor, die eine weitere 3/10 Gebühr nach dem Wert des beizutreibenden Kostenbetrages auslöst.

▶ Erwirkung unvertretbarer Handlung (§ 888 ZPO)

Der beim Prozessgericht anzubringende Antrag auf Verhängung von Zwangsmitteln und eine etwaige Beitreibung des (an die Staatskasse abzuführenden) Zwangsgeldes bildet gem. § 58 Abs. 3 Nr. 8 **eine Angelegenheit**. Der **Gegenstandswert** richtet nach dem Wert der vorzunehmenden Handlung.

© Verlag Gehlen

▶ *Erzwingung von Unterlassung und Duldung (§ 890 ZPO)*

Der beim Prozessgericht anzubringende Antrag auf Verhängung von Ordnungsmitteln für den Fall der Zuwiderhandlung gilt als **besondere Angelegenheit** gem. § 58 Abs. 3 Nr. 9. Hierbei ist zu beachten, dass jeder einzelne Antrag die 3/10 Gebühren gesondert auslösen kann. Für den **Gegenstandswert** ist das Interesse des Gläubigers an der zu erzwingenden Unterlassung oder Duldung maßgeblich, der sich häufig mit dem Wert der Hauptsache deckt.

Soweit im Titel keine Androhung von Ordnungsmaßnahmen enthalten ist, hat der RA zunächst einen entsprechenden Androhungsbeschluss zu erwirken (§ 890 Abs. 2). Für diese Tätigkeit entstehen gem. § 58 Abs. 2 Nr. 6 keine gesonderten Gebühren.

▶ *Vollstreckungserinnerung (§ 766 ZPO)*

Die Tätigkeit im Verfahren bei der Vollstreckungserinnerung stellt **keine** besondere Angelegenheit dar und gehört gebührenrechtlich zur eingeleiteten Vollstreckungsmaßnahme. Die Tätigkeit des RA für den Gläubiger wird regelmäßig mit seiner bereits verdienten 3/10 Prozessgebühr des § 57 abgegolten. Allerdings können für den Fall der Anordnung einer mündlichen Verhandlung zusätzlich eine 3/10 Verhandlungsgebühr und eine 3/10 Beweisgebühr entstehen.

Der Wert richtet sich gem. § 57 Abs. 3 nach dem Interesse des Antragstellers und wird regelmäßig durch den Wert der gepfändeten Sache bestimmt.

▶ *Beschwerde im Zwangsvollstreckungsverfahren*

Gegen gerichtliche Entscheidung im Zwangsvollstreckungsverfahren des Vollstreckungsgerichts (z. B. Vollstreckungserinnerung oder andere Verwertungsart) oder des Prozessgerichts (z. B. Ordnungs- oder Zwangsmittelbeschluss), die ohne mündliche Verhandlung ergehen können, findet gem. § 793 ZPO die sofortige Beschwerde statt. Soweit die Entscheidung durch den Rechtspfleger erlassen wurde, ist gem. § 11 Abs. 1 RPflG zunächst die befristete Erinnerung einzulegen. In diesen Verfahren erhält der RA 5/10 der in § 31 bestimmten Gebühren gem. § 61 (vgl. 2. Teil, Abschnitt 2.7, S. 112 ff.).

4.1.5 Erstattungsfähigkeit

Gem. § 788 Abs. 1 ZPO muss der Schuldner dem Gläubiger nur die notwendigen Kosten der Zwangsvollstreckung erstatten. Die Beitreibung geschieht ohne einen besonderen Vollstreckungstitel zusammen mit dem zu vollstreckenden Hauptanspruch.

Allerdings müssen die Kosten bisheriger Zwangsvollstreckungsmaßnahmen unter Beifügung entsprechender Unterlagen belegt werden. Bei umfangreichen Vollstreckungsangelegenheiten empfiehlt sich jedoch eine Festsetzung gem. §§ 103 ff. ZPO, da zum einen die ZV-Kosten dann mit 4 % p. a. verzinst werden und zum anderen Einzelnachweise über die Kosten nicht mehr erforderlich sind.

© Verlag Gehlen

Wird gegen mehrere (Gesamt-)Schuldner vollstreckt, so haften diese zwar für die ursprüngliche Hauptforderung gemeinsam; hinsichtlich der Vollstreckungskosten haftet jeder Schuldner jedoch nur insoweit, als gegen ihn Vollstreckungsmaßnahmen eingeleitet wurden.

4.2 Immobiliarvollstreckung

4.2.1 Zwangshypothek

Im Verfahren auf Eintragung der Zwangshypothek (= Sicherungshypothek) erhält der RA für seine Tätigkeit eine 3/10 Gebühr gem. § 57. Dieses Verfahren gilt gem. § 58 Abs. 3 Nr. 6 als eine besondere Angelegenheit, sodass diese Gebühr gesondert zu berechnen ist.

Die Höhe des Gegenstandswertes richtet sich nach dem Antrag auf Eintragung der zu sichernden Forderung, in der Regel die Hauptforderung nebst Zinsen und Kosten.

4.2.2 Zwangsversteigerung

Im Zwangsversteigerungsverfahren richten sich die Gebühren des RA gem. § 68 danach, ob er einen Beteiligten (in der Regel Gläubiger oder Schuldner) oder einen Bieter, der nicht Beteiligter ist, vertritt.

Mögliche Gebühren für die Vertretung eines **Beteiligten** (§ 68 Abs. 1):

- **3/10 Verfahrensgebühr** für das Verfahren bis zur Einleitung des Verteilungsverfahrens,
- **4/10 Terminsgebühr** für die Wahrnehmung der Versteigerungstermine,
- **3/10 Verteilungsgebühr** für das Verteilungsverfahren.

Mögliche Gebühr für die Vertretung eines **Bieters** (§ 68 Abs. 2):

- **2/10 Verfahrensgebühr** für das ganze Verfahren.

Für die Höhe des **Gegenstandswertes** ist zu unterscheiden, **wen** der RA vertritt (§ 68 Abs. 3):

- **Gläubiger:** Wert des dem Gläubiger zustehenden Rechts, in der Regel die Höhe seiner Forderung,
- **Schuldner:** Wert des zur Verteilung kommenden Erlöses,
- **Bieter,** der nicht Beteiligter ist: Wert des Höchstgebots und – wenn ein solches Gebot nicht abgegeben ist – nach dem Wert des Gegenstandes der Zwangsversteigerung.

© Verlag Gehlen

4.2.3 Zwangsverwaltung

Im Zwangsverwaltungsverfahren richten sich die Gebühren des RA gem. § 69 nach dem Zeitpunkt der Vertretung des Antragstellers bzw. sonstigen Beteiligten.

Mögliche Gebühren für die Vertretung des **Antragstellers** (§ 69 Abs. 1 Nr. 1 und 2):

3/10 Gebühr für den Antrag auf Anordnung der Zwangsverwaltung oder auf Zulassung des Beitritts,

3/10 Gebühr – mindestens jedoch 75,00 DM – für das weitere Verfahren einschließlich des Verteilungsverfahrens.

Mögliche Gebühr für die Vertretung eines sonstigen **Beteiligten** (§ 69 Abs. 1 Nr. 2):

3/10 Gebühr – mindestens jedoch 75,00 DM – für das ganze Verfahren einschließlich des Verteilungsverfahrens.

Für die Höhe des **Gegenstandswertes** ist zu unterscheiden, **wen** der RA vertritt (§ 69 Abs. 2):

- **Antragsteller:** Wert des Anspruches, für den das Verfahren beantragt ist, einschließlich der Nebenforderungen,
- **Schuldner:** zusammengerechneter Wert aller Ansprüche, für die das Verfahren beantragt ist,
- **sonstiger Beteiligter:** Wert bestimmt sich nach billigem Ermessen gem. § 8 Abs. 2 S. 2.

4.3 Vorläufige Einstellung, Beschränkung oder Aufhebung der Zwangsvollstreckung, § 49

Stellt der RA als Prozessbevollmächtigter einen Antrag auf vorläufige Einstellung, Beschränkung oder Aufhebung der Zwangsvollstreckung, so erhält er 3/10 der in § 31 bestimmten Gebühren, wenn über diese Anträge eine **abgesonderte mündliche** Verhandlung stattfindet (§ 49 Abs. 1). Die Prozessgebühr entsteht in diesem Verfahren ausnahmsweise nicht schon mit der Einreichung des Antrages, sondern erst mit dem Erscheinen des RA in der mündlichen Verhandlung.

Eine Ermäßigung der Gebühren nach §§ 32 und 33 ist gem. § 49 Abs. 1 S. 3 nicht vorgesehen. Im Berufungs- oder Revisionsverfahren erhöhen sich die Gebühren gem. § 11 Abs. 1 S. 4 von 3/10 auf 3,9/10.

Der Gegenstandswert ist gem. § 3 ZPO zu schätzen und wird von der Rechtsprechung regelmäßig mit 1/5 des Wertes der Hauptsache angenommen.

Soweit keine abgesonderte mündliche Verhandlung erfolgt, erhält der RA keine gesonderten Gebühren, da diese Tätigkeit gem. § 37 Nr. 3 als zum Rechtszug gehörend durch die volle Prozessgebühr abgegolten wird.

4.4 Vollstreckbarerklärung von Schiedssprüchen und Anwaltsvergleichen, § 46

Der RA erhält gem. § 46 Abs. 1 die in § 31 bestimmten (vollen) Gebühren in nachstehenden Verfahren:

- Aufhebung oder Vollstreckbarerklärung eines Schiedsspruchs oder Aufhebung der Vollstreckbarerklärung,
- Antrag auf Feststellung der Zulässigkeit oder Unzulässigkeit des schiedsrichterlichen Verfahrens und bei Rüge der Unzuständigkeit des Schiedsgerichts,
- Vollstreckbarerklärung eines Vergleichs nach §§ 796 a und 796 b ZPO,
- Vollstreckbarerklärung eines ausländischen Schiedsspruchs oder deren Aufhebung.

In Verfahren über die Rechtsbeschwerde gem. § 1065 ZPO erhält der RA keine erhöhten Gebühren, vielmehr die gleichen Gebühren wie im ersten Rechtszug.

Der Gegenstandswert richtet sich nach den Inhalt des Schiedsspruches bzw. des Anwaltsvergleiches.

4.5 Insolvenzverfahren, § 72 ff.

Der RA kann in den verschiedenen Verfahrensabschnitten folgende **Gebühren** verdienen für:

- den Antrag auf Eröffnung des Insolvenzverfahrens gem. § 72 für den **Schuldner** eine 3/10 bzw. für den **Gläubiger** eine 5/10 Geshäftsgebühr, die sich auf eine volle Gebühr (Schuldner) bzw. 8/10 Gebühr (Gläubiger) erhöht, wenn der RA auch beim Schuldenbereinigungsplan tätig wird,
- die Vertretung im Insolvenzverfahren gem. § 73 eine 5/10 Gebühr,
- den Antrag auf Restschuldbefreiung und Tätigkeit beim Insolvenzplan gem. § 74 eine besondere 10/10 Gebühr; bei Vorlage des Insolvenzplans durch den Schuldner zwei weitere volle Gebühren; bei Versagung oder Widerruf der Restschuldbefreiung (besondere Angelegenheit) eine 5/10 Gebühr,
- die Anmeldung einer Insolvenzforderung gem. § 75 eine 3/10 Gebühr, wenn sich seine Tätigkeit hierauf beschränkt,
- die Tätigkeit im Beschwerdeverfahren 5/10 der in § 31 bestimmten Gebühren gem. § 76.

Der **Gegenstandswert** für die Gebühren bestimmt sich wie folgt:
- Wert der Insolvenzmasse (§ 37 GKG) bei Auftragserteilung durch den **Schuldner,** im Falle des Antrages auf Eröffnung jedoch mindestens 6 000,00 DM (§ 77 Abs. 1),
- Nennwert der Forderung zzgl. Nebenforderungen bei Auftragserteilung durch den **Gläubiger** (§ 77 Abs. 2),
- im Übrigen das wirtschaftliche Interesse des Auftraggebers gem. § 8 Abs. 2 S. 2 (§ 77 Abs. 3).

© Verlag Gehlen

5 Ehe- und andere Familiensachen

Für die Tätigkeit des RA in Familiensachen ist gebührenrechtlich zwischen Ehesachen (§ 606 ZPO) und anderen Familiensachen (§ 621 ZPO) zu unterscheiden. Während für die Ehesachen ausschließlich Vorschriften der Zivilprozessordnung anzuwenden sind, unterliegen die anderen Familiensachen – je nach Regelungszweck – entweder den Bestimmungen der Zivilprozessordnung (ZPO-Sachen) oder dem Gesetz über die Angelegenheiten der freiwilligen Gerichtsbarkeit (FGG-Sachen).

Einleitend soll die nachstehende Übersicht die anzuwendenden Verfahrens- und Gebührenvorschriften für die Familiensachen aufzeigen:

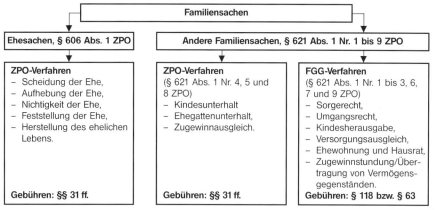

5.1 Gegenstandswerte

Für die Berechnung der Gegenstandswerte in Ehe- und anderen Familiensachen sind gem. § 8 die Wertvorschriften des § 12 Abs. 1 GKG heranzuziehen (vgl. hierzu die Ausführungen im 1. Teil, Abschnitt 3.1 auf S. 31 ff.).

Hierbei ist für die anderen Familiensachen zu beachten, dass diese

- als Folgesache im Verbund,
- im isolierten Verfahren (= selbstständiges Verfahren) oder
- im einstweiligen Anordnungsverfahren

anhängig gemacht werden können.

Für die Angabe der relevanten Wertvorschriften in den nachstehenden Ausführungen wird von der jeweiligen Nennung des § 8 und des § 12 GKG – soweit diese lediglich auf weitere Vorschriften verweisen – abgesehen.

5.1.1 Scheidung

Das Scheidungsverfahren sowie die Verfahren der weiteren Ehesachen des § 606 ZPO gehören zu den nichtvermögensrechtlichen Streitigkeiten, für die der Wert nach § 12 Abs. 2 GKG zu ermitteln ist.

Für diese Verfahren bestimmt § 12 Abs. 2 S. 4 einen
- **Mindestwert = 4 000,00 DM** und
- **Höchstwert = 2 Mio. DM.**

Der Wert ist gem. § 12 Abs. 2 S. 1 nach (pflichtgemäßem) Ermessen zu bestimmen, und zwar unter Berücksichtigung aller Umstände des Einzelfalls, nämlich
- **Einkommens- und Vermögensverhältnisse der Parteien,**
- **Umfang und Bedeutung der Sache.**

▶ Einkommensverhältnisse

Berechnungsgrundlage für die Einkommensverhältnisse ist gem. § 12 Abs. 2 S. 2 GKG das zusammengerechnete **Nettoeinkommen der Eheleute** in den letzten **drei Monaten** vor Einreichung des Scheidungsantrages (§ 15 GKG, § 4 ZPO).

Zum Nettoeinkommen zählen sämtliche laufende Einkünfte der Parteien. Hierzu gehören neben dem Arbeitseinkommen insbesondere auch Miet- und Pachteinnahmen, Urlaubsgeld und Weihnachtsgratifikation (anteilig zu je 1/12 pro Monat).

Sollten sich während des Scheidungsverfahrens die Einkommensverhältnisse ändern, gilt Folgendes:
- **Verringert** sich das Einkommen, verbleibt es bei dem vorerst ermittelten Betrag.
- **Erhöht** sich das Einkommen, ist auf die drei aufeinander folgenden Monate während des Scheidungsverfahrens abzustellen, in denen die Eheleute das höhere Einkommen erzielt haben. Eine abschließende Feststellung der Einkommensverhältnisse kann somit erst am Schluss der mündlichen Verhandlung vorgenommen werden.

Bei der Berechnung des **Nettobetrages** sind Einkommens-, Lohn- und Kirchensteuern sowie Beiträge zur Sozialversicherung und ähnliche Aufwendungen in **Abzug** zu bringen.

Die Rechtsprechung ist dazu übergegangen, den ermittelten Nettobetrag bei Vorhandensein von Kindern um mindestens 300,00 DM bis 500,00 DM für jedes Kind pro Monat zu reduzieren. Dieses gilt für die meisten Bundesländer, jedoch beispielsweise nicht für Hamburg.

Einige Gerichte nehmen auch Abschläge bei hoher Verschuldung der Eheleute vor.

Andererseits kann auch eine **Erhöhung** des ermittelten Nettoeinkommens erfolgen, wenn die Eheleute über erhebliches Nettovermögen verfügen. Die Erhöhung beträgt dann 5 bis 10 % des die Freibeträge des Vermögenssteuergesetzes – zurzeit 120 000,00 DM – übersteigenden Nettovermögens.

© Verlag Gehlen

▶ *Vermögensverhältnisse*

Maßgeblicher Zeitpunkt für die Feststellung der Vermögensverhältnisse ist die Beendigung des Verfahrens, da Scheidungsverfahren im Verbund über Jahre dauern können, insbesondere, wenn das Gericht z. B. wegen des Zugewinns oder Versorgungsausgleichs noch bei diversen Stellen Informationen einholen muß. Zwischenzeitlich kann es zu Vermögenszuwächsen kommen, wie z. B. durch Lottogewinn, Erbschaft etc.

Gem. § 3 ZPO hat das Gericht ein weitgehendes Ermessen zur Feststellung der Vermögenswerte: So kann es für die Wertermittlung eine Beweisaufnahme durchführen oder auch eine Begutachtung durch Sachverständige einholen.

Bei Bewertung von nicht bebauten Grundstücken bedient sich das Gericht häufig der Auskunft des Gutachterausschusses bei dem zuständigen Katasteramt, der jährlich neue Richtwerte erstellt.

▶ *Umfang*

Es ist im Einzelfall zu prüfen, ob der Umfang des gerichtlichen Verfahrens von einem durchschnittlichen Scheidungsverfahren abweicht. Bei einer einverständlichen Scheidung tendiert die Rechtsprechung dahin, wegen des geringen Aufwandes einen Abschlag von 25 % vorzunehmen.

▶ *Bedeutung*

Dieser Faktor spielt bei einer Scheidungssache so gut wie keine Rolle und ist auch schwer zu erfassen. Eine Anhebung des Streitwertes ist fast immer ausgeschlossen. Eine Werterhöhung ist aber denkbar, wenn sich die Scheidung auf die gesellschaftliche Stellung eines oder beider Ehegatten auswirkt.

Beispiel:
Die Eheleute Frauke und Manfred leben in Scheidung. Die eheliche Tochter Anja ist fünf Jahre alt. Manfred erzielt ein monatliches Nettoeinkommen von 4 000,00 DM, Frauke von 1 500,00 DM. Beide sind Eigentümer eines Hauses im Werte von 2 Mio. DM, das mit einer Hypothek von 500 000,00 DM belastet ist.

Der Gegenstandswert für die Scheidung ermittelt sich wie folgt:
1. Nettoverdienst zusammen 5 500,00 DM x 3   =   16 500,00 DM
   Abzug für das Kind   −   500,00 DM = 16 000,00 DM
2. Wert des Hauses abzüglich der Belastung   = 1 500 000,00 DM
   Abzug Freibetrag pro Ehegatte
   120 000,00 DM x 2   =   240 000,00 DM
                                                1 260 000,00 DM
   davon 5 %   =   63 000,00 DM
   Wert der Scheidung   79 000,00 DM

5.1.2 Sorgerecht, Umgangsrecht, Kindesherausgabe (§ 621 Abs. 1 Nr. 1 bis 3 ZPO)

▶ *Verbundverfahren*

In diesen Fällen bemisst sich der Gegenstandswert nach einem **Ausgangswert** von **1 500,00 DM,** höchstens jedoch 2 Millionen DM (§ 12 Abs. 2 S. 3 und 4 GKG).

Eine **Herabsetzung** ist z. B. dann möglich, wenn entsprechend dem Willen der Eltern das Sorgerecht beiden Elternteilen gemeinsam übertragen wird.

Wird das Sorgerecht für **mehrere Kinder** geregelt, so ist dies als **ein** Verfahrensgegenstand anzusehen (§ 19a Abs. 1 S. 2 GKG) mit der Folge, dass es grundsätzlich bei dem Ausgangswert von 1.500,00 DM bleibt. Die Rechtsprechung nimmt jedoch in der Regel für jedes weitere Kind eine Werterhöhung von 500,00 DM vor.

Für die Regelung des Umgangsrecht nimmt die Rechtsprechung teilweise einen geringeren Wert von 1 000,00 DM an, da diese Sache häufig von geringerer Bedeutung ist.

Sind mehrere Folgesachen des § 621 Abs. 1 Nr. 1, 2 oder 3 ZPO nebeneinander anhängig, sind die einzelnen Werte festzustellen und zu addieren.

▶ *Isoliertes Verfahren*

Für diese FGG-Verfahren werden die Gegenstandswerte mit einem **Ausgangswert von 5 000,00 DM** bewertet (§ 30 Abs. 2 KostO).

Die Rechtsprechung erhöht den Ausgangswert in allen drei Kindessachen bei überdurchschnittlichem Umfang der Angelegenheit und bezüglich des Sorgerechts bei höherem Einkommen des Kindes.

▶ *Einstweilige Anordnung*

Da die einstweilige Regelung in diesen Verfahren (§ 620 Abs. 1 Nr. 1 bis 3 ZPO) gerichtskostenfrei ist und das GKG deshalb keine Wertvorschrift enthält, ist § 8 Abs. 1 S. 1 mit dem Verweis auf das GKG nicht anwendbar. Aus diesem Grunde enthält § 8 Abs. 2 S. 3 ausnahmsweise eine eigene Wertvorschrift, die einen **Ausgangswert von 1 000,00 DM** bestimmt. Bei mehreren Kindern gilt § 19a Abs. 1 S. 2 GKG entsprechend.

5.1.3 Ehegattenunterhalt (§ 621 Abs. 1 Nr. 5 ZPO)

Für den Ehegattenunterhalt ist zu unterscheiden, ob der Unterhalt

- für die Dauer des Getrenntlebens vor der Scheidung (= Getrenntlebensunterhalt) oder
- für die Zeit nach der Scheidung (= nachehelicher Unterhalt)

geltend gemacht wird.

▶ *Verbundverfahren*

Im Verbund können nur die Unterhaltsansprüche anhängig gemacht werden, über die für den Fall der Scheidung entschieden werden soll, also nur der nacheheliche Unterhalt. Insoweit bleiben hier Unterhaltsrückstände unberücksichtigt. Der Gegenstandswert bemisst sich nach dem zwölffachen monatlich geforderten Betrag (§ 17 Abs. 1 GKG).

© Verlag Gehlen

Ein vorgeschalteter **Auskunftsanspruch** im Rahmen einer Stufenklage wird nur mit einem Bruchteil des zu erwartenden Zahlungsanspruches bewertet, nämlich mit 1/10 bis 1/3. Die Werte des Auskunfts- und des Zahlungsanspruches sind nicht zu addieren, vielmehr ist gem. § 18 GKG nur der höhere Wert – in der Regel der des Zahlungsansanspruches – als Gegenstandswert anzunehmen.

▶ *Isoliertes Verfahren*

In diesen ZPO-Verfahren können sowohl der Getrenntlebens- als auch der nacheheliche Unterhalt geltend gemacht werden. Die vorstehenden Ausführungen gelten hier entsprechend. Soweit auch **rückständiger Unterhalt** geltend gemacht wird, ist dieser dem zwölffachen monatlichen Betrag hinzuzurechnen (§ 17 Abs. 1 und 4 GKG).

Da gem. § 1612 Abs. 3 S. 1 BGB der Unterhalt im Voraus zu zahlen ist, gilt für die Berechnung des Rückstandes der Monat voll mit, in welchem die Unterhaltssache anhängig gemacht wird.

Beispiel:
Die Eheleute Sigrid und Hans leben getrennt. Sigrid reicht im Februar Klage ein und begehrt Getrenntlebensunterhalt für sich über 500,00 DM monatlich und für die Tochter Constanze über 300,00 DM monatlich jeweils ab März sowie rückständigen Unterhalt für sich für Januar und Februar in Höhe von 1 000,00 DM.
Der Gegenstandswert für die Unterhaltsklage berechnet sich wie folgt:
1. Getrenntlebensunterhalt 500,00 DM x 12 = 6 000,00 DM
2. Kindesunterhalt 300,00 DM x 12 = 3 600,00 DM
3. Unterhaltsrückstand = 1 000,00 DM
   10 600,00 DM

▶ *Einstweilige Anordnung*

Für die einstweilige Regelung des Ehegattenunterhalts (§ 620 Abs. 1 Nr. 6 ZPO) bestimmt sich der Wert stets nach dem **sechsmonatigen** Unterhaltsbetrag (§ 20 Abs. 2 S. 1 GKG).

5.1.4 Kindesunterhalt (§ 621 Abs. 1 Nr. 4 ZPO)

▶ *Verbundverfahren*

Es gelten grundsätzlich die Ausführungen zum Ehegattenunterhalt. Da beim Kindesunterhalt jedoch nicht zwischen Ansprüchen vor und nach der Scheidung unterschieden werden kann, ist rückständiger Unterhalt gem. § 17 Abs. 4 GKG grundsätzlich dem zwölffachen monatlichen Betrag hinzuzurechnen.

© Verlag Gehlen

▶ **Isoliertes Verfahren**

Für dieses ZPO-Verfahren gelten die Ausführungen zum Ehegattenunterhalt.

▶ **Einstweilige Anordnung**

Für die einstweilige Regelung des Kindesunterhalts (§ 620 Abs. 1 Nr. 4 ZPO) gelten die Ausführungen zum Ehegattenunterhalt.

5.1.5 Versorgungsausgleich (§ 621 Abs. 1 Nr. 6 ZPO)

▶ **Verbundverfahren**

Für die Wertermittlung ist der **Jahresbetrag** der zu übertragenden oder zu begründenden Renten- bzw. Versorgungsanwartschaft maßgebend. Der gerichtlichen Entscheidung über den Versorgungsausgleich ist der monatliche Betrag zu entnehmen, der mit 12 zu multiplizieren ist. Der **Mindestwert** beträgt **1 000,00 DM** (§ 17a GKG).

> *Beispiel:*
> *Die Entscheidung im Verbund hinsichtlich des Versorgungsausgleichs lautet:*
> *„Von dem Versicherungskonto der Ehefrau bei der Landesversicherungsanstalt Freie und Hansestadt Hamburg (Kto.-Nr. ...) werden auf das Versicherungskonto des Ehemannes bei der Landesversicherungsanstalt (Kto.-Nr. ...) Rentenanwartschaften in Höhe von monatlich 43,50 DM, bezogen auf den 31. Mai 19.., übertragen."*
>
> *Der Gegenstandswert für die Folgesache Versorgungsausgleich ist wie folgt zu ermitteln: 12 x 43,50 DM = 522,00 DM. Da hier jedoch der Mindestwert unterschritten wird, sind für die Wertberechnung 1 000,00 DM (= Mindestwert) zu berücksichtigen.*

▶ **Isoliertes Verfahren**

Für dieses FGG-Verfahren ist der Wert – der ebenfalls dem **Jahresbetrag** der zu übertragenden oder zu begründenden Renten- bzw. Versorgungsanwartschaft entspricht – maßgebend, mindestens jedoch **1 000,00 DM** (§ 99 Abs. 3 Nr. 1 und 2 KostO).

5.1.6 Ehewohnung (§ 621 Abs. 1 Nr. 7 ZPO)

▶ **Verbundverfahren**

Der Gegenstandswert für die Wohnungsregelung bestimmt sich nach dem **einjährigen** Miet- oder Nutzungswert (§16 Abs. 1 GKG).

▶ **Isoliertes Verfahren**

Für dieses FGG-Verfahren bestimmt sich der Wert nach dem **einjährigen** Mietwert (§ 21 Abs. 3 S. 1 HausratsV).

▶ **Einstweilige Anordnung**

Für die einstweilige Regelung der Benutzung der Ehewohnung (§ 620 Abs. 1 Nr. 7 ZPO) ist nur der **dreimonatige** Mietwert als Gegenstandswert maßgebend (§ 20 Abs. 2 S. 2 GKG).

© Verlag Gehlen

Ehe- und andere Familiensachen 145

5.1.7 Hausrat (§ 621 Abs. 1 Nr. 7 ZPO)

▶ *Verbundverfahren*

Es ist der Verkehrswert des gesamten Hausrats als Gegenstandswert zugrunde zu legen (§ 3 ZPO).

▶ *Isoliertes Verfahren*

Für dieses FGG-Verfahren bestimmt sich der Wert ebenfalls nach dem Verkehrswert des gesamten Hausrats (§ 21 Abs. 3 S. 1 HausratsV).

▶ *Einstweilige Anordnung*

Für die einstweilige Regelung der Benutzung des Hausrats (§ 620 Abs. 1 Nr. 7 ZPO) ist der Wert nach dem Benutzungsinteresse, der mit ca. 1/5 des Verkehrswertes des Hausrats zu bemessen ist, anzunehmen (§ 3 ZPO).

5.1.8 Güterrecht/Zugewinnausgleich (§ 621 Abs. 1 Nr. 8 ZPO)

▶ *Verbundverfahren*

Bei dem Anspruch auf Zugewinnausgleich richtet sich der Gegenstandswert nach der Höhe des verlangten **Ausgleichsbetrages**. Machen beide Eheleute Zugewinnansprüche geltend, sind die Werte zu addieren.

Wird gleichzeitig auf Auskunft und Zahlung geklagt, gelten die zum Unterhalt gemachten Ausführungen entsprechend.

Beispiel:
Die in Scheidung lebenden Eheleute Tanja und Rudolf sind begeisterte Radsportler. Rudolf hat sich während der Ehe vier Rennräder (Gesamtwert 8 000,00 DM) – davon ein rotes Rennrad (Wert 3 000,00 DM) – angeschafft. Tanja hat sich in dieser Zeit lediglich ein Fahrrad (Wert 900,00 DM) gekauft. Tanja macht nun hinsichtlich der Fahrräder Zugewinnausgleichsansprüche geltend.

Der Gegenstandswert für den Zugewinnausgleich ist hier wie folgt zu berechnen:

Zugewinn Rudolf	8 000,00 DM
Zugewinn Tanja	− 900,00 DM
Differenz (= Überschuss)	7 100,00 DM : 2 = 3 550,00 DM

Hinweis: Hätte Tanja statt der Ausgleichsforderung lediglich das rote Rennrad herausverlangt, wäre der Wert mit 3 000,00 DM anzusetzen.

▶ *Isoliertes Verfahren*

Für dieses ZPO-Verfahren gelten die Ausführung zum Verbundverfahren.

© Verlag Gehlen

5.1.9 Zugewinnstundung (§ 621 Abs. 1 Nr. 9 ZPO)

▶ **Verbundverfahren**

Für die Zugewinnstundung und der Vermögensübertragung gem. §§ 1382, 1383 BGB richtet sich der Wert nach dem Interesse an der Stundung bzw. an dem Gegenstand in Höhe eines Bruchteils der Forderung (§ 3 ZPO).

▶ **Isoliertes Verfahren**

In diesem FGG-Verfahren richtet sich der Wert ebenfalls nach dem Interesse an der Stundung bzw. an dem Gegenstand in Höhe eines Bruchteils der Forderung (§ 30 Abs. 2 KostO).

5.1.10 Sonstige einstweilige Anordnungen

Die nachstehenden Angelegenheiten können wegen ihres Regelungszweckes lediglich im einstweiligen Anordnungsverfahren anhängig gemacht werden.

▶ **Regelung des Getrenntlebens der Ehegatten (§ 620 Abs. 1 Nr. 5 ZPO)**

Die wegen der Gerichtskostenfreiheit besondere Wertvorschrift des § 8 Abs. 2 S. 3, die einen Ausgangswert von 1 000,00 DM vorgibt, ist nach herrschender Meinung sinngemäß auch in diesem Verfahren anzuwenden.

▶ **Herausgabe/Benutzung persönlicher Sachen (§ 620 Abs. 1 Nr. 8 ZPO)**

Für die Wertbestimmung des Herausgabebegehrens ist der (volle) Verkehrswert der herausverlangten Sache maßgebend (§§ 3 und 6 ZPO).

Für das Nutzungsbegehren ist das zu schätzende Interesse an der alleinigen Nutzung – in der Regel ein Bruchteil des Verkehrswertes der Sache – anzunehmen (§ 3 ZPO).

▶ **Prozeßkostenvorschuß (§ 620 Abs. 1 Nr. 9 ZPO)**

Der Wert für dieses Verfahren bestimmt sich nach der Höhe des verlangten Prozeßkostenvorschusses (§§ 3 und 6 ZPO).

Ehe- und andere Familiensachen

Übersicht: Gegenstandswerte in Familiensachen	
Ehesachen: insbesondere Scheidung	Dreifaches monatliches Nettoeinkommen beider Eheleute, mindestens jedoch 4 000,00 DM (§ 12 Abs. 2 S. 2 und 4 GKG)

andere Familiensachen:	Verbundverfahren:	Isoliertes Verfahren	Einstweilige Anordnung:
Sorgerecht Umgangsrecht Kindesherausgabe	Ausgangswert 1 500,00 DM (§ 12 Abs. 2 S. 3 und 4 GKG)	Regelwert 5 000,00 DM (§ 30 Abs. 2 KostO)	Ausgangswert: 1 000,00 DM (§ 8 Abs. 2 BRAGO)
Kindesunterhalt Ehegattenunterhalt	zwölfmonatiger Betrag (§ 17 Abs. 1 GKG)	zwölfmonatiger Betrag (§ 17 Abs. 1 GKG)	sechsmonatiger Betrag (§ 20 Abs. 2 GKG)
Versorgungsausgleich	Jahreswert, mindestens jedoch 1 000,00 DM (§ 17a Abs. 1 GKG)	Jahreswert, mindestens jedoch 1 000,00 DM (§ 99 Abs. 3 KostO)	entfällt
Ehewohnung	Jahresmiete (§ 16 Abs. 1 GKG)	Jahresmiete (§ 21 Abs. 3 HausratsV)	dreimonatige Miete (§ 20 Abs. 2 GKG)
Hausrat	Wert des Hausrats (§ 3 ZPO)	Wert des Hausrats (§ 21 Abs. 3 HausratsV)	Wert des Nutzungsinteresses (§ 3 ZPO)
Zugewinnausgleich	Höhe der Ausgleichsforderung (§ 12 Abs. 1 GKG)	Höhe der Ausgleichsforderung (§ 12 Abs. 1 GKG)	entfällt
Zugewinnstundung	Bruchteil des Ausgleichswertes	Bruchteil des Ausgleichswertes	entfällt
Getrenntleben	entfällt		Ausgangswert 1 000,00 DM (§ 8 Abs. 2 BRAGO)
Herausgabe/Benutzung persönlicher Sachen	entfällt		Verkehrswert der Sache; Bruchteil des Interesses
Prozesskostenvorschuss	entfällt		Höhe der Vorschussforderung (§§ 3, 6 ZPO)

© Verlag Gehlen

5.2 Gebühren

Bei den Verfahren in Familiensachen ist im Hinblick auf die anzuwendenden Gebührenvorschriften zu unterscheiden, ob
- eine Scheidung im Verbund mit anderen Familiensachen (= Folgesachen),
- eine andere Familiensache isoliert (selbstständig) oder
- ein einstweiliges Anordnungsverfahren

anhängig gemacht wird.

5.2.1 Verbundverfahren

Regelmäßig werden im Scheidungverfahren die anderen Familiensachen als Folgesachen im so genannten Verbund gleichzeitig und zusammen verhandelt (§ 623 ZPO).

Für die Berechnung der Gebühren im Verbund sind folgende Grundsätze zu beachten:
- FGG-Folgesachen sind (nur) im Verbund mit den Regelgebühren des § 31 zu berechnen (§ 31 Abs. 3).
- Die jeweilige Gebühr fällt nur einmal nach den zusammengerechneten Werten sämtlicher Verbundverfahren an (§ 7 Abs. 2 und 3, § 19 a Abs. 1 GKG).
- Jede Gebühr ist nur nach dem Wert zu berechnen, auf den sich die Tätigkeit des RA erstreckt (§ 7 Abs. 1).
- Sind für Teile des Gegenstandes verschiedene Gebührensätze anzuwenden, ist die Vorschrift des § 13 Abs. 3 zu berücksichtigen (vgl. 1. Teil, Abschnitt 2.3.3, S. 22 ff.).

Nachstehend werden nur die gebührenrechtlichen Besonderheiten im Scheidungs- bzw. Verbundverfahren aufgezeigt. Im übrigen wird auf die Ausführungen zu den Regelgebühren (vgl. 2. Teil, Abschnitt 1, S. 67 ff.) und zur Vergleichsgebühr (vgl. 1. Teil, Abschnitt 4.4, S. 46 ff.) verwiesen.

▶ *Prozessgebühr*

Werden in dem gleichen Verfahren Ansprüche auf Ehegatten- und Kindesunterhalt geltend gemacht, ist die Prozessgebühr nicht gem. § 6 Abs. 1 S. 2 zu erhöhen, da keine gemeinschaftliche Beteiligung an den Gegenständen vorliegt.

▶ *Verhandlungs-/Erörterungsgebühr*

Für die Scheidungssache fällt mit der Antragstellung stets die **volle** Verhandlungsgebühr an, auch wenn hierüber **nichtstreitig** verhandelt wird (§ 33 Abs. 1 S. 2 Nr. 3). Dies ist insbesondere bei der sogenannten einverständlichen bzw. einvernehmlichen Scheidung der Fall.

Da es bei der Verhandlung über **FGG-Folgesachen** keine förmliche Antragstellung gibt, kann insoweit keine Unterscheidung zwischen streitiger und nichtstreitiger Verhandlung getroffen werden. Es entsteht daher bereits mit der „Besprechung vor Gericht" die **volle** Verhandlungs-/Erörterungsgebühr.

> **Merke:**
> Auch die nichtstreitige Verhandlung über den Scheidungsantrag löst die **volle** Verhandlungsgebühr aus.

▶ Beweisgebühr

In der Scheidungssache entsteht stets die Beweisgebühr gem. § 31 Abs. 1 Nr. 3 mit der **Anhörung oder Vernehmung** der Parteien (§ 613 ZPO).

In den Folgesachen kann eine Beweisgebühr nach den allgemeinen Grundsätzen entstehen. Umstritten ist jedoch, ob in den FGG-Folgesachen eine Beweisgebühr entsteht, wenn das Gericht von Amts wegen zur Sachverhaltsklärung Auskünfte einholt. Die Rechtsprechung tendiert dahin, dass im Rahmen der Durchführung des Versorgungsausgleichs die Einholung von Auskünften beim Rentenversicherungsträger oder für die Frage des Sorgerechts eine Stellungnahme des Jugendamtes **keine** Beweisgebühr auslöst. Soweit jedoch in diesen Angelegenheiten z. B. Zeugenbeweis erhoben wird, entsteht die Beweisgebühr.

▶ Aussöhnungsgebühr

Für die Scheidungssache selbst ist ein Vergleich i. S. d. § 23 nicht denkbar. Der Gesetzgeber hat jedoch eine 10/10 Aussöhnungsgebühr nach § 36 Abs. 2 vorgesehen. Diese Gebühr erhält der RA unter folgenden Voraussetzungen:

- Die Scheidungssache muss bei Gericht anhängig sein oder ein Ehegatte ist ernstlich gewillt, einen Scheidungsantrag bei Gericht einzureichen,
- Der RA muss bei der Aussöhnung der Eheleute mitgewirkt haben.

Für die Mitwirkung des RA ist es ausreichend, wenn seine Tätigkeit irgendeine Ursächlichkeit für die Aussöhnung gesetzt hat, z. B. das Wecken oder Fördern der Aussöhnungsbereitschaft.

Die Aussöhnungsgebühr wird lediglich nach dem Wert der Scheidungssache berechnet.

Soweit der RA bei der Aussöhnung der Eheleute mitgewirkt hat, bevor er die Scheidungsantragsschrift bei Gericht eingereicht hat, erhält der die 10/10 Aussöhnungsgebühr und eine 5/10 Prozessgebühr gem. § 32 Abs. 1.

▶ Vergleichsgebühr

Wenn im Rahmen des Verbundes über anhängige Folgesachen ein Vergleich geschlossen wird, erhält der RA eine 10/10 Vergleichsgebühr.

Die Vergleichsgebühr für die Folgesache elterliche Sorge erhält der RA, wenn darüber eine vergleichsweise Regelung zustande kommt. Die Eltern können sich zwar nicht über die Regelung der elterlichen Sorge endgültig vergleichen; allerdings kann das Familiengericht einem übereinstimmenden Vorschlag der Eltern – der einen Streit über diese Folgesache beilegen soll – folgen, wenn es zum Wohl des Kindes erforderlich ist.

© Verlag Gehlen

Werden in einem Vergleich **nichtanhängige** Folgesachen mitverglichen, so entsteht nach deren Wert eine 15/10 Vergleichsgebühr (§ 23 Abs. 1 S 1) sowie eine 5/10 Prozessgebühr (§ 32 Abs. 2). Bezüglich der verglichenen anhängigen Folgesachen entsteht eine 10/10 Vergleichsgebühr (§ 23 Abs. 1 S. 3). Die Vorschrift des § 13 Abs. 3 ist jeweils zu berücksichtigen.

Eine besonderes Problem wirft die Höhe der Vergleichsgebühr (10/10 oder 15/10) im **Prozesskostenhilfeverfahren** auf, wenn nichtanhängige Ansprüche, für die zunächst auch keine Prozesskostenhilfe beantragt wurde, vergleichsweise erledigt werden. Die bisherige OLG-Rechtsprechung ist uneinheitlich (vgl. hierzu 1. Teil, Abschnitt 2.6.2, S. 47).

Beispiel:

RAin Timaric reicht für die Ehefrau die Scheidungsantragsschrift ein und beantragt hierbei schriftsätzlich die Regelung nachstehender Folgesachen:
1. Übertragung der elterlichen Sorge für das gemeinsame Kind
2. Zahlung von 300,00 DM monatlich Unterhalt für das gemeinsame Kind,
3. Zahlung von 800,00 DM monatlich Unterhalt für die Antragstellerin,
4. Zuweisung der Ehewohnung an die Antragstellerin (monatliche Miete 1 200,00 DM),
5. Zugewinnausgleich von 31.000,00 DM,
6. Übertragung von Anwartschaftsrechten für den Versorgungsausgleich.

Im Scheidungstermin stimmt der Antragsgegner dem Scheidungsantrag zu. Die Parteien werden gemäß § 613 ZPO gehört. Übereinstimmend erklären die Parteien die Folgesache zu 4. für erledigt, da sie die gemeinsame Ehewohnung zwischenzeitlich aufgegeben haben. Über die Folgesachen 2., 3. und 5. wird streitig verhandelt. Hinsichtlich des Zugewinnausgleiches wird ein Vergleich protokolliert, wodurch sich der Ehemann verpflichtet, an die Antragstellerin zur Abgeltung dieses Anspruchs einen Betrag von 20 000,00 DM zu zahlen. Die Sorgerechtsfrage und der Versorgungsausgleich, wonach eine monatliche Rentenanwartschaft von 112,00 DM auf das Versicherungskonto der Antragstellerin zu übertragen ist, werden erörtert. Sodann wird durch Urteil wird antragsgemäß entschieden.

Das Familiengericht setzt die Streitwerte wie folgt fest:
- *Ehesache 20 700,00 DM,*
- *Sorgerecht 1 500,00 DM,*
- *Kindesunterhalt 3 600,00 DM,*
- *Ehegattenunterhalt 9 600,00 DM,*
- *Ehewohnung 14 400,00 DM,*
- *Zugewinnausgleich 31 000,00 DM,*
- *Versorgungsausgleich 1 344,00 DM*

In Verbundverfahren lassen sich die zugrunde zu legenden Werte auf einfache Weise unter Zuhilfenahme einer „Werttabelle" den jeweiligen Gebühren zuordnen. Diese Tabelle lässt sich erforderlichenfalls auch auf halbe Gebühren und die 15/10 Vergleichsgebühr erweitern.

Werttabelle für Scheidung und Folgesachen				
	Prozess-gebühr	Verhandlungs-/Erörterungsgebühr	Beweisgebühr	Vergleichsgebühr
Scheidung	20 700,00 DM	20 700,00 DM	20 700,00 DM	–
a) Sorgerecht	1 500,00 DM	1 500,00 DM	–	–
b) Kindesunterhalt	3 600,00 DM	3 600,00 DM	–	–
c) Ehegattenunterhalt	9 600,00 DM	9 600,00 DM	–	–
d) Ehewohnung	14 400,00 DM	–	–	–
e) Zugewinnausgleich	31 000,00 DM	31 000,00 DM	–	31 000,00 DM
f) Versorgungsausgleich	1 344,00 DM	1 344,00 DM	–	–
	82 144,00 DM	67 744,00 DM	20 700,00 DM	31 000,00 DM

RAin Timaric rechnet die Gebühren wie folgt ab:
10/10 Prozessgebühr §§ 11, 31 Abs. 1 Nr. 1, Abs. 3 (Wert: 82 144,00 DM)   1 985,00 DM
10/10 Verhandlungs-/Erörterungsgebühr §§ 11, 31 Abs. 1 Nr. 2 und 4,
Abs. 3 (Wert: 67 744,00 DM)   1 705,00 DM
10/10 Beweisgebühr §§ 11, 31 Abs. 1 Nr. 3 (Wert: 20 700,00 DM)   1 025,00 DM
10/10 Vergleichsgebühr §§ 11, 23 Abs. 1 S. 3 (Wert: 31 000,00 DM)   1 185,00 DM
zuzgl. Post- und Telekommunikationsentgelte, § 26 S. 2 und 16 % Mehrwertsteuer.

Merke:
Soweit eine Gebühr auch FGG-Folgesachen beinhaltet, ist § 31 Abs. 3 mit aufzuführen.

5.2.2 Isolierte Verfahren

Für die anzuwendenden Gebührenvorschriften im isolierten Verfahren (= selbstständiges Verfahren) ist zu unterscheiden, ob die jeweilige Angelegenheit den Verfahrensvorschriften der Zivilprozessordnung (= ZPO-Verfahren) oder denen der freiwilligen Gerichtsbarkeit (FGG-Verfahren) unterliegen.

- Zu den **ZPO-Verfahren** gehören
  1. die Ehesachen, insbesondere die Scheidung (ohne Folgesachen)
  2. sowie die Familiensachen Unterhalt und Zugewinnausgleich.

  Diese Verfahren werden nach den Regeln des gewöhnlichen Zivilprozesses gem. den Vorschriften der §§ 31 ff. abgerechnet. Eine Vergleichsgebühr ist möglich. Wegen gebührenrechtlicher Besonderheiten wird auf die vorstehenden Ausführungen zum Scheidungsverbund verwiesen.

- Zu den **FGG-Verfahren** gehören
  1. die Familiensachen Sorgerecht, Umgangsrecht, Kindesherausgabe, Versorgungsausgleich, Zugewinnstundung und Übertragung von Vermögensstücken; diese Verfahren werden nach den § 118 abgerechnet;
  2. die Familiensachen Ehewohnung und Hausrat; diese Verfahren werden nach der Sondervorschrift des § 63 Abs. 1 Nr. 1 und Abs. 3 abgerechnet.

▶ *1. Gebühren nach § 118*

Soweit eine FGG-Sache nach § 118 abzurechnen ist, werden nachstehend lediglich gebührenrechtliche Besonderheiten für die isolierten Verfahren aufgezeigt. Im Übrigen wird auf die Ausführungen zu § 118 (vgl. 2. Teil, Abschnitt 6, S. 159 ff.) verwiesen. Zur Höhe des Gebührensatzes, die der RA nach pflichtgemäßen Ermessen innerhalb des vorgesehenen Rahmens von 5/10 bis 10/10 zu bestimmen hat, wird auf die Ausführungen zu § 12 Abs. 1 (vgl. 1. Teil, Abschnitt 2.1.2, S. 18 f.) verwiesen.

Die **Geschäftsgebühr** (§ 118 Abs. 1 Nr. 1) entsteht, sobald der RA eine entsprechende Tätigkeit im Rahmen seines Auftrages entfaltet. Die Gebühr entsteht nur einmal und gilt sowohl die außergerichtliche als auch die Tätigkeit vor Gericht ab. Bei einer vorzeitigen Erledigung der Sache wird der in Ansatz zu bringende Gebührensatz regelmäßig niedriger zu bemessen sein.

Die **Besprechungsgebühr** (§ 118 Abs. 1 Nr. 2) entsteht, wenn der RA in der mündlichen Verhandlung – die in der freiwilligen Gerichtsbarkeit nicht zwingend vorgeschrieben ist – an der Erörterung teilnimmt. Die Gebühr kann auch bei einer außergerichtlichen Besprechung anfallen, sei es mit einer behördlichen oder gerichtlichen Stelle oder mit dem Gegner.

Die **Beweisaufnahmegebühr** (§ 118 Abs. 1 Nr. 3) entsteht nur dann, wenn der RA bei einer vom Gericht angeordneten Beweisaufnahme teilnimmt. Soweit das Gericht von Amts wegen zur Sachverhaltsaufklärung Auskünfte einholt, z. B. eine Stellungnahme des Jugendamtes, wird regelmäßig keine Beweisaufnahmegebühr ausgelöst. Vergleiche hierzu die vorstehenden Ausführungen zur Beweisgebühr im Scheidungsverbund.

Eine **Vergleichsgebühr** gem. § 23 kann entstehen.

> *Merke:*
> In isolierten FGG-Verfahren (außer Ehewohnung und Hausrat) richten sich die Gebühren nach § 118.

▶ *2. Gebühren nach § 63*

In den isolierten Verfahren über die **Ehewohnung** und Aufteilung des **Hausrats** richten sich die Gebühren nach der Sonderregelung des § 63 Abs. 1 Nr. 1, wonach der RA die Regelgebühren des § 31 **zur Hälfte** erhält (§ 63 Abs. 3).

© Verlag Gehlen

Sollte das Verfahren gem. § 32 Abs. 1 vorzeitig endigen, kann nach herrschender Meinung nur eine 2,5/10 Prozessgebühr berechnet werden. Für die mündliche Verhandlung erhält der RA stets eine 5/10 Verhandlungsgebühr, und zwar unabhängig davon, ob streitig oder nichtstreitig verhandelt wird. Sofern der RA bei einer angeordneten Beweisaufnahme mitwirkt, entsteht eine 5/10 Beweisgebühr. Eine Vergleichsgebühr gem. § 23 kann entstehen.

> *Merke:*
> In isolierten Verfahren über die Ehewohnung oder Aufteilung des Hausrats richten sich die Gebühren nach § 63, wonach der RA 5/10 der Gebühren des § 31 erhält.

Bei einer **nachträglichen Überleitung** selbstständiger Verfahren in den Verbund (§§ 623 Abs. 4, 621 Abs. 3 ZPO) bleiben die bis dahin entstandenen Gebühren erhalten. Allerdings sind diese Gebühren auf die Gebühren des Verbundes anzurechnen, und zwar im Verhältnis der jeweiligen Gegenstandswerte. Entsprechendes gilt für die **Fortführung** (§§ 626 Abs. 2, 629 Abs. 3 ZPO) einer Folgesache aus dem Verbund als selbstständiges Verfahren.

5.2.3 Einstweiliges Anordnungsverfahren

Die einstweilige Anordnung in Familiensachen gilt neben der Hauptsache als eine **besondere Angelegenheit**, d. h. alle entstehenden Regelgebühren des § 31 und Auslagen für dieses Verfahren sind gesondert zu berechnen.

Gem. § 41 Abs. 1 erhält der RA für mehrere einstweilige Anordnungen innerhalb der in dieser Vorschrift genannten Buchstaben a) bis d) die Gebühren nur **einmal**. Im Zusammenhang mit dem Scheidungsverfahren ist insbesondere Buchstabe b) von Bedeutung, wonach mehrere einstweilige Anordnungen i. S. d. § 620 ZPO nur einmal nach den zusammengerechneten Werten gesonderte Gebühren auslösen. Neben der Prozessgebühr, die in diesen Verfahren stets anfällt, richten sich der Anfall und die Höhe der Verhandlungs- und Beweisgebühr nach dem jeweiligen Verlauf des Verfahrens.

> *Beispiel:*
> RAin Pinas hat im Laufe des Scheidungsverfahrens für die Ehefrau den Erlass folgender einstweiliger Anordnungen erwirkt:
> 1. Benutzung der Ehewohnung (monatlicher Mietzins 1 000,00 DM) durch die Ehefrau nach streitiger Verhandlung und Beweisaufnahme,
> 2. Unterhalt für die Ehefrau von monatlichen 800,00 DM nach streitiger Verhandlung,
> 3. Unterhalt für die gemeinsame minderjährige Tochter von monatlich 300,00 DM ohne mündliche Verhandlung.
> *Das Gericht setzt die Streitwerte wie folgt fest:*
> zu 1. 3 000,00 DM, zu 2. 4 800,00 DM und zu 3. 1 800,00 DM.

© Verlag Gehlen

RAin Pinas rechnet die Gebühren im einstweiligen Anordnungsverfahren wie folgt ab:
10/10 Prozessgebühr §§ 11, 31 Abs. 1 Nr. 1, *41* (Wert: 9 600,00 DM)   595,00 DM
10/10 Verhandlungsgebühr §§ 11, 31 Abs. 1 Nr. 2, *41* (Wert: 7 800,00 DM)   485,00 DM
10/10 Beweisgebühr §§ 11, 31 Abs. 1 Nr. 3, *41* (Wert: 3 000,00 DM)   210,00 DM
Post- und Telekommunikationsentgelte, § 26 S. 2   40,00 DM
                                                  1 330,00 DM
16 % Mehrwertsteuer, § 25 Abs. 2   212,80 DM
Gesamtbetrag   1 542,80 DM

5.3 Rechtsmittelverfahren

Für die Rechtsmittel in Ehe- und anderen Familiensachen ist zu unterscheiden, in welchem Verfahren eine gerichtliche Entscheidung angefochten werden soll. Je nach Art des Verfahrens sind verschiedene Verfahrens- und Gebührenvorschriften anzuwenden. Der Gegenstandswert im Rechtsmittelverfahren richtet sich in der Regel nach der Beschwer bzw. nach den Rechtsmittelanträgen der Partei.

Der nachstehenden Übersicht sind die jeweiligen Verfahrensvorschriften sowie die anzuwendenden Gebührenvorschriften und -sätze zu entnehmen.

Verfahren	Rechtsmittel	Gebührenvorschriften	Gebührensätze
Isolierte Verfahren			
ZPO-Sachen	Berufung (§§ 511 ff. ZPO)	§ 31	13/10
FGG-Sachen (außer Ehewohnung/Hausrat)	befristete Beschwerde (§ 621 e Abs. 1 ZPO)	§ 118	5/10–10/10
Ehewohnung/Hausrat	befristete Beschwerde (§ 621 e Abs. 1 ZPO)	§§ 63 Abs. 2 und 3, 31	5/10
Verbund			
nur Scheidung (und Folgesachen)	Berufung (§§ 511 ff. ZPO)	§ 31	13/10
nur ZPO- und FGG-Folgesachen	Berufung (§§ 511 ff. ZPO)	§ 31	13/10
nur ZPO-Folgesachen	Berufung (§§ 511 ff. ZPO)	§ 31	13/10
nur FGG-Folgesachen	befristete Beschwerde (§§ 629 a Abs. 2 S. 1, 621 e Abs. 1 ZPO)	§§ 61 a, 31	13/10
einstweilige Anordnung (§ 620)	sofortige Beschwerde (§ 620 c ZPO)	§§ 61 Abs. 1, 31	5/10

Eine besondere Stellung nimmt die **Beschwerde in Scheidungsfolgesachen** gem. § 61 a ein. Im Gegensatz zum Beschwerdeverfahren gem. § 61 Abs. 1, bei dem der RA nur halbe Gebühren erhält, bestimmt § 61 a, dass der RA die in § 31 genannten Gebühren in voller Höhe erhält.

Diese Gebühren richten sich nach § 11 Abs. 1 S. 4 und 5 und erhöhen sich somit im Beschwerdeverfahren auf 13/10. Da in der Regel über die Beschwerde ohne mündliche Verhandlung entschieden wird, erhält der RA regelmäßig nur die 13/10 Prozessgebühr. Im Falle der weiteren Beschwerde erhöht sich die Prozessgebühr des BGH-Anwalts auf 20/10.

Voraussetzung für den Anfall der Gebühren nach § 61 a ist, dass sich die Beschwerde gegen FGG-Folgesachen nach § 621 Abs. 1 Nr. 1 – 3, 6, 7 und 9 ZPO (Kindessachen, Versorgungsausgleich, Ehewohnung, Hausrat sowie Zugewinnstundung) richtet, die im Verbund neben der Scheidungssache anhängig waren.

Beispiel:
In der Scheidungssache Peters ./. Peters wurde im Verbundverfahren durch Urteil die Ehe geschieden und das Sorgerecht für das gemeinsame Kind auf die Ehefrau übertragen. RAin Kunze legt für den Ehemann gegen die Sorgerechtsentscheidung beim OLG die sofortige Beschwerde ein. Ohne mündliche Verhandlung wird die Beschwerde zurückgewiesen.
RAin Kunze rechnet ihre Gebühren wie folgt ab:
13/10 Prozessgebühr §§ 11, 31 Abs. 1 Nr. 1, 61 a (Wert: 1 500,00 DM)   169,00 DM

Soweit die vorgenannten FGG-Sachen im isolierten Verfahren anhängig sind, entstehen im Beschwerdeverfahren die Gebühren des § 118.

Beispiel:
RA Sterzl betreibt für die von ihrem Ehemann getrennt lebende Ehefrau das selbstständige Sorgerechtsverfahren. Die Ehefrau wendet sich nun dagegen, dass ihr erstinstanzlich das Sorgerecht für das gemeinsame Kind nicht zugesprochen wurde. Nachdem in der mündlichen Verhandlung die Sach- und Rechtslage erörtert wurde, ergeht ein Beschluss.
RA Sterzl rechnet seine Gebühren wie folgt ab:
7,5/10 Geschäftsgebühr §§ 11, 118 Abs. 1 Nr. 1 (Wert: 5 000,00 DM)   240,00 DM
7,5/10 Besprechungsgebühr §§ 11, 118 Abs. 1 Nr. 2 (Wert: 5 000,00 DM)   240,00 DM

5.4 Außergerichtliche Scheidungsvereinbarung

Wird der RA beauftragt, eine Scheidungsfolgenvereinbarung herbeizuführen, so ist im Hinblick auf die anzuwendenden Gebührenvorschriften zu unterscheiden, ob der RA seine Tätigkeit entsprechend des ihm erteilten Auftrags
- lediglich außergerichtlich, also außerhalb eines gerichtlichen Verfahrens, oder
- im Zusammenhang mit dem gerichtlichen Verfahren vor dem Familiengericht entfaltet.

© Verlag Gehlen

Soweit der RA beauftragt wird, eine Regelung der Scheidungsfolgesachen ausschließlich **außergerichtlich** herbeizuführen, erhält er regelmäßig die **Geschäftsgebühr** gem. § 118 Abs. 1 Nr. 1 und bei Besprechungen mit der Gegenseite die **Besprechungsgebühr** gem. § 118 Abs. 1 Nr. 2. Wenn ein Vergleich zustande kommt, erhält der RA ferner eine **15/10 Vergleichsgebühr** gem. § 23 Abs. 1 S. 1.

Erhält der RA **nachträglich** einen Prozessauftrag für die Ehesache und wird der ausgehandelte Vergleich gerichtlich protokolliert, bleiben die bisher verdienten Gebühren bestehen. Allerdings ist gem. § 118 Abs. 2 die **Geschäftsgebühr** auf die im nachfolgenden Verfahren entstehende 5/10 Prozessgebühr (§ 32 Abs. 2) **anzurechnen.** Im Ergebnis führt die Anrechnung regelmäßig dazu, dass die 5/10 Prozessgebühr als die niedrigere Gebühr nicht zusätzlich berechnet wird. Nach anderer Anrechnungsmethode kann der RA neben der 5/10 Prozessgebühr von der ursprünglichen 7,5/10 Geschäftsgebühr nur noch 2,5/10 berechnen.

Im **Regelfall** ist der RA von vornherein **beauftragt,** alle mit der Auflösung der Ehe zusammenhängenden Fragen im **gerichtlichen** Verfahren zu regeln und das Ergebnis der außergerichtlichen Verhandlungen in Form einer Scheidungsfolgenvereinbarung im Termin protokollieren zu lassen. In diesem Falle erwachsen hierfür lediglich die 5/10 Prozessgebühr gem. § 32 Abs. 2 und die 15/10 Vergleichsgebühr gem. § 23 Abs. 1 S. 1. Etwaige Gebühren nach § 118 fallen nicht an, da die Führung von außergerichtlichen Verhandlungen gem. § 37 Nr. 2 zum Rechtszug gehört und mit der Prozessgebühr abgegolten wird.

Übersicht: Gebührenaufkommen bei außergerichtlicher Vergleichstätigkeit		
ohne Prozessauftrag:	bei nachträglichem Prozessauftrag:	mit Prozessauftrag:
7,5/10 Geschäftsgebühr 7,5/10 Besprechungsgebühr 15/10 Vergleichsgebühr	7,5/10 Geschäftsgebühr 7,5/10 Besprechungsgebühr 5/10 Prozessgebühr 15/10 Vergleichsgebühr – 5/10 (Anrechnung, § 118 Abs. 2)	5/10 Prozessgebühr 15/10 Vergleichsgebühr
= 30/10	= 30/10	= 20/10

Da die Vergleichsgebühr eine Erfolgsgebühr darstellt, entsteht sie im Falle der Scheidungsfolgenvereinbarung erst mit ihrem Zustandekommen. Wird also eine Scheidungsfolgenvereinbarung „für den Fall der rechtskräftigen Scheidung" geschlossen, erwächst die Gebühr des § 23 Abs. 1 erst mit Rechtskraft des Scheidungsurteils. Wird der Scheidungsantrag hingegen rechtskräftig abgewiesen oder das Verfahren nach Rücknahme des Antrages oder durch Tod einer Partei beendet, entsteht keine Vergleichsgebühr.

Die 5/10 Prozessgebühr gem. § 32 Abs. 2 bleibt jedoch bestehen, wenn der Antrag gestellt wurde, eine Einigung der Parteien zu Protokoll zu nehmen und der Vergleich später durch oben aufgeführte Gründe nicht zustande kommt.

© Verlag Gehlen

5.5 Abrechnungsbeispiel: Mehrere Verfahren

In der Familiensache Blachetta ./. Blachetta sind mehrere Streitigkeiten aus dem folgenden Sachverhalt abzurechnen:

Die kinderlos gebliebene Ehe zwischen Ilse und Erwin Blachetta kriselt seit längerem. Erwin ist bereits aus der gemeinsamen Ehewohnung (monatlicher Mietzins 1 300,00 DM) zu seiner neuen Freundin gezogen.

Er benötigt nun einige Möbelstücke, die Ilse ihm jedoch nicht herausgeben will. Erwin beauftragt deshalb RA Mahler, einen Antrag nach der HausratsV auf Herausgabe der benötigten Möbel beim Gericht einzureichen. Im Termin vor dem Familiengericht wird nach Erörterung ein Vergleich protokolliert, in welchem sich die Parteien über die Aufteilung der Möbel einigen.

Zwei Monate später versöhnen sich die Eheleute (ohne Mitwirkung der RAe) und Erwin zieht wieder in die gemeinsame Ehewohnung zurück. Nur kurze Zeit später kommt es allerdings wieder zu Streitigkeiten zwischen den Eheleuten, die mehrfach zu handgreiflichen Auseinandersetzungen führen.

Jetzt beauftragt Ilse die RAin Feith, die Scheidung einzureichen. Mit der Scheidungsantragsschrift wird schriftsätzlich die Regelung nachstehender Folgesachen beantragt:

- Zuweisung der ehelichen Wohnung an die Ehefrau und
- Zahlung von Unterhalt von 900,00 DM monatlich.

Gleichzeitig beantragt RAin Feith für die Ehefrau den Erlass folgender einstweiliger Anordnungen:

- Zuweisung der ehelichen Wohnung an die Ehefrau für die Zeit des Getrenntlebens und
- Zahlung von Getrenntlebensunterhalt von 900,00 DM monatlich.

Die einstweilige Anordnung bezüglich der Wohnung wird antragsgemäß ohne mündliche Verhandlung erlassen. Über die einstweilige Anordnung bezüglich des Getrenntlebensunterhalts schließen die Parteien nach streitiger Verhandlung zu Protokoll einen Vergleich, wodurch sich der Ehemann verpflichtet, monatlich 800,00 DM zu zahlen.

Im anberaumten Scheidungstermin stimmt der Antragsgegner dem Scheidungsantrag zu. Die Parteien werden gemäß § 613 ZPO gehört. Über beide anhängig gemachten Folgesachen wird streitig verhandelt bzw. die Sach- und Rechtslage erörtert. Ferner wird der Versorgungsausgleich erörtert (monatliche Rentenanwartschaft 308,33 DM). Am Schluss der Sitzung wird die Ehe geschieden, der Ehemann antragsgemäß zur Zahlung des Unterhalts verurteilt und die Ehewohnung der Ehefrau unter Begründung eines alleinigen Mietverhältnisses mit dem Vermieter zugewiesen.

Namens des Ehemannes legt RA Mahler gegen die Folgesache Ehewohnung die befristete Beschwerde ein. RAin Feith tritt der befristeten Beschwerde schriftsätzlich entgegen. Durch Beschluss wird die Beschwerde zurückgewiesen.

© Verlag Gehlen

Die Streitwerte wurden vom Gericht wie folgt festgesetzt:
1. Hausratsverfahren 12 000,00 DM
2. Einstweiliges Anordnungsverfahren
   a) Unterhalt 5 400,00 DM
   b) Ehewohnung 3 900,00 DM
3. Scheidung und Folgesachen
   a) Ehesache 18 000,00 DM
   b) Unterhalt 10 800,00 DM
   c) Ehewohnung 15 600,00 DM
   d) Versorgungsausgleich 3 700,00 DM
4. Befristete Beschwerde
   Ehewohnung 15 600,00 DM

RAin Feith rechnet ihre Gebühren wie folgt ab:
1. **Hausratsverfahren**
   5/10 Prozessgebühr §§ 11, 31 Abs. 1 Nr. 1, 63 Abs. 3
   (Wert: 12 000,00 DM) 332,50 DM
   5/10 Erörterungsgebühr §§ 11, 31 Abs. 1 Nr. 4, 63 Abs. 3
   (Wert: 12 000,00 DM) 332,50 DM
   10/10 Vergleichsgebühr §§ 11, 23 Abs. 1 S. 3 (Wert: 12 000,00 DM) 665,00 DM
   zuzgl. Post- und Telekommunikationsentgelte, § 26 S. 2 und 16 % Mehrwertsteuer, § 25 Abs. 2.
2. **Einstweiliges Anordnungsverfahren**
   10/10 Prozessgebühr §§ 11, 31 Abs. 1 Nr. 1, 41 Abs. 1
   (Wert: 9 300,00 DM) 595,00 DM
   10/10 Verhandlungsgebühr §§ 11, 31 Abs. 1 Nr. 2, 41 Abs. 1
   (Wert: 5 400,00 DM) 375,00 DM
   10/10 Vergleichsgebühr §§ 11, 23 Abs. 1 S. 3 (Wert: 5 400,00 DM) 375,00 DM
   zuzgl. Post- und Telekommunikationsentgelte, § 26 S. 2 und 16 % Mehrwertsteuer, § 25 Abs. 2.
3. **Scheidung und Folgesachen**
   10/10 Prozessgebühr §§ 11, 31 Abs. 1 Nr. 1, Abs. 3
   (Wert: 48 100,00 DM) 1 425,00 DM
   10/10 Verhandlungs-/Erörterungsgebühr §§ 11, 31 Abs. 1 Nr. 2
   und 4, Abs. 3 (Wert: 48 100,00 DM) 1 425,00 DM
   10/10 Beweisgebühr §§ 11, 31 Abs. 1 Nr. 3 (Wert: 18 000,00 DM) 875,00 DM
   zuzgl. Post- und Telekommunikationsentgelte, § 26 S. 2 und 16 % Mehrwertsteuer, § 25 Abs. 2.
4. **Befristete Beschwerde** (FGG-Folgesache Ehewohnung)
   13/10 Prozessgebühr §§ 11, 31 Abs. 1 Nr. 1, 61 a
   (Wert: 15 600,00 DM) 1.046,50 DM
   zuzgl. Post- und Telekommunikationsentgelte, § 26 S. 2 und 16 % Mehrwertsteuer, § 25 Abs. 2.

© Verlag Gehlen

6 Sonstige Angelegenheiten, §§ 118 ff.

Die Gebühren in Sonstigen Angelegenheiten sind im 12. Abschnitt der BRAGO geregelt und gelangen dann zur Anwendung, soweit die Gebühren für eine anwaltliche Tätigkeit nicht im 3. bis 11. Abschnitt geregelt sind. Da ein Schwerpunkt der Tätigkeit des RA häufig außerhalb des gerichtlichen Verfahrens liegt, hat insbesondere die Vorschrift des § 118 in der anwaltlichen Praxis einen großen Stellenwert.

6.1 Anwendungsbereich

Unter die sonstigen Angelegenheiten fallen die Tätigkeiten des RA

- **außerhalb eines gerichtlichen Verfahrens**, insbesondere
  - das anwaltliche Aufforderungsschreiben (soweit kein Klageauftrag vorliegt),
  - die Schadensregulierung, insbesondere Unfallschäden (vgl. 1. Teil, Abschnitt 4.4.3, S. 164 f.),
  - Vergleichsverhandlungen (soweit kein Klageauftrag vorliegt),
  - Anwaltsvergleich gem. §§ 796 a, 796 b ZPO,
  - das Entwerfen von Verträgen,
  - Mitwirkung bei Gesellschaftsgründungen,
  - Kündigungsschreiben,
  - Anfechtungserklärungen,
  - Beistandsleistung vor Gericht für Dritte (z. B. für Zeugen).
- in Angelegenheiten der **freiwilligen Gerichtsbarkeit**, insbesondere
  - Nachlasssachen,
  - Vormundschaft-, Pflegschafts- und Beistandsschaftsachen,
  - Registersachen,
  - Grundbuchsachen,
  - bestimmte selbstständige Familiensachen gem. § 621 Abs. 1 Nr. 1, 2, 3, 6 und 9 ZPO (vgl. 2. Teil, Abschnitt 5.2.2, S. 152).
- in Verfahren vor **Verwaltungsbehörden jeder Art,** beispielsweise
  - Vertretung vor den Finanz-, Sozial-, Baubehörden usw.,
  - Vertretung vor den Behörden der öffentlichen Körperschaften, Anstalten und Stiftungen,
  - Petitionen an den Gemeinderat, Land- oder Bundestag.
  Für das Gebührenaufkommen für Tätigkeiten vor den Verwaltungsbehörden gem. §§ 118 und 119 wird auf die Ausführungen zum Verwaltungsgerichtsverfahren verwiesen (3. Teil, Abschnitt 3, S. 185).

© Verlag Gehlen

6.2 Gebühren des § 118

Die Vorschrift des § 118 unterscheidet – wie § 31 in ähnlicher Weise für das Prozessverfahren – folgende Gebührentatbestände:

- Geschäftsgebühr (§ 118 Abs. 1 Nr. 1),
- Besprechungsgebühr (§ 118 Abs. 1 Nr. 2),
- Beweisaufnahmegebühr (§ 118 Abs. 1 Nr. 3).

Für die Höhe dieser Gebühren sieht § 118 Abs. 1 einen Gebührenrahmen von **5/10 bis 10/10 der vollen Gebühr** vor. Für den konkreten Einzelfall hat der RA die Höhe der Gebühr nach den in § 12 genannten Kriterien zu bestimmen, wobei die Mittelgebühr **7,5/10** beträgt (vgl. hierzu die Ausführungen im 1. Teil, Abschnitt 2.1.2, S. 19).

6.2.1 Geschäftsgebühr, § 118 Abs. 1 Nr. 1

Gem. § 118 Abs. 1 Nr. 1 entsteht die Geschäftsgebühr für das Betreiben des Geschäfts einschließlich der Information, des Einreichens, Fertigens oder Unterzeichnens von Schriftsätzen oder Schreiben und des Entwerfens von Urkunden.

Die Geschäftsgebühr gehört daher – ebenso wie die Prozessgebühr (§ 31 Abs. 1 Nr. 1) – zu den so genannten **Betriebsgebühren**. Bei mehreren Auftraggebern erhöht sich die Geschäftsgebühr gem. § 6 Abs. 1 S. 2 um 3/10 (vgl. 1. Teil, Abschnitt 4.5, S. 49 ff.).

Die Geschäftsgebühr entsteht, sobald der RA einen Auftrag erhalten hat, also in der Regel schon mit der Entgegennahme der Information durch den Auftraggeber. Durch sie werden pauschal alle Besprechungen mit dem Auftraggeber sowie der gesamte Schriftverkehr pauschal abgegolten.

Beispiel:
RA Peters soll eine Forderung über 10 000,00 DM außergerichtlich geltend machen, und zwar ohne Klageauftrag. In seinem anwaltlichen Aufforderungsschreiben hat RA Peters Ausführungen in sachlicher und rechtlicher Hinsicht vorgenommen und unter Fristsetzung den Schuldner zur Zahlung aufgefordert. Der Schuldner begleicht daraufhin den geforderten Betrag.

RA Peters rechnet seine Gebühren wie folgt ab:
*7,5/10 Geschäftsgebühr §§ 11, **118 Abs. 1 Nr. 1***
(Wert: 10 000,00 DM) 446,30 DM

Hinweis: Die Mittelgebühr von 7,5/10 ist in der Regel in Ansatz zu bringen, wenn keine Umstände erkennbar sind, die eine Erhöhung oder Ermäßigung rechtfertigen.

Sonstige Angelegenheiten, §§ 118 ff. 161

> *Beispiel:*
> Wie zuvor, jedoch hatte RA Peters bereits Klageauftrag.
> RA Peters rechnet seine Gebühren wie folgt ab:
> 5/10 Prozessgebühr §§ 11, 31 Abs. 1 Nr. 1, **32 Abs. 1** (Wert: 10 000,00 DM)   297,50 DM
> *Hinweis:* Sofern der RA einen Klageauftrag hat, kann er nur eine halbe Prozessgebühr gem.
> § 32 Abs. 1 berechnen (vgl. hierzu die Ausführungen im 2. Teil, Abschnitt 1.1.3, S. 69).

Der RA erhält die Geschäftsgebühr nicht für einen Rat oder eine Auskunft (§ 118 Abs. 1 Nr. 1 Hs. 2).

> *Merke:*
> Die Entstehung der Geschäftsgebühr setzt eine Tätigkeit voraus, die nach außen hin bemerkbar sein muss.

6.2.2 Besprechungsgebühr, § 118 Abs. 1 Nr. 2

Neben der Geschäftsgebühr kann eine Besprechungsgebühr gem. § 118 Abs. 1 Nr. 2 für die Mitwirkung des RA bei mündlichen Verhandlungen oder Besprechungen mit dem Gegner oder einem Dritten über tatsächliche oder rechtliche Fragen anfallen.

Voraussetzung hierfür ist, dass

- die **mündliche Verhandlung** von einem Gericht oder einer Verwaltungsbehörde **angeordnet** oder
- die **Besprechung** im **Einverständnis** mit dem Auftraggeber geführt wurde.

Eine Mitwirkung i. S. d. § 118 Abs. 1 Nr. 2 setzt voraus, dass der RA während der mündlichen Verhandlung oder Besprechung anwesend ist bzw. die fernmündliche Besprechung selbst führt.

Es muss sich hierbei um ein **sachbezogenes Gespräch** handeln, das zur Beilegung bzw. Förderung des Streitgegenstandes geeignet ist.

> *Beispiel:*
> RA Treder soll im Namen eines wohlhabenden Vermieters ein Wohnraummietverhältnis
> (monatlicher Mietzins 2 000,00 DM) kündigen. In seinem Kündigungschreiben macht RA
> Treder u. a. umfangreiche rechtliche Ausführungen zur Kündigung wegen Eigenbedarfs. Aufgrund des Kündigungschreibens führen die Parteien unter Mitwirkung von RA Treder eine
> kurze Besprechung, in der sich der Mieter dann zum Auszug aus der Wohnung bereiterklärt.
> RA Peters rechnet seine Gebühren wie folgt ab:
> 10/10 Geschäftsgebühr §§ 11, 118 Abs. 1 Nr. 1 (Wert: 24 000,00 DM)   1 025,00 DM
> 7,5/10 Besprechungsgebühr §§ 11, 118 Abs. 1 Nr. 2 (Wert: 24 000,00 DM)   768,80 DM
> *Hinweis:* Im Hinblick auf die Kriterien des § 12 (Bedeutung, Umfang und Schwierigkeit der
> Sache sowie Einkommens- und Vermögensverhältnisse) hat der RA die Höhe der beiden Gebühren unterschiedlich bestimmt.

© Verlag Gehlen

Der RA erhält die Besprechungsgebühr jedoch nicht für eine bloße mündliche oder fernmündliche **Nachfrage** (§ 118 Abs. 1 Nr. 2 Hs. 3), wie z. B. eine Sachstandsanfrage bei einem Haftpflichtversicherer.

Beispiel:
RA Bauer macht für seine Auftraggeberin außergerichtlich Schadenersatzansprüche gegenüber einem Haftpflichtversicherer in Höhe von 6 000,00 DM geltend. Nach einiger Zeit fragt RA Bauer telefonisch beim Sachbearbeiter des Versicherers nach dem Stand der Sache nach. Der Schaden wird reguliert.

RA Bauer rechnet seine Gebühren wie folgt ab:
7,5/10 Geschäftsgebühr §§ 11, 118 Abs. 1 Nr. 1 (Wert: 6 000,00 DM)   281,30 DM

6.2.3 Beweisaufnahmegebühr, § 118 Abs. 1 Nr. 3

Für die Mitwirkung bei einer Beweisaufnahme, die von einem Gericht oder einer Behörde angeordnet wird, erhält der RA gem. § 118 Abs. 1 Nr. 3 die Beweisaufnahmegebühr, die im Wesentlichen der Beweisgebühr nach § 31 Abs. 1 Nr. 3 entspricht. Die Vorschrift des § 34 gilt sinngemäß.

Allerdings setzt die Entstehung der Beweisaufnahmegebühr eine **Mitwirkung** und nicht nur eine Vertretung voraus. So entsteht die Beweisaufnahmegebühr noch nicht mit der Prüfung des Beweisaufnahmebeschlusses durch den RA, sondern erst mit seiner Teilnahme am Beweisaufnahmeverfahren.

Beispiel:
RAin Eilers vertritt ihren Auftraggeber in einem Erbscheinsverfahren vor dem Nachlassgericht, das eine Zeugenvernehmung anordnet. An der Beweisaufnahme nimmt RAin Eilers teil.
Das Gericht setzt den Geschäftswert auf 8 000,00 DM fest.
RAin Eilers rechnet ihre Gebühren wie folgt ab:
7,5/10 Geschäftsgebühr §§ 11, 118 Abs. 1 Nr. 1 (Wert: 8 000,00 DM)   363,80 DM
7,5/10 Besprechungsgebühr §§ 11, 118 Abs. 1 Nr. 2 (Wert: 8 000,00 DM)   363,80 DM
7,5/10 Beweisaufnahmegebühr §§ 11, 118 Abs. 1 Nr. 3 (Wert: 8 000,00 DM)   363,80 DM

6.2.4 Anrechnung, § 118 Abs. 2

Die Vorschrift des § 118 Abs. 2 enthält Anrechnungsbestimmungen für die Geschäftsgebühr. Danach ist die Geschäftsgebühr anzurechnen

- für eine Tätigkeit **außerhalb eines gerichtlichen oder behördlichen Verfahrens** auf die entsprechenden Gebühren für ein anschließendes gerichtliches oder behördliches Verfahren (§ 118 Abs. 2 S. 1),

© Verlag Gehlen

Sonstige Angelegenheiten, §§ 118 ff. 163

- im erfolglos gebliebenen **Vermittlungsverfahren** nach § 52 a FGG auf die entsprechende Gebühr für ein sich anschließendes Verfahren (§ 118 Abs. 2 S. 2),
- zur **Hälfte** auf die entsprechenden Gebühren für ein Verfahren über Anträge auf **Vollstreckbarerklärung** eines **Anwaltsvergleichs** nach § 796 a und 796 b ZPO (§ 118 Abs. 2 S. 3).

Beispiel:
RA Becker wird beauftragt, außergerichtlich eine Schadenersatzforderung in Höhe von 11 000,00 DM geltend zu machen. Da der Schuldner auf das Mahnschreiben nicht reagiert, erteilt der Auftraggeber nunmehr Klageauftrag. Entsprechend reicht RA Becker Klage ein. RA Becker rechnet die Gebühren wie folgt ab:

1. Gebühren für die außergerichtliche Tätigkeit	
7,5/10 Geschäftsgebühr §§ 11, 118 Abs. 1 Nr. 1	
(Wert: 11 000,00 DM)	*498,80 DM*
2. Gebühren für die außergerichtliche Tätigkeit	
10/10 Prozessgebühr §§ 11, 31 Abs. 1 Nr. 1	
(Wert: 11 000,00 DM)	*665,00 DM*
– 7,5/10 Geschäftsgebühr §§ 11, 118 Abs. 1 Nr. 1, ***Abs.2***	
(Wert: 11 000,00 DM)	*498,80 DM*
	166,20 DM

Hinweis: In der Praxis wird der RA bei gleich bleibenden oder sich erhöhenden Gegenstandswerten regelmäßig keine Anrechnung vornehmen, sondern stattdessen nur die volle Prozessgebühr in Ansatz bringen.

Beispiel:
Wie zuvor, jedoch hat der Schuldner auf das Aufforderungsschreiben hin einen Teilbetrag von 5 000,00 DM bezahlt. Deshalb reicht RA Becker nunmehr die Klage über die restlichen 6 000,00 DM ein.
RA Becker rechnet die Gebühren wie folgt ab:

1. Gebühren für die außergerichtliche Tätigkeit	
7,5/10 Geschäftsgebühr §§ 11, 118 Abs. 1 Nr. 1	
(Wert: 11 000,00 DM)	*498,80 DM*
2. Gebühren für die außergerichtliche Tätigkeit	
10/10 Prozessgebühr §§ 11, 31 Abs. 1 Nr. 1	
(Wert: 6 000,00 DM)	*375,00 DM*
– 7,5/10 Geschäftsgebühr §§ 11, 118 Abs. 1 Nr. 1, ***Abs.2***	
(Wert: 6 000,00 DM)	*281,30 DM*
	93,70 DM

Hinweis: Die Anrechnung führt hier zum Ergebnis, dass neben der Geschäftsgebühr nur eine Prozessgebühr von 93,70 DM berechnet wird. Dem Zweck der Anrechnungsvorschrift entsprechend erfolgt die Anrechnung nur nach dem Wert des Gegenstandes, der in das Klageverfahren gelangt. Zur Kostenfestsetzung vgl. Teil 2, Abschnitt 6.2.6, S. 166.

© Verlag Gehlen

> **Beispiel:**
> RA Stoever ist beauftragt, eine Forderung über 23 000,00 DM außergerichtlich geltend zu machen. Für den Schuldner legitimiert sich RA Brock. In einer gemeinsamen Besprechung schließen die Parteien einen **Anwaltsvergleich** gem. § 796 a ZPO, wonach der Schuldner sich verpflichtet, an den Gläubiger 11 500,00 DM zu zahlen.
> Da der Schuldner den Vergleichsbetrag nicht zahlt, beantragt RA Stoever beim zuständigen Gericht gem. § 796 b ZPO die Vollstreckbarerklärung des Vergleichs. Über den Antrag wird ohne mündliche Verhandlung entschieden.
> RA Stoever rechnet die Gebühren wie folgt ab:
> 1. Gebühren für die außergerichtliche Tätigkeit und den Anwaltsvergleich
> 7,5/10 Geschäftsgebühr §§ 11, 118 Abs. 1 Nr. 1 (Wert: 23 000,00 DM)   768,80 DM
> 7,5/10 Besprechungsgebühr §§ 11, 118 Abs. 1 Nr. 2 (Wert: 23 000,00 DM) 768,80 DM
> 15/10 Vergleichsgebühr §§ 11, 23 Abs. 1 S. 1 (Wert: 23 000,00 DM)   1 537,00 DM
> 2. Gebühren für das Verfahren auf Vollstreckbarerklärung
> 10/10 Prozessgebühr §§ 11, 31 Abs. 1 Nr. 1, **46 Abs. 1**
> (Wert: 23 000,00 DM)   1 025,00 DM
> − **3,75/10** Geschäftsgebühr §§ 11, 118 Abs. 1 Nr. 1, **Abs.2**
> (Wert: 23 000,00 DM)   384,40 DM
>   640,60 DM

Wegen weiterer, besonders problematischer Anrechnungsfälle wird auf eine zusammenfassende Abhandlung im 2. Teil, Abschnitt 7, Seite 166 ff. verwiesen.

> **Merke:**
> Nicht anzurechnen sind die im Rahmen der außergerichtlichen Tätigkeit entstandenen Post- und Telekommunikationsentgelte des § 26.

6.2.5 Gebühren bei der Unfallschadenregulierung (DAV-Abkommen)

Der **Deutsche Anwaltverein** hat mit einer Vielzahl von Versicherungsgesellschaften ein Gebührenabkommen für die **außergerichtliche** Regulierung von **Kfz-Haftpflichtschäden** abgeschlossen. Das sogenannte DAV-Abkommen vereinfacht die Abrechnung der Vergütung mit dem gegnerischen Haftpflichtversicherer. Die Einzelheiten des Abkommens sind einem Merkblatt des DAV zu entnehmen.

Das Abkommen, welches grundsätzlich nur bei einer **vollständigen** außergerichtlichen Schadensregulierung zum Tragen kommt, hat insbesondere folgende Wirkungen:

- statt der gesetzlichen Gebühren wird eine einheitliche **Pauschalgebühr** gewährt, und zwar unabhängig davon, ob eine Besprechung stattgefunden hat oder ein Vergleich geschlossen wurde.
- als Gegenstandswert ist nicht der geforderte Betrag anzusetzen, sondern ein **Erledigungswert,** der sich nach dem tatsächlich gezahlten Entschädigungsbetrag richtet.

Sonstige Angelegenheiten, §§ 118 ff. 165

> **Merke:**
> Der RA darf von seinem Auftraggeber keine weitere Gebühr auf die Differenz von gefordertem und gezahltem Betrag verlangen.

Das Gebührenaufkommen hängt zum einen von der Art des Schadens und zum anderen von der Höhe des Erledigungswertes ab. Außerdem ist zu berücksichtigen, ob der RA einen oder mehrere Geschädigte vertritt.

Regulierung von	ein Geschädigter		zwei und mehr Geschädigte	
	Gegenstandswert	Gebühr	Gegenstandswert	Gebühr
Sachschäden ohne Wertbegrenzung	Erledigungswert		Summe der Erledigungswerte	
Sach- und Körperschäden unter 20 000,00 DM	Gesamterledigungswert	15/10	Summe der Gesamterledigungswerte	20/10
Körperschäden unter 20 000,00 DM	Erledigungswert		Summe der Erledigungswerte	
Sach- und Körperschäden ab 20 000,00 DM	Gesamterledigungswert	17,5/10	Summe der Gesamterledigungswerte	22,5/10
Körperschäden ab 20 000,00 DM	Erledigungswert		Summe der Erledigungswerte	

Beispiele:

a) *RA Sommer vertritt den Unfallgeschädigten und verlangt von dem Kfz-Haftpflichtversicherer (Allianz-Versicherungs AG) Ersatz eines Sachschadens in Höhe von 60 000,00 DM. Nach längerem Schriftwechsel und mehrfach geführten Telefonaten einigen sich die Parteien auf einen Regulierungsbetrag von 40 000,00 DM.*
RA Sommer rechnet wie folgt ab:
15/10 Pauschalgebühr (Wert: 40 000,00 DM)   *1 897,50 DM*
zzgl. Post- und Telekommunikationsentgelte, § 26 S. 2 und 16 % MwSt.

b) *RAin Huth vertritt in einer Unfallangelegenheit drei Geschädigte und verlangt von dem Kfz-Haftpflichtversicherer (HUK-Coburg) Ersatz von Personen- und Sachschäden in Höhe von 100 000,00 DM. Nach längerem Schriftwechsel und mehrfach geführten Telefonaten einigen sich die Parteien auf einen Regulierungsbetrag von 75 000,00 DM.*
RAin Huth rechnet wie folgt ab:
22,5/10 Pauschalgebühr (Wert: 75 000,00 DM)   *4 151,30 DM*
zzgl. Post- und Telekommunikationsentgelte, § 26 S. 2 und 16 % MwSt.

© Verlag Gehlen

6.2.6 Kostenerstattung

Für die Frage der Kostenerstattung der in sonstigen Angelegenheiten entstandenen Gebühren ist zu unterscheiden zwischen vorgerichtlicher Tätigkeit und gerichtlichen Verfahren, die den Vorschriften der freiwilligen Gerichtsbarkeit unterliegen.

Nach herrschender Rechtsprechung können die **außergerichtlich entstandenen Kosten** nicht im gerichtlichen Kostenfestsetzungsverfahren gegenüber dem unterlegenen Gegner festgesetzt werden. Eine Erstattung ist nur aufgrund materiell-rechtlicher Bestimmungen möglich. Ein solcher Kostenerstattungsanspruch kann entstehen als Verzugsschaden, als Schadenersatz aufgrund unerlaubter Handlung oder bei Kostenübernahme durch Vertrag bzw. Vergleich.

In **FGG-Verfahren** kann das Gericht gem. § 13 a Abs. 1 FGG anordnen, dass das Gericht die Kosten, die zur zweckentsprechenden Erledigung der Angelegenheit erforderlich waren, von einem Beteiligten ganz oder teilweise zu erstatten sind, wenn dies der Billigkeit entspricht.

6.3 Einfaches Schreiben, § 120

Die Vorschrift des § 120 ergänzt die Bestimmungen der §§ 118 und 119 für Tätigkeiten,
- die auf Mahnungen, Kündigungen oder Schreiben einfacher Art **beschränkt** sind, für die der RA **2/10** der vollen Gebühr erhält (§ 120 Abs. 1),
- und auf Schreiben, die nur dem äußeren Betreiben eines Verfahrens dienen, die mit der Mindestgebühr von 20,00 DM vergütet werden (§ 120 Abs. 2).

Voraussetzung ist, dass sich der Auftrag auf eine Tätigkeit des § 120 beschränkt und der RA auch nur insoweit tätig wird.

Hat der RA einen über den Rahmen des § 120 hinausgehenden Auftrag, kann er nach herrschender Rechtsprechung seine Tätigkeit – unabhängig von dem Umfang – nach § 118 abrechnen.

In der Praxis hat § 120 wenig Bedeutung, da der RA vor Absendung von Schreiben einfacher Art in der Regel Informationen i. S. d. § 118 entgegennimmt, welche die Geschäftsgebühr nach § 118 Abs. 1 Nr. 1 auslösen.

7 Vertiefung: Anrechnungsprobleme zu §§ 39, 43, 118

In den nachstehenden Verfahren sind besondere Anrechnungsvorschriften für die **Betriebsgebühren** vorgesehen. Hierbei können sich Anrechnungsprobleme ergeben, wenn beim Übergang in ein weiteres Verfahren sich zum einen der Gegenstandswert ändert und zum anderen verschiedene Gebührensätze anzuwenden sind. Hierzu gehören folgende Verfahren:

Vertiefung: Anrechnungsprobleme bei §§ 39, 34, 118   167

- **Mahnverfahren** → **Klageverfahren, § 43 Abs. 2**

  (Die Mahnbescheids- und Widerspruchsgebühren werden auf die Prozessgebühr angerechnet, die der RA in dem nachfolgenden Rechtsstreit erhält.),

- **Urkundenprozess** → **Nachverfahren, § 39 S. 2**

  (Die Prozessgebühr des Urkunden- oder Wechselprozesses wird auf die gleiche Gebühr des ordentlichen Verfahrens angerechnet.),

- **vorgerichtliche Tätigkeit** → **Klageverfahren, § 118 Abs. 2**

  (Die Geschäftsgebühr ist auf die entsprechende Gebühr für ein anschließendes gerichtliches oder behördliches Verfahren anzurechnen).

Hinweis: Die Anrechnung der Prozessgebühr des bisherigen Verfahrens im Einspruchsverfahren gem. § 38 Abs. 1 S. 2 wirft keine besonderen Probleme auf, da sich zum einen der Gegenstandswert nicht erhöhen kann und zum anderen der Gebührensatz gleich bleibt.

Die Anrechnungsvorschriften bezwecken eine Begrenzung des Aufkommens der Betriebsgebühren (Geschäftsgebühr, Prozessgebühr, Mahnbescheids- und Widerspruchsgebühr). Der RA soll grundsätzlich Betriebsgebühren für denselben Streitgegenstand in aufeinander folgenden Angelegenheiten nur einmal berechnen dürfen. Die Anrechnung erfolgt daher nur insoweit, als der Gegenstand der ersten Angelegenheit auch Gegenstand der zweiten Angelegenheit ist.

Einleitend soll die nachstehende Gliederung einen Überblick über die verschiedenen Anrechnungsfälle verschaffen:

1. **Gleich bleibende** Gebührensätze

   1.1 Gegenstandswert ist in den Angelegenheiten gleich bleibend (identischer Streitgegenstand)
   1.2 Gegenstandswert steigt durch Klageerhöhung (Hinzunahme weiterer Gegenstände)
   1.3 Gegenstandswert sinkt durch Erledigung (Wegfall von Teilen des Gegenstandes)
   1.4 Gegenstandswert sinkt einerseits und steigt andererseits (Wegfall von Teilen des ursprünglichen Gegenstandes und Hinzunahme weiterer Gegenstände)

2. **Unterschiedliche** Gebührensätze

   2.1 Gegenstandswert ist in den Angelegenheiten gleich bleibend (identischer Streitgegenstand)
   2.2 Gegenstandswert steigt durch Klageerhöhung (Hinzunahme weiterer Gegenstände)
   2.3 Gegenstandswert sinkt durch Erledigung (Wegfall von Teilen des Gegenstandes)
   2.4 Gegenstandswert sinkt einerseits und steigt andererseits (Wegfall von Teilen des ursprünglichen Gegenstandes und Hinzunahme weiterer Gegenstände)

© Verlag Gehlen

7.1 Gleich bleibende Gebührensätze

(1) Gegenstandswert ist in den Angelegenheiten gleich bleibend
(identischer Streitgegenstand)

Beispiel:
Mahnbescheid wegen 4 000 DM, Widerspruch; streitiges Verfahren

1. **Angelegenheit**
   10/10 Mahnbescheidsgebühr §§ 11, 43 Abs. 1 Nr. 1
   (Wert: 4 000,00 DM)   265,00 DM

2. **Angelegenheit**
   10/10 Prozessgebühr §§ 11, 31 Abs. 1 Nr. 1
   (Wert: 4 000,00 DM)   265,00 DM
   – 10/10 Mahnbescheidsgebühr §§ 11, 43 Abs. 1 Nr. 1,
     Abs. 2 (Wert: 4 000,00 DM)   265,00 DM   0,00 DM
                                                                      265,00 DM

Die Anrechnung führt hier zum Ergebnis, dass die Prozessgebühr faktisch nicht berechnet wird. In der Praxis wird aus Vereinfachungsgründen häufig unter Weglassung der Mahnbescheidsgebühr lediglich die Prozessgebühr berechnet.
10/10 Prozessgebühr §§ 11, 31 Abs. 1 Nr. 1 (Wert: 4 000,00 DM)   265,00 DM

(2) Gegenstandswert steigt durch Klageerhöhung
(Hinzunahme weiterer Gegenstände)

Beispiel:
Mahnbescheid wegen 4 000 DM, Widerspruch, streitiges Verfahren, Klageerhöhung um 2 000 DM

1. **Angelegenheit**
   10/10 Mahnbescheidsgebühr §§ 11, 43 Abs. 1 Nr. 1
   (Wert: 4 000,00 DM)   265,00 DM

2. **Angelegenheit**
   10/10 Prozessgebühr §§ 11, 31 Abs. 1 Nr. 1
   (Wert: 6 000,00 DM)   375,00 DM
   – 10/10 Mahnbescheidsgebühr §§ 11, 43 Abs. 1 Nr. 1,
     Abs. 2 (Wert: 4 000,00 DM)   265,00 DM   110,00 DM
                                                                       375,00 DM

Die Anrechnung führt hier zum Ergebnis, dass neben der Mahnbescheidsgebühr nur eine „Rest"-Prozessgebühr von 110,00 DM berechnet wird. In der Praxis wird aus Vereinfachungsgründen häufig unter Weglassung der Mahnbescheidsgebühr lediglich die Prozessgebühr berechnet.
10/10 Prozessgebühr §§ 11, 31 Abs. 1 Nr. 1 (Wert: 6 000,00 DM)   375,00 DM

© Verlag Gehlen

(3) Gegenstandswert sinkt durch Erledigung (Wegfall von Teilen des Gegenstandes)

Beispiel:

Mahnbescheid wegen 4 000,00 DM, (Teil-)Widerspruch, streitiges Verfahren nur wegen 3 000,00 DM

1. Angelegenheit
   10/10 Mahnbescheidsgebühr §§ 11, 43 Abs. 1 Nr. 1
   (Wert: 4 000,00 DM)   265,00 DM

2. Angelegenheit
   10/10 Prozessgebühr §§ 11, 31 Abs. 1 Nr. 1
   (Wert: 3 000,00 DM)   210,00 DM
   – 10/10 Mahnbescheidsgebühr §§ 11, 43 Abs. 1 Nr. 1,
   Abs. 2 (Wert: 3 000,00 DM)   210,00 DM   0,00 DM
                                                        265,00 DM

Die Anrechnung führt hier zum Ergebnis, dass die Prozessgebühr neben der Mahnbescheidsgebühr faktisch nicht berechnet wird. Dem Zweck der Anrechnungsvorschrift entsprechend erfolgt die Anrechnung nur nach dem Wert insoweit, als dieser in die 2. Angelegenheit gelangt. In der Praxis wird aus Vereinfachungsgründen häufig unter Weglassung der Prozessgebühr lediglich die Mahnbescheidsgebühr berechnet.

10/10 Mahnbescheidsgebühr §§ 11, 43 Abs. 1 Nr. 1 (Wert: 4 000,00 DM)   265,00 DM

(4) Gegenstandswert sinkt einerseits und steigt andererseits (Wegfall von Teilen des ursprünglichen Gegenstandes und Hinzunahme weiterer Gegenstände)

Beispiel:

Mahnbescheid wegen 10 000 DM, (Teil-)Widerspruch wegen 2 000 DM, streitiges Verfahren und Klageerhöhung aus anderem Rechtsgrund um 9 000,00 DM

1. Angelegenheit
   10/10 Mahnbescheidsgebühr §§ 11, 43 Abs. 1 Nr. 1
   (Wert: 10 000,00 DM)   595,00 DM

2. Angelegenheit
   10/10 Prozessgebühr §§ 11, 31 Abs. 1 Nr. 1
   (Wert: 11 000,00 DM)   665,00 DM
   – 10/10 Mahnbescheidsgebühr §§ 11, 43 Abs. 1 Nr. 1,
   Abs. 2 (Wert: 2 000,00 DM)   170,00 DM   495,00 DM
                                                       1 090,00 DM
   Kürzung gem. § 13 Abs. 5 S. 1 von
   auf   945,00 DM

© Verlag Gehlen

170 Bürgerliche Rechtsstreitigkeiten und ähnliche Verfahren

Der Wert der Prozessgebühr setzt sich aus dem Gegenstand nach Teilwiderspruch von 2 000,00 DM und Klageerhöhung von 9 000,00 DM zusammen. Dem Zweck der Anrechnungsvorschrift entsprechend erfolgt die Anrechnung nur nach dem Wert, soweit dieser in die 2. Angelegenheit gelangt.

Hinweis: Wäre sofort Klage über alle Streitgegenstände (19 000,00 DM) erhoben worden, hätte der RA eine Gebühr von 945,00 DM verdient, während er nach vorstehender Berechnung mehr erhält, nämlich 1.090,00 DM (595,00 DM + 495,00 DM).

Gem. § 13 Abs. 5 S. 1 darf der RA jedoch nicht mehr an Gebühren erhalten, als er bekommen würde, wenn er von vornherein beauftragt worden wäre, über alle Streitgegenstände Klage einzureichen. Die nach Anrechnung der Mahnbescheidgebühr ermittelte Prozessgebühr ist im vorliegenden Fall somit auf 945,00 DM zu kürzen (10/10 aus 19 000,00 DM = 945,00 DM).

Merke:
Die Betriebsgebühren dürfen gem. § 13 Abs. 5 S. 1 zusammen nicht mehr betragen als eine volle Prozessgebühr über alle Streitgegenstände.

Beispiel:

Mahnbescheid wegen 4 000,00 DM, (Teil-)Widerspruch wegen 2 000,00 DM, streitiges Verfahren und Klageerhöhung aus anderem Rechtsgrund um 3 000,00 DM

10/10 Mahnbescheidsgebühr §§ 11, 43 Abs. 1 Nr. 1 (Wert: 4 000,00 DM)		265,00 DM
10/10 Prozessgebühr §§ 11, 31 Abs. 1 Nr. 1 (Wert: 5 000,00 DM)		320,00 DM
– 10/10 Mahnbescheidsgebühr §§ 11, 43 Abs. 1 Nr. 1, Abs. 2 (Wert: 2 000,00 DM)	170,00 DM	150,00 DM
		415,00 DM

Der Wert der Prozessgebühr setzt sich aus dem Gegenstand nach Teilwiderspruch von 2 000,00 DM und Klageerhöhung von 3 000,00 DM zusammen. Dem Zweck der Anrechnungsvorschrift entsprechend erfolgt die Anrechnung nur nach dem Wert, soweit dieser in die 2. Angelegenheit gelangt.

Hinweis: Wäre sofort Klage über alle Streitgegenstände (7 000,00 DM) erhoben worden, hätte der Rechtsanwalt eine Gebühr von 430,00 DM verdient. Da er hier insgesamt nur 415,00 DM erhält, ist keine Kürzung gem. § 13 Abs. 5 S. 1 vorzunehmen.

Hinweis: Die Beispiele zu 1.1 bis 1.4 gelten entsprechend für die Anrechnung nach § 39 S. 2 (Urkundenprozess/Nachverfahren).

© Verlag Gehlen

Vertiefung: Anrechnungsprobleme bei §§ 39, 43, 118   171

7.2 Unterschiedliche Gebührensätze

(1) Gegenstandswert ist in den Angelegenheiten gleich bleibend
(identischer Streitgegenstand)

Beispiel:
Vorgerichtliche Tätigkeit und Klageverfahren wegen 4 000,00 DM

1. Angelegenheit
7,5/10 Geschäftsgebühr §§ 11, 118 Abs. 1 Nr. 1
(Wert: 4 000,00 DM)   198,80 DM

2. Angelegenheit
10/10 Prozessgebühr §§ 11, 31 Abs. 1 Nr. 1
(Wert: 4 000,00 DM)   265,00 DM
– 7,5/10 Geschäftsgebühr §§ 11, 118 Abs. 1 Nr. 1,
 Abs. 2 (Wert: 4 000,00 DM)   198,80 DM   66,20 DM
                                                              265,00 DM

Die Anrechnung führt hier zum Ergebnis, dass neben der Geschäftsgebühr nur eine „Rest"-Prozessgebühr von 66,20 DM berechnet wird. In der Praxis wird aus Vereinfachungsgründen häufig unter Weglassung der Geschäftsgebühr lediglich die Prozessgebühr berechnet.
10/10 Prozessgebühr §§ 11, 31 Abs. 1 Nr. 1 (Wert: 4 000,00 DM)   265,00 DM

(2) Gegenstandswert steigt durch Klageerhöhung
(Hinzunahme weiterer Gegenstände)

Beispiel:
Vorgerichtliche Tätigkeit und Klageverfahren wegen 4 000,00 DM zuzüglich Klageerhöhung
von 2 000,00 DM.

7,5/10 Geschäftsgebühr §§ 11, 118 Abs. 1 Nr. 1
(Wert: 4 000,00 DM)   198,80 DM
10/10 Prozessgebühr §§ 11, 31 Abs. 1 Nr. 1
(Wert: 6 000,00 DM)   375,00 DM
– 7,5/10 Geschäftsgebühr §§ 11, 118 Abs. 1 Nr. 1,
 Abs. 2 (Wert: 4 000,00 DM)   198,80 DM   176,20 DM
                                                              375,00 DM

Die Anrechnung führt hier zum Ergebnis, dass neben der Geschäftsgebühr nur eine Prozessgebühr von 176,20 DM berechnet wird. In der Praxis wird aus Vereinfachungsgründen häufig unter Weglassung der Geschäftsgebühr lediglich die Prozessgebühr berechnet.
10/10 Prozessgebühr §§ 11, 31 Abs. 1 Nr. 1 (Wert: 6 000,00 DM)   375,00 DM

© Verlag Gehlen

(3) Gegenstandswert sinkt durch Erledigung
(Wegfall von Teilen des Gegenstandes)

Beispiel:
Vorgerichtliche Tätigkeit wegen 4 000,00 DM, Klageverfahren nur noch wegen 2 000,00 DM.

7,5/10 Geschäftsgebühr §§ 11, 118 Abs. 1 Nr. 1		
(Wert: 4 000,00 DM)		*198,80 DM*
10/10 Prozessgebühr §§ 11, 31 Abs. 1 Nr. 1		
(Wert: 2 000,00 DM)		*170,00 DM*
– 7,5/10 Geschäftsgebühr §§ 11, 118 Abs. 1 Nr. 1,		
Abs. 2 (Wert: 2 000,00 DM)	*127,50 DM*	*42,50 DM*
		241,30 DM

Die Anrechnung führt hier zum Ergebnis, dass neben der Geschäftsgebühr nur eine Prozessgebühr von 42,50 DM berechnet wird. Dem Zweck der Anrechnungsvorschrift entsprechend erfolgt die Anrechnung nur nach dem Wert, soweit dieser in die 2. Angelegenheit gelangt.

(4) Gegenstandswert sinkt einerseits und steigt andererseits
(Wegfall von Teilen des ursprünglichen Gegenstandes und Hinzunahme weiterer Gegenstände)

Beispiel:
Vorgerichtliche Tätigkeit wegen 4 000,00 DM, Klageverfahren nur noch wegen 2 000,00 DM zuzüglich Klageerhöhung aus einem anderen Rechtsgrund von 3 000,00 DM.

7,5/10 Geschäftsgebühr §§ 11, 118 Abs. 1 Nr. 1		
(Wert: 4 000,00 DM)		*198,80 DM*
10/10 Prozessgebühr §§ 11, 31 Abs. 1 Nr. 1		
(Wert: 5 000,00 DM)		*320,00 DM*
– 7,5/10 Geschäftsgebühr §§ 11, 118 Abs. 1 Nr. 1,		
Abs. 2 (Wert: 2 000,00 DM)	*127,50 DM*	*192,50 DM*
		391,30 DM

Der Wert der Prozessgebühr setzt sich aus dem Restgegenstand der vorgerichtlichen Tätigkeit von 2 000,00 DM und Klageerhöhung von 3 000,00 DM zusammen. Dem Zweck der Anrechnungsvorschrift entsprechend erfolgt die Anrechnung nur nach dem Wert, soweit dieser in die 2. Angelegenheit gelangt.

Wäre sofort Klage über alle Streitgegenstände (7 000,00 DM) erhoben worden, hätte der RA eine Prozessgebühr von 430,00 DM verdient.

Beispiel:
Vorgerichtliche Tätigkeit wegen 10 000,00 DM, Klageverfahren nur noch wegen 6 000,00 DM zuzüglich Klageerhöhung aus einem anderen Rechtsgrund von 5 000,00 DM.

7,5/10 Geschäftsgebühr §§ 11, 118 Abs. 1 Nr. 1		
(Wert: 10 000,00 DM)		*446,30 DM*
10/10 Prozessgebühr §§ 11, 31 Abs. 1 Nr. 1		
(Wert: 11 000,00 DM)	*665,00 DM*	
− 7,5/10 Geschäftsgebühr §§ 11, 118 Abs. 1 Nr. 1,		
Abs. 2 (6 000,00 DM)	*281,30 DM*	*383,70 DM*
Kürzung gem. § 13 Abs. 5 S. 1 von		*830,00 DM*
auf		*805,00 DM*

Der Wert der Prozessgebühr setzt sich aus dem Restgegenstand der vorgerichtlichen Tätigkeit von 6 000,00 DM und Klageerhöhung von 5 000,00 DM zusammen. Dem Zweck der Anrechnungsvorschrift entsprechend erfolgt die Anrechnung nur nach dem Wert, soweit dieser in die 2. Angelegenheit gelangt. In diesem Fall erhält der Rechtsanwalt hiernach insgesamt 830,00 DM.

Hinweis: *Wäre sofort Klage über alle Streitgegenstände (15 000,00 DM) erhoben worden, hätte der RA eine Gebühr von insgesamt 805,00 DM verdient, während er nach vorstehender Berechnung mehr erhält, nämlich 830,00 DM (446,30 + 383,70). Gem. § 13 Abs. 5 S. 1 darf der RA jedoch nicht mehr an Gebühren erhalten, als er erhalten würde, wenn er von vornherein hiermit beauftragt worden wäre. Die nach Anrechnung der Geschäftsgebühr ermittelte Prozessgebühr ist im vorliegenden Fall auf 805,00 DM zu kürzen (10/10 aus 15.000 DM = 805,00 DM).*

Hinweis: Die Beispiele zu 2.1 bis 2.4 gelten entsprechend für die Anrechnung der 3/10 Widerspruchsgebühr.

III. Teil Verfahren der besonderen Gerichtsbarkeit

1 Arbeitsgerichtsverfahren

Vor den Arbeitsgerichten werden überwiegend zwei verschiedene Verfahrensarten betrieben, und zwar
- **Urteilsverfahren** (individualrechtliche Verfahren, §§ 2, 46 ff. ArbGG),
- **Beschlussverfahren** (kollektivrechtliche Verfahren, §§ 2 a, 80 ff. ArbGG).

Grundsätzlich sind diese Verfahren gebührenrechtlich genauso zu behandeln wie die Verfahren vor den ordentlichen Gerichten (§ 62).

Ferner kann der RA noch in Güteverfahren/Schlichtungsverfahren (§ 65 ArbGG) sowie im schiedsgerichtlichen Verfahren (§§ 101 ff., 111 Abs. 2 ArbGG) tätig werden.

1.1 Urteilsverfahren

Die überwiegende Mehrheit dieser Verfahren bezieht sich auf § 2 Abs. 1 Nr. 3 ArbGG und betrifft bürgerliche Rechtsstreitigkeiten zwischen Arbeitnehmern und Arbeitgebern, z. B. aus dem Arbeitsverhältnis (wie Lohnklage) oder über das Bestehen oder Nichtbestehen eines Arbeitsverhältnisses (wie Kündigungsschutzklage).

1.1.1 Gebührenrechtliche Besonderheiten

- Im Verfahren vor dem BAG wird häufig im Einverständnis mit den Parteien von der (vorgeschriebenen) mündlichen Verhandlung abgesehen und im schriftlichen Verfahren entschieden. In diesem Fall ist trotz Nichtverhandelns die **Verhandlungsgebühr** der §§ 31 Abs. 1 Nr. 2, 35 anzusetzen.
- Das Arbeitsgericht ordnet häufig das persönliche Erscheinen der Parteien schon zum Gütetermin an; vielfach werden auch zur ersten streitigen Verhandlung vorsorglich Zeugen geladen. Diese verfahrensleitenden Anordnungen allein lösen regelmäßig die **Beweisgebühr** noch nicht aus. Ergeht dann zu Beginn der streitigen Verhandlung ein Beweisbeschluss, liegen die Voraussetzungen für die Beweisgebühr vor.
- Ein Nichtzulassungsbeschwerdeverfahren (§ 72 a ArbGG) löst die Gebühren gem. §§ 11 Abs. 1 S. 6, 61 in Höhe von 6,5/10 aus.

1.1.2 Gegenstandswert

Die Vorschrift des § 12 Abs. 7 ArbGG enthält besondere Streitwertregelungen.

© Verlag Gehlen

- **Kündigungsschutzverfahren**
  Bei der Kündigungsschutzklage bestimmt sich der Gegenstandswert grundsätzlich nach dem **Vierteljahresbetrag** des Arbeitseinkommens (= dreifaches Bruttomonatseinkommen).
  Folgende Positionen sind dem Arbeitsentgelt **hinzuzurechnen:**
  Zulagen, Provisionen, Zuschläge (z. B. für Nachtarbeit), Prämien, Sachleistungen, Sonderzahlungen (z. B. 13. Monatsgehalt oder Urlaubsgeld), Überlassung von Firmenfahrzeugen (geldwerter Vorteil).
  Nicht zum Arbeitsentgelt gehören:
  Abfindungen (§§ 9, 10 KSchG), Gehaltsrückstände, Tantiemen, Aufwandsentschädigungen (z. B. Fahrtkostenpauschale).
  In vielen Kündigungsschutzverfahren kommt es zu einer **Anspruchshäufung,** für deren Wertbestimmung die Rechtsprechung jedoch uneinheitlich ist.
  Es wird ausdrücklich darauf hingewiesen, dass die **Rechtsprechung** des jeweiligen **LAG** zu beachten ist.

- **Mehrfache Kündigungen.** Weitgehend einheitlich wird eine fristlose mit einer gleichzeitig hilfsweise ausgesprochenen ordentlichen Kündigung mit insgesamt vier Bruttomonatsgehältern bewertet. Sind die Abstände größer, in denen mehrere Kündigungen erfolgen, so kann jede einzelne wieder mit bis zu jeweils drei Bruttomonatseinkommen bewertet werden.

- Wird eine Kündigungsschutzklage **mit** einer **Zahlungsklage** bezüglich zukünftiger oder ausstehender Gehälter verbunden, so handelt es sich um eine objektive Klagenhäufung. Die Streitwerte sind zu addieren.

- Wird mit einer Kündigungsschutzklage ein **Auflösungsantrag** verbunden, so wirkt sich dieser streitwerterhöhend aus. Dies gilt auch für eine (hilfsweise) miteingeklagte Abfindungszahlung aus einem **Sozialplan.**

- Wird eine Kündigungsschutzklage deklaratorisch mit einem allgemeinen **Feststellungsantrag** verbunden, verbleibt es bei drei Bruttomonatsgehältern. Gibt es konkrete Ansatzpunkte, die den allgemeinen Feststellungsantrag begründen, wird für diesen ein weiteres Bruttomonatsgehalt hinzugerechnet.

- Wird im Kündigungsschutzverfahren auch ein **Weiterbeschäftigungsantrag** gestellt, erhöht sich der Gegenstandswert von drei auf vier oder sogar auf fünf Bruttomonatsgehälter. Dies ist sehr umstritten.

- Bei **Änderungskündigungen** ist zu unterscheiden: Hat der Arbeitnehmer keinen Vorbehalt erklärt, handelt es sich um eine Beendigungskündigung mit Streitwert von drei Bruttomonatsgehältern. Hat er einen Vorbehalt (§ 2 KSchG) erklärt, geht es in dem nachfolgenden Verfahren um die soziale Rechtfertigung für die Änderung. Hier ist denkbar, den dreijährigen Differenzbetrag der Einkommensminderung zugrunde zu legen, wenn es zu Einkommenskürzungen durch die Änderungskündigung kommt. Sind keine Anhaltspunkte in dieser Richtung zu finden, sind wiederum drei Bruttomonatsgehälter zugrunde zu legen.

© Verlag Gehlen

▶ Weitere einzelne Gegenstandswerte

- Ein selbstständiges **Zeugnisverfahren** oder Zeugnisberichtigungsverfahren ist mit einem Bruttomonatsgehalt zu beziffern. Ein Zwischenzeugnis wird mit einem halben Bruttomonatsgehalt bewertet. Eine ausschließliche Titulierung des **Anspruchs** auf Erteilung eines Zeugnisses wird mit 500,00 DM beziffert.
- **Ausfüllung und Herausgabe** von Arbeitspapieren oder Bescheinigungen werden in der Regel mit 500,00 DM je Papier bewertet.
- Streitigkeiten über **Abmahnungen** werden überwiegend mit einem Bruttomonatsgehalt bewertet.
- Bei **Lohn-** bzw. **Gehaltsklagen** bilden die eingeklagten Bruttobeträge den Streitwert.
- **Eingruppierungsklagen** sind regelmäßig mit dem dreijährigen Differenzbetrag zu bewerten (§ 12 Abs. 7 Satz 2 ArbGG). Diese Vorschrift gilt auch für alle anderen wiederkehrenden Leistungen. Zu beachten ist jedoch, dass für reine Feststellungsanträge auf wiederkehrende Leistungen ein Abschlag von 20% vom Gegenstandswert vorgenommen wird (BGH, MDR 1997, 386).

Hinweis: Die Rechtsprechung des jeweiligen LAG ist zu beachten.

▶ Gebühren und Gegenstandswerte bei einem Vergleich

Beendet der Vergleich das Arbeitsverhältnis; ist dies gem. § 12 Abs. 7 S. 1 ArbGG mit drei Bruttomonatsgehältern zu bewerten. Abfindungszahlungen sind ausdrücklich nicht hinzuzurechnen. Oft werden in einem Vergleich noch nicht anhängig gemachte Ansprüche mit einbezogen, wie qualifizierte Zeugniserteilung, ordnungsgemäße Abrechnung, Gegenansprüche, Herausgabeansprüche, offene, aber noch nicht bezifferbare Provisionsansprüche, Weiterbenutzung von Firmeneigentum u. a. Diese Ansprüche erhöhen den Streitwert für die Vergleichsgebühr entsprechend.

Gebührenrechtlich zu beachten ist, dass für die noch nicht anhängig gemachten Ansprüche sowohl eine 15/10 Vergleichsgebühr als auch eine 5/10 Prozessgebühr nach § 32 Abs. 2 und für die bereits rechtshängigen Ansprüche eine 10/10 Vergleichsgebühr in Ansatz zu bringen sind. Für die Berechnung der Prozess- und Vergleichsgebühr ist § 13 Abs. 3 zu berücksichtigen (vgl. 1. Teil, Abschnitt 2.3.3, S. 22 ff.).

Während das Arbeitsgericht den Streitwert im Urteil von Amts wegen festsetzt (§ 61 Abs. 1 ArbGG), geschieht dies bei Vergleichen nur auf Antrag einer der Parteien.

1.1.3 Kostenerstattung

Im Urteilsverfahren erster Instanz trägt jede Partei ihre außergerichtlichen Kosten selbst. Eine Kostenfestsetzung wie nach § 103 ZPO gegen die unterlegene Partei findet daher nicht statt (§ 12 a Abs. 1 S. 1 ArbGG). Kostenentscheidungen erster Instanz beziehen sich lediglich auf die Gerichtskosten.

© Verlag Gehlen

In zweiter und dritter Instanz hat jedoch die unterlegene Partei die gerichtlichen und außergerichtlichen Kosten zu tragen. Eine Kostenfestsetzung ist gem. § 12 a Abs. 2 ArbGG möglich. Ein besonderer Fall der Kostenteilung bzw. Verquotung (§ 92 Abs. 1 ZPO) liegt vor, wenn beim LAG eine Partei anwaltlich und die andere Partei durch einen Verbandsvertreter vertreten wird. In diesem Fall ist letztere Partei hinsichtlich ihrer außergerichtlichen Kosten so zu stellen, als wenn sie auch anwaltlich vertreten wäre (= fiktiver Kosten).

Beispiel:
Eine Bankangestellte erhält am 12. Februar 1998 eine verhaltensbedingte Kündigung zum 31. März 1998. Ihr Gehalt beträgt 4 100,00 DM zzgl. einer Leistungszulage von 80,00 DM monatlich; außerdem erhält sie jährlich 13 Gehälter.

RA Martens reicht Kündigungsschutzklage ein mit den Anträgen festzustellen, dass das Arbeitsverhältnis durch die Kündigung vom 12. Februar 1998 nicht beendet worden und die Beklagte zu verurteilen ist, die Klägerin zu unveränderten Arbeitsbedingungen als Angestellte in der Kundenberatung weiterzubeschäftigen.

Die Güteverhandlung am 2. März 1998 scheitert. In der Kammerverhandlung am 10. April 1998 schließen die Parteien nach streitiger Verhandlung folgenden Vergleich: Das Arbeitsverhältnis endet aus betriebsbedingten Gründen am 31. März 1998. Für den Verlust des Arbeitsplatzes erhält die Klägerin eine Abfindung in Höhe von 16 000,00 DM. Sie erhält weiter ein qualifiziertes Zeugnis, in dem ihr Verhalten und ihre Leistung mit „sehr gut" beurteilt werden.

1. *Der Gegenstandswert ist wie folgt zu bestimmen:*
Berechnung des Vierteljahresbetrages gem. § 12 Abs. 7 S. 1ArbGG:

Grundgehalt	*4 100,00 DM*
Leistungszulage	*80,00 DM*
monatliches Effektivgehalt	*4 180,00 DM*

effektives Jahresgehalt: 13 x 4 180,00 DM = 54 340,00 DM;
ein** Bruttomonatsgehalt: 54 340,00 DM : 12 =* ***4 528,40 DM
Streitwerte:

– Feststellungsantrag (3 BMG)	*13 585,20 DM*
– Weiterbeschäftigungsantrag	*4 528,40 DM*
Hauptsache	***18 113,60 DM***
Vergleich (Zeugnis)	*4 528,40 DM*

Die Streitwertentscheidung des Gerichts lautet: Der Wert der Hauptsache beträgt 18 113,60 DM, der Wert des Vergleichs übersteigt diesen um 4 528,40 DM.

2. *RA Martens rechnet seine Vergütung wie folgt ab*

10/10 Prozessgebühr §§ 11, 62, 31 Abs. 1 Nr. 1 (Wert: 18 113,60 DM)	*945,00 DM*
5/10 Prozessgebühr §§ 11, 62, 31 Abs. 1 Nr. 1, 32 Abs. 2 (Wert: 4 528,40 DM)	*160,00 DM*
geprüft (10/10 auf 22 642,00 DM) gem. § 13 Abs. 3 und ermäßigt	*1 105,00 DM auf 1 025,00 DM*

10/10 Verhandlungsgebühr §§ 11, 31 Abs.1 Nr. 2 (Wert: 18 113,60 DM)		945,00 DM
10/10 Vergleichsgebühr §§ 11, 23 Abs. 1 S. 3 (Wert: 18 113,60 DM)	945,00 DM	
15/10 Vergleichsgebühr §§ 11, 23 Abs. 1 S. 1 (Wert: 4 528,40 DM)	480,00 DM	
geprüft (15/10 auf 22.642,00 DM) gem. § 13 Abs. 3	1 425,00 DM	1 425,00 DM
zuzüglich Auslagen und Mehrwertsteuer		

1.2 Beschlussverfahren

Das Beschlussverfahren findet statt in Streitigkeiten nach § 2 a ArbGG. Es handelt sich hierbei überwiegend um Auseinandersetzungen zwischen Betriebsrat und Arbeitgeber über Ansprüche aus dem Betriebsverfassungsgesetz.

▶ *Gebühren*

Diese Verfahren werden – wie die Klageverfahren – nach den Vorschriften der §§ 31 ff. abgerechnet. Die Rechtsmittel im Beschlussverfahren, nämlich **Beschwerde und Rechtsbeschwerde,** sind gem. § 62 Abs. 2 i. V. m. § 11 Abs. 1 Satz 4 abzurechnen, also mit 13/10.

▶ *Gegenstandswert*

Für Beschlussverfahren gibt es keine gesonderten Wertvorschriften. Handelt es sich bei Anträgen um bezifferbare Ansprüche, so sind diese entsprechend den allgemeinen Wertvorschriften für vermögensrechtliche Streitigkeiten festzusetzen.

Beispiele:

a) Zustimmungsersetzungsverfahren zu Eingruppierung = 36fache Gehaltsdifferenz (§ 12 Abs. 7 S. 2 ArbGG),

a) Streit um die Teilnahme des Betriebsrats an einer Schulung = konkrete Kosten dieser Maßnahme

Liegt keine vermögensrechtliche Streitigkeit vor, ist § 8 Abs. 2 S. 2 anzuwenden (vgl. 1. Teil, Abschnitt 3.2.2, S. 34 f.). Zuerst ist also bei nichtvermögensrechtlichen Angelegenheiten das Vorliegen von Anhaltspunkten für eine Schätzung zu prüfen. Sind diese vorhanden, so ist nach billigem Ermessen zu schätzen. Nur wenn sich Anhaltspunkte nicht ermitteln lassen, greift der Hilfswert von 8 000,00 DM, der nach Lage der Dinge aber auch niedriger oder höher, jedoch nicht über eine Million DM festgesetzt werden kann. Die 8 000,00 DM sind damit kein Regelwert, auf den generell in nichtvermögensrechtlichen Angelegenheiten zurückgegriffen werden kann, auch wenn das viele Arbeitsgerichte immer wieder so sehen. Wegen der völlig unüberschaubaren Beschlusslage ist immer die jeweilige LAG-Rechtsprechung zu Rate zu ziehen.

© Verlag Gehlen

▶ **Kostenerstattung**

Im Beschlussverfahren findet kein Kostenfestsetzungs(ausgleichs)verfahren statt. Zahlt ein Arbeitgeber die anwaltliche Kostenrechnung für die Vertretung der Betriebsratsseite in einem Beschlussverfahren nicht, so muss der Betriebsrat in einem neuen Beschlussverfahren seinen Erstattungsanspruch gegen den Arbeitgeber festsetzen lassen. In diesem Verfahren entscheidet das Gericht darüber, ob die Hinzuziehung eines RA für den Betriebsrat im Ausgangsverfahren notwendig war. Aus einem dann ggf. ergehenden Beschluss kann der Honoraranspruch vollstreckt werden. Dieses „Freistellungsverfahren" selbst ist dann auch wieder gegenüber dem Arbeitgeber abzurechnen. Der Gegenstandswert entspricht der Höhe der Gebührenforderung.

1.3 Außergerichtliche Verfahren

1.3.1 Verfahren vor der Einigungsstelle

Im Betriebsverfassungsgesetz ist zur Regelung von Streitfällen zwischen Arbeitgeber und Betriebsrat für eine Reihe von Problembereichen im Streitfall eine **Einigungsstelle** (§ 76 BetrVG) vorgesehen, wie z. B. für

- Beschwerden von Arbeitnehmern (§ 85 BetrVG Abs. 2),
- Mitbestimmungsrechte bei sozialen Angelegenheiten (§ 87 Abs.2 BetrVG),
- Interessenausgleich/Sozialplan bei Entlassungen (§ 112 Abs. 2 BetrVG).

Die betrieblichen Parteien können sich freiwillig zur Regelung von Streitfragen auf einen Einigungsstellenvorsitzenden und die Zahl der Beisitzer für jede Seite einigen. Kommt keine Einigung zustande, muss die Einsetzung einer Einigungsstelle zunächst in einem arbeitsgerichtlichen Beschlussverfahren durchgesetzt werden (§ 98 ArbGG). In diesem Verfahren verdient der RA die Gebühren des § 31, wie im vorstehenden Abschnitt ausgeführt.

Tritt die Einigungsstelle zusammen – gleichgültig, ob freiwillig oder vom Gericht eingesetzt –, so beginnt ein Verfahren gem. § 76 a BetrVG. In der Einigungsstelle tagen der Vorsitzende und die Beisitzer jeder Seite, um eine Lösung des Konflikts zu erreichen.

In der Einigungsstelle kann der RA entweder juristischer Beisitzer oder Verfahrensbevollmächtigter einer der Parteien sein.

Als **Verfahrensbevollmächtigter** verdient er eine volle Gebühr nach § 65 Abs. 1 Nr. 4 (Güteverfahren). Kommt es zu einer Einigung, erhält der RA zusätzlich eine weitere volle Gebühr nach § 65 Abs. 2. In diesem Fall muss für die Einigungsstelle ein Gegenstandswert festgesetzt werden.

© Verlag Gehlen

Als **Beisitzer** einer der Parteien erhält der RA ein Honorar wie alle anderen nichtbetrieblichen Beisitzer. Dieses ist nicht in der BRAGO, sondern in § 76 a Abs. 4 BetrVG geregelt. Da es an der dort vorgesehenen Rechtsverordnung immer noch fehlt, setzt in der Praxis der Einigungsstellenvorsitzende sein Honorar nach billigem Ermessen fest; üblich ist, dass die Beisitzer anschließend ein Honorar in Höhe von 7/10 hiervon abrechnen.

1.3.2 Schlichtungsausschüsse (Auszubildende)

Für Auseinandersetzungen zwischen Arbeitgebern und Auszubildenden sind in § 111 Abs. 2 ArbGG Schlichtungsausschüsse vorgesehen. Die Vertretung im Schlichtungsverfahren löst eine volle Gebühr nach § 65 Abs. 1 Ziff. 2 und im Falle einer Einigung eine weitere Gebühr nach Abs. 2 aus.

Scheitert das Schlichtungsverfahren, kommt es zum arbeitsgerichtlichen Verfahren. Die Gebühr des § 65 Abs. 1 Nr. 2 ist auf die in einem Gerichtsverfahren entstehenden Gebühren nicht anzurechnen.

Beispiel:

Eine Auszubildende zur Rechtsanwaltsfachangestellten erhält nach einem halben Jahr Ausbildung eine Kündigung ihres Arbeitsverhältnisses. Ihre Ausbildungsvergütung beträgt 990,00 DM; sie erhält einen monatlichen Fahrtkostenzuschuss von 110,00 DM. Sie lässt sich in dem Schlichtungsverfahren von RA Schirmer vertreten. Das Schlichtungsverfahren scheitert. RA Schirmer reicht fristgemäß Kündigungsschutzklage ein und stellt zusätzlich einen Weiterbeschäftigungsantrag. In der Güteverhandlung einigen sich die Parteien nach Erörterung wie folgt:
Die Klägerin wird ihr Ausbildungsverhältnis bis zur Zwischenprüfung noch bei dem Beklagten fortsetzen, danach wird sie ihre Ausbildung in einem anderen Büro beenden.
RA Schirmer rechnet wie folgt ab:

1. Schlichtungsverfahren
   Der Gegenstandswert berechnet sich wie folgt:
   Monatsgehalt 990,00 DM
   Fahrtkostenzuschuss 110,00 DM
   tatsächliches Monatsgehalt 1 100,00 DM x 3 = 3 300,00 DM.
   10/10 Gebühr §§ 11, 65 Abs. 2 (Wert: 3 300,00 DM) 265,00 DM
   zuzüglich Auslagen und Mehrwertsteuer

2. Arbeitsgerichtsverfahren
   Das Arbeitsgericht setzt den Streitwert auf 4 400,00 DM fest (dreifaches Monatsgehalt für die Kündigungsschutzklage sowie ein Monatsgehalt für den Weiterbeschäftigungsantrag). Der Wert des Vergleichs übersteigt den Wert der Hauptsache nicht.
   10/10 Prozessgebühr §§ 11, 62, 31 Abs. 1 Nr. 1 (Wert: 4 400,00 DM) 320,00 DM
   10/10 Erörterungsgebühr §§ 11, 62, 31 Abs. 1 Nr. 4 (Wert: 4 400,00 DM) 320,00 DM
   10/10 Vergleichsgebühr §§ 11, 23 Abs. 1 S. 3 (Wert: 4 400,00 DM) 320,00 DM
   zuzüglich Auslagen und Mehrwertsteuer

1.3.3 Schiedsgerichtliches Verfahren

Für bürgerliche Rechtsstreitigkeiten zwischen Tarifvertragsparteien können die Parteien die Zuständigkeit eines Schiedsgerichts vereinbaren (§ 101 Abs. 1 ArbGG). Wird der RA in einem solchen Verfahren tätig, erhält er gem. § 62 Abs. 1 die vollen Gebühren der §§ 31 ff. Gem. § 62 Abs. 2 ermäßigen sich die Gebühren des § 31 auf die Hälfte, wenn er in den dort genannten Fällen tätig wird.

2 Sozialgerichtsverfahren

Der RA kann in sozialrechtlichen Angelegenheiten in mehrfacher Hinsicht tätig werden, nämlich im

- Verwaltungsverfahren,
- Vorverfahren,
- Klageverfahren sowie
- Mahnverfahren (§ 182 a SGG).

Je nach **Gegenstand** des Verfahrens erhält der RA in den vorstehenden Verfahren unterschiedliche Gebühren:

- 1. **Regelverfahren: Betragsrahmengebühren** (§ 116 Abs. 1),
- 2. **Besondere Verfahren: Wertgebühren** (§ 116 Abs. 2).

2.1 Verwaltungsverfahren/Vorverfahren

Das **Verwaltungsverfahren** bildet das Verfahren gegen die Sozialversicherungsträger bis zum Erlass eines Bescheides. Das **Vorverfahren** beginnt mit der Einlegung des Widerspruchs gegen den Bescheid und endet mit dem Erlass des Widerspruchsbescheids.

Beide Verfahren bilden gem. § 119 Abs. 1 **eine** gebührenrechtliche Angelegenheit.

▶ **1. Regelverfahren**

Grundsätzlich hat der RA nach der Rechtsprechung des BGH und des Bundessozialgerichts (BSG) für diese Verfahren seine Gebühren nicht nach § 118, sondern nach **§ 116** abzurechnen. Dementsprechend erfolgt keine Anrechnung i. S. d. § 118 Abs. 2 auf die Gebühren eines anschließenden gerichtlichen Verfahrens, da die im Vorverfahren entstandene Gebühr nicht außerhalb eines behördlichen Verfahrens erwachsen ist.

Nach der Rechtsprechung des BSG ist der Gebührenrahmen des § 116 Abs. 1 Nr. 1 (100,00 DM bis 1 300,00 DM) allerdings um 1/3 zu kürzen, nämlich auf einen üblicherweise gerundeten Rahmen von **70,00 DM bis 870,00 DM**.

© Verlag Gehlen

Für die Bestimmung der Höhe der Gebühr sind die Kriterien des § 12 BRAGO zu beachten (vgl. hierzu Teil 1, Abschnitt 2.1.2, S. 18 f.). Für die sozialrechtlichen Angelegenheiten wird ergänzend auf nachstehende Eigenheiten hingewiesen:

- So rechtfertigt ein Rentenverfahren in der Regel den Ansatz der Höchstgebühr, da mit der begehrten Rente der Lebensunterhalt des Betroffenen gesichert werden soll und daher der Rechtsstreit für den Betroffenen von elementarer und existenzieller Bedeutung ist;
- Ein Kriterium für den Grad der Schwierigkeit der Angelegenheit kann die Anzahl der durchzuarbeitenden ärztlichen Befundberichte, Atteste und Gutachten sein.

Beispiel:

RAin Schulz legt für ihren Auftraggeber gegen drei Bescheide des Arbeitsamtes (einer wegen Sperrzeit und zwei wegen Ruhens des Anspruchs von Arbeitslosengeld) Widerspruch ein und begründet diese ausführlich, nachdem sie Einsicht in die Sachakte des Arbeitsamtes genommen hat. Mit Widerspruchsbescheid werden die Bescheide aufgehoben und dem Arbeitsamt die Kosten des Vorverfahrens auferlegt.

RAin Schulz rechnet wie folgt ab:

Gebühr gem. § 116 Abs. 1 S. 1	750,00 DM
Post- und Telekommunikationsentgelte, § 26 S. 2	40.00 DM
16 % Mehrwertsteuer, § 25 Abs. 2	126,40 DM
	916,40 DM

Hinweis: Ausgehend von dem Gebührenrahmen, der 70,00 DM bis 870,00 DM beträgt, bestimmt RAin Schulz die Höhe der Gebühr nach ihrem pflichtgemäßen Ermessen. Bei einem mittleren Schwierigkeitsgrad war gebührenerhöhend zu berücksichtigen, dass es sich um drei Bescheide handelt.

▶ 2. Besondere Verfahren

In den in § 116 Abs. 2 genannten sozialrechtlichen Angelegenheiten, wozu z. B. Streitigkeiten zwischen

- Ärzten/Krankenhäusern und Krankenkassen wegen der Abrechnung erbrachter ärztlicher Leistungen,
- den einzelnen Krankenkassen/Berufsgenossenschaften untereinander,
- Arbeitgebern und Krankenkassen/Bundesanstalt für Arbeit

gehören, ist nach einem **Gegenstandswert** abzurechnen.

Der Gegenstandswert bestimmt sich nach § 8 Abs. 2 und beträgt bei nichtvermögensrechtlichen Streitigkeiten in der Regel 8 000,00 DM. Im Übrigen kann das Gericht unter Berücksichtigung der Bedeutung der Angelegenheit den Wert nach billigem Ermessen festsetzen.

Die Gebühren sind in diesen Verfahren nach §§ 118, 119 abzurechnen. Für die Bestimmung der Gebührenhöhe sind wiederum die Kriterien des § 12 heranzuziehen.

Wird dem Widerspruch abgeholfen, besteht ein Anspruch auf Kostenerstattung gem. § 63 SGB X.

2.2 Gerichtliches Verfahren

Ebenso wie beim Vorverfahren ist auch beim gerichtlichen Verfahren zwischen den Betragsrahmengebühren gem. § 116 Abs. 1 und den Wertgebühren gem. § 116 Abs. 2 zu unterscheiden.

▶ 1. Regelfall

In den Verfahren gem. § 116 Abs. 1 S. 1 erhält der RA vor den Gerichten der Sozialgerichtsbarkeit eine **Rahmengebühr,** die **pauschal** seine gesamte Tätigkeit im jeweiligen Rechtszug abgilt:

Nr. 1: vor dem Sozialgericht: 100,00 DM bis 1 300,00 DM
(Mittelgebühr = 700,00 DM),

Nr. 2: vor dem Landessozialgericht: 120,00 DM bis 1 520,00 DM
(Mittelgebühr = 820,00 DM)

Nr. 3: vor dem Bundessozialgericht 170,00 bis 2 540,00 DM
(Mittelgebühr = 1 355,00 DM).

Für die Bestimmung der Gebührenhöhe sind wiederum die Kriterien des § 12 heranzuziehen.

Gem. § 116 Abs. 3 S. 1 erhält der RA für einen Vergleich (§ 23) oder die Erledigung (§ 24) **keine** besonderen Gebühren; stattdessen erhöhen sich die **Höchstbeträge** des § 116 Abs. 1 um **50 %.** Vertritt der RA mehrere Auftraggeber, ist die Gebühr gem. § 6 Abs. 1 S. 2 um 3/10 zu erhöhen.

▶ 2. Besondere Verfahren

Gem. § 116 Abs. 2 S. 2 gelten für diese Verfahren insbesonderre die Vorschriften der **§§ 31 ff. sinngemäß.** Neben den Regelgebühren kann der RA auch eine Vergleichs- bzw. Erledigungsgebühr verdienen.

Ergeht eine Entscheidung des Sozialgerichts ohne mündliche Verhandlung durch Gerichtsbescheid (§ 105 SGG), erhält der RA eine halbe Verhandlungsgebühr nach § 35. Vertritt der RA mehrere Auftraggeber, ist die Gebühr gem. § 6 Abs. 1 S. 2 um 3/10 zu erhöhen.

Der **Gegenstandswert** bemisst sich in der Regel nach dem betragsmäßig geltend gemachten Anspruch. Im Übrigen ist gem. § 8 Abs. 2 zu verfahren, wonach regelmäßig der Gegenstandswert mit 8 000,00 DM zu beziffern ist.

© Verlag Gehlen

> **Beispiel:**
> RAin Kaiser vertritt ihren Auftraggeber wegen Gewährung einer Erwerbsunfähigkeitsrente. Gegen den ablehnenden Bescheid legt RAin Kaiser Widerspruch ein, der durch Widerspruchsbescheid zurückgewiesen wird. Sodann erhebt sie Klage vor dem Sozialgericht. Im Verfahren werden diverse ärztliche Gutachten erstellt und erörtert. Die Beklagte wird antragsgemäß verurteilt.
> RAin Kaiser berechnet die Gebühren wie folgt:
> 1. Vorverfahren
>
> | | |
> |---|---:|
> | Gebühr gem. § 116 Abs. 1 S. 1 | 466,00 DM |
> | Post- und Telekommunikationsentgelte, § 26 S. 2 | 40,00 DM |
> | 16 % Mehrwertsteuer, § 25 Abs. 2 | 80,96 DM |
> | | 586,96 DM |
>
> 2. Gerichtliches Verfahren
>
> | | |
> |---|---:|
> | Gebühr gem. § 116 Abs. 1 S. 1 | 840,00 DM |
> | Post- und Telekommunikationsentgelte, § 26 S. 2 | 40,00 DM |
> | 16 % Mehrwertsteuer, § 25 Abs. 2 | 140,80 DM |
> | | 1 020,80 DM |
>
> **Hinweis:** Die Erwerbsunfähigkeitsrente ist von erheblicher wirtschaftlicher Bedeutung und rechtfertigt den Ansatz der Höchstgebühr. Da die Beklagte jedoch den Anspruch anerkannt hat, ohne dass im Verhandlungstermin eine Gutachterstellung durchgeführt wurde, setzt RAin Kaiser nach pflichtgemäßem Ermessen die Höhe der Gebühr etwas über der Mittelgebühr an.

▶ *Kostenerstattung*

Die Gebühren und Auslagen des RA sind stets erstattungsfähig (§ 193 Abs. 3 SGG).

Zu den notwendigen außergerichtlichen Kosten gehören auch die Kosten des Vorverfahrens, auch wenn § 193 SGG dieses nicht ausdrücklich vorsieht. Im Hinblick darauf, dass das Vorverfahren eine wesentliche Prozessvoraussetzung darstellt, ist die Hinziehung eines RA in der Regel auch notwendig.

2.3 Weitere Verfahren

- Im Verfahren über die Zulassung des Rechtsmittels erhält der RA in den
  - Angelegenheiten des § 116 Abs. 1 die Hälfte der Rahmengebühren (§ 116 Abs. 1 S. 2),
  - Angelegenheiten des § 116 Abs. 2 die erhöhte 6,5/10 Gebühr (§ 11 Abs. 1 S. 6).
- Isolierte einstweilige Anordnungen bilden gebührenrechtlich eine eigene Angelegenheit (§ 40). Wird während des laufenden Klageverfahrens der Erlass einer einstweiligen Anordnung beantragt, wird diese Tätigkeit mit der einmaligen Rahmengebühr des § 116 Abs. 1 abgegolten. Lediglich bei der Bestimmung der Gebührenhöhe ist diese besondere Tätigkeit gemäß § 12 zu berücksichtigen.

- Erhebt der RA eine Untätigkeitsklage nach § 88 SGG, ist die Gebührenhöhe geringer zu bemessen, da die Untätigkeitsklage nur auf den Erlass einer Entscheidung, nicht aber auf bestimmte Leistungen gerichtet ist. Dies schlägt sich gebührenrechtlich in einer Herabsetzung des Gebührenrahmens um 25 % nieder. Hierbei ist die Rechtsprechung der Sozialgerichte zu beachten; das SG Hamburg z. B. geht in ständiger Rechtsprechung von der dreifachen Mindestgebühr aus.
- Im Mahnverfahren können Beitragsansprüche von Unternehmen der privaten Pflegeversicherung nach dem XI. Buch SGB geltend gemacht werden. Auf die Gebühr nach § 116 Abs. 1 S. 1 Nr. 1 ist die Gebühr nach § 43 Abs. 1 Nr. 1 oder Nr. 2 für ein vorausgegangenes Mahnverfahren anzurechnen.

3 Verwaltungsgerichtsverfahren

Der RA kann in verwaltungsrechtlichen Angelegenheiten in mehrfacher Hinsicht tätig werden, nämlich im

- Verwaltungsverfahren,
- Vorverfahren sowie
- Klageverfahren.

3.1 Verwaltungsverfahren/Vorverfahren

Wie in sozialrechtlichen Angelegenheiten bilden das **Verwaltungsverfahren** und das **Vorverfahren** gem. § 119 Abs. 1 **eine** gebührenrechtliche Angelegenheit (vgl. 4. Teil, Abschnitt 2.1, S. 181).

Für die Tätigkeit des Anwalts vor Verwaltungsbehörden entstehen die Gebühren des **§ 118 Abs. 1**. Der Gebührensatz ist unter Berücksichtigung der Kriterien des § 12 zu bestimmen. Diese Gebühren werden nicht auf ein späteres Klageverfahren angerechnet, da die im Vorverfahren entstandene Gebühr nicht außerhalb eines behördlichen Verfahrens erwachsen ist.

Endet das Vorverfahren ohne ein anschließendes gerichtliches Verfahren, hat die Verwaltungsbehörde hinsichtlich der Kostenerstattung darüber zu befinden, ob die Zuziehung eines RA notwendig gewesen ist. Soweit dies bejaht wird, billigt die Rechtsprechung dem RA für die Gebühren des § 118 Abs. 1 nur die Mittelgebühr (7,5/10) zu.

3.2 Gerichtliches Verfahren

Nach § 114 kommen in Verfahren vor den Verwaltungsgerichten die Bestimmungen der §§ 31 ff. sinngemäß zu Anwendung.

Für die Entstehung der Gebühren gelten dieselben Grundsätze wie in zivilrechtlichen Angelegenheiten, jedoch sind nachstehende Besonderheiten zu berücksichtigen.

© Verlag Gehlen

- Bei einer Auftraggebermehrheit ist die Prozessgebühr grundsätzlich gem. § 6 Abs. 1 S. 2 entsprechend um 3/10 zu erhöhen. Allerdings ist die Erhöhung der Gebühr in einigen Rechtsgebieten ausgeschlossen. Stattdessen ist eine Erhöhung des Gegenstandswertes vorgesehen, z. B. § 83 b AsylVfG.

- Grundsätzlich kann die Verhandlungsgebühr erst **nach** dem Vortrag (Sachbericht) des Vorsitzenden oder des Berichterstatters entstehen. Die Stellung eines förmlichen Sachantrages ist nicht erforderlich; es genügt vielmehr, dass er mitwirkt, indem er Ausführung zur Sache macht.

- Eine halbe Verhandlungsgebühr entsteht in den Fällen des § 156 VwGO (Anerkenntnisurteil) und des § 130 a VwGO, wenn das Gericht durch **Gerichtsbescheid** entscheidet. Wird nach dem Gerichtsbescheid eine mündliche Verhandlung beantragt und findet ein Verhandlungstermin statt, ist nur die volle Verhandlungsgebühr zu berechnen.

- Für die Entstehung der Beweisgebühr ist es erforderlich, dass zum einen die Beweisaufnahme durchgeführt wird und zum anderen der RA an der Beweisaufnahme teilnimmt.

- Wird **vor** dem Vortrag des Vorsitzenden oder des Berichterstatters der Sach- und Streitstand erörtert, entsteht die Erörterungsgebühr.

- Eine **Vergleichsgebühr** kann anfallen, soweit die Beteiligten über den Vergleichsgegenstand vertraglich verfügen können (§ 23 Abs. 3).

- Die **Erledigungsgebühr** nach § 24 kann der RA beanspruchen, wenn die Behörde infolge anwaltlicher Tätigkeit ihren Bescheid ganz oder teilweise ändert, ohne dass es zu einer gerichtlichen Entscheidung kommt.

Im **Berufungs- und Revisionsverfahren** erhöhen sich die Gebühren gem. § 11 Abs. 1 S. 4 um jeweils 3/10.

Hinweis: Im erstinstanzlichen Verfahren vor dem BVerwG und vor einem OVG erhält der RA ebenfalls die erhöhten Gebühren (§ 114 Abs. 2 Hs. 1).

3.3 Gegenstandswert

Der Gegenstandswert in verwaltungsrechtlichen Angelegenheiten ist in § 13 GKG geregelt.

Sofern der Kläger eine bezifferte Geldleistung begehrt, bemisst sich die Höhe des Wertes nach diesem Antrag.

Handelt sich um eine nichtvermögensrechtliche Streitigkeit, ist der Gegenstandswert nach der Bedeutung der Angelegenheit für den Kläger nach richterlichem Ermessen zu bestimmen. Gibt es keine genügenden Anhaltspunkte, ist der Gegenstandswert mit 8 000,00 DM anzunehmen (sog. Auffangwert).

Für einzelne Rechtsgebiete sind in verwaltungsrechtlichen Gesetzen spezielle Wertbestimmungsvorschriften vorgesehen.

© Verlag Gehlen

So bestimmt beispielsweise § 83 b Abs. 2 AsylVfG den Streitwert einer Asylklage für einen Kläger mit 6 000,00 DM und für jeden weiteren Kläger mit jeweils 1 500,00 DM.

Weitere Anhaltspunkte zur Bestimmung des Gegenstandswertes bietet der sog. **Streitwertkatalog** des BverwG, der in seiner Neufassung vom Januar 1996 u. a. im AnwBl 96, 393 abgedruckt ist.

3.4 Weitere Verfahren

- Im Verfahren auf Antrag der **Zulassung der Berufung** entsteht gem. § 114 Abs. 4 eine 13/10 Prozessgebühr. Soweit die Berufung zugelassen wird, erwächst die Prozessgebühr im Berufungsverfahren nicht erneut.

- Im Beschwerdeverfahren gegen die **Nichtzulassung der Revision** richten sich die Gebühren jedoch nach § 61, wonach eine 5/10 Prozessgebühr zu berechnen ist. Dieses Verfahren bildet eine besondere Angelegenheit (§ 14 Abs. 2), d. h., wird der Beschwerde stattgegeben und die Revision zugelassen, bleiben die Gebühren des Beschwerdeverfahrens neben den Gebühren des Revisionsverfahrens bestehen.

- Die **Eilverfahren** nach § 80 Abs. 5 VwGO (Herstellung der aufschiebenden Wirkung) und nach § 123 VwGO (einstweilige Anordnung) bilden gem. § 114 Abs. 5 i. V. m. § 40 jeweils gebührenrechtlich eine besondere Angelegenheit. Der RA kann somit die Gebühren der §§ 31 ff. in voller Höhe ansetzen.

- Für Klagen gegen Akte der **Verwaltungsvollstreckung** erhält der RA gem. § 114 Abs. 6 nur jeweils 3/10 der in § 31 bestimmten Gebühren.

Gem. § 162 Abs. 2 S. 1 VwGO sind die Gebühren und Auslagen des RA stets erstattungsfähig. Die Vergütung des RA für das Vorverfahren ist jedoch nur dann erstattungsfähig, wenn das Gericht seine Zuziehung für notwendig erklärt hat (§ 162 Abs. 2 S. 2 VwGO).

Beispiel:

RA Kluge vertritt in einem Asylverfahren ein Ehepaar mit zwei Kindern bis zur Revision. Er legitimiert sich gegenüber dem Bundesamt für die Anerkennung ausländischer Flüchtlinge und bittet um Zustellung des Bescheides an ihn. Es ergeht ein ablehnender Bescheid, gegen den RA Kluge Klage vor dem Verwaltungsgericht erhebt. Im Klageverfahren ergeht nach mündlicher Verhandlung ein Urteil, in dem das Bundesamt verpflichtet wird, die Familie als Flüchtlinge anzuerkennen.

Daraufhin beantragt der am Verfahren beteiligt Bundesbeauftragte für Asylangelegenheiten beim OVG die Zulassung der Berufung. RA Kluge beantragt, diesen Antrag abzulehnen. Die Berufung wird zugelassen. Nach mündlicher Verhandlung wird das Urteil des OVG aufgehoben und die Klage abgewiesen.

RA Kluge legt Beschwerde gegen die Nichtzulassung der Revision ein. Diese wird zugelassen. Im Revisionsverfahren wird verhandelt und durch Urteil entschieden.

© Verlag Gehlen

RA Kluge rechnet seine Gebühren wie folgt ab:
Gegenstandswert für alle Verfahren: 10 500,00 DM (§ 83 b AsyVfG)

1. **Verfahren vor dem Bundesamt (Vorverfahren)**
7,5/10 Geschäftsgebühr, §§ 11, 118 Abs. 1 Nr. 1, 119   498,80 DM
2. **Klage vor dem Verwaltungsgericht**
10/10 Prozessgebühr §§ 11, 31 Abs. 1 Nr. 1   665,00 DM
10/10 Verhandlungsgebühr §§ 11, 31 Abs. 1 Nr. 2   665,00 DM
3. **Antrag auf Zulassung der Berufung mit anschließendem Berufungsverfahren**
13/10 Prozessgebühr §§ 11, 31 Abs. 1 Nr. 1, 114 Abs. 4   864,50 DM
13/10 Verhandlungsgebühr §§ 11, 31 Abs. 1 Nr. 2   864,50 DM
4. **Beschwerde gegen die Nichtzulassung der Revision**
5/10 Prozessgebühr §§ 11, 31 Abs. 1 Nr. 1, 61 Abs. 1 Nr. 1   332,50 DM
5. **Revisionsverfahren**
13/10 Prozessgebühr §§ 11, 31 Abs. 1 Nr. 1   864,50 DM
13/10 Verhandlungsgebühr §§ 11, 31 Abs. 1 Nr. 2   864,50 DM

jeweils zuzüglich Auslagen und MwSt.

4 Finanzgerichtsverfahren

In finanzrechtlichen Angelegenheiten kann grundsätzlich auf die Ausführungen zum Verwaltungsgerichtsverfahren verwiesen werden.

Der RA erhält für seine Tätigkeit im **außergerichtlichen Verfahren** vor den Behörden der Finanzverwaltung die Gebühren nach §§ 118, 119. Diese Gebühren verdient er nur einmal. Sie sind auf die später im finanzgerichtlichen Verfahren entstehenden Gebühren nicht anzurechnen.

Ebenso wie im **gerichtlichen Verwaltungsverfahren** gelten die Gebühren der §§ 31 ff. sinngemäß (§ 114 Abs. 1).

Es sind jedoch nachstehende Besonderheiten zu berücksichtigen:

- Obwohl bei den (erstinstanzlich zuständigen) Finanzgerichten Senate bestehen, verbleibt es gem. § 114 Abs. 2 bei den erstinstanzlichen 10/10 Gebühren.
- Nach § 117 erhält der RA die **Verhandlungsgebühr** in bestimmten Fällen (§ 90 Abs. 2 und 3 FGO) auch dann, wenn das Finanzgericht ohne mündliche Verhandlung entscheidet. Die Verhandlungsgebühr entsteht jedoch erst dann, wenn das Gericht tatsächlich eine Entscheidung trifft.
- Da über Steuerforderungen keine Vergleiche geschlossen werden können, kann auch keine Vergleichsgebühr nach § 23 entstehen. Stattdessen kann der RA die **Erledigungsgebühr** gem. § 24 verdienen, wenn er z. B. daran mitwirkt, dass die Finanzbehörde den Steuerbescheid zurücknimmt oder abändert.

Der **Gegenstandswert** entspricht in der Regel dem Steuerbetrag, über den gestritten wird (§ 13 Abs. 2 GKG).

Die gesetzlichen Gebühren und Auslagen des RA sind grundsätzlich erstattungsfähig (§ 139 Abs. 3 S. 2 FGO). Ist der RA jedoch zugleich auch Steuerberater, kann er zwar grundsätzlich zwischen der Abrechnung der BRAGO und dem StBGebV wählen; erstattungsfähig i. S. d. § 139 Abs. 1 FGO sind jedoch nur die Gebühren nach der günstigeren Gebührenordnung.

5 Verfassungsgerichtsverfahren

Je nach Art des Verfahrens finden entweder Gebührenvorschriften in Strafsachen oder in bürgerlichen Rechtsstreitigkeiten sinngemäße Anwendung:

▶ *Anwendung strafrechtlicher Vorschriften (§ 113 Abs. 1)*

Für die in § 113 Abs. 1 genannten besonderen Verfahren, deren Aufzählung nicht abschließend ist, kann der RA seine Gebühren gem. § 83 Abs. 1 Nr. 1, Abs. 2 Nr. 1 und 84 Abs. 1 Nr. 1 (Verfahren vor dem OLG) abrechnen, und zwar wie folgt:

- 1. Verhandlungstag   170,00 DM bis 2 540,00 DM,
- 2. und jeder weitere Verhandlungstag   170,00 DM bis 1 270,00 DM,
- Tätigkeit im vorbereitenden Verfahren   85,00 DM bis 1 270,00 DM.

▶ *Anwendung der Gebühren in bürgerlichen Rechtsstreitigkeiten (§ 113 Abs. 2)*

In allen übrigen Verfahren wird mit den gem. § 11 Abs. 1 S. 4 erhöhten Regelgebühren der §§ 31 ff. abgerechnet.

Der Gegenstandswert ist nach den besonderen Umständen des Einzelfalles nach billigem Ermessen zu bestimmen, jedoch nicht unter 8 000,00 DM (§ 113 Abs. 2 S. 3).

IV. Teil Strafsachen und Bußgeldverfahren

1 Gebühren des Wahlverteidigers in Strafsachen

Die Gebühren der §§ 83 bis 86 sind Pauschgebühren, die als Betragsrahmengebühren ausgestaltet sind. § 87 bestimmt, dass durch diese Gebühren die gesamte Tätigkeit des RA als Verteidiger entgolten wird. Die Gebühren fallen für die Tätigkeit in der Hauptverhandlung, im Vorverfahren, im gerichtlich anhängigen Verfahren außerhalb der Hauptverhandlung und in den Rechtsmittelinstanzen an.

Die Tabelle auf Seite 191 gibt einen Überblick über die in den ersten Rechtszügen oder Rechtsmittelinstanzen für den Wahl- oder Pflichtverteidiger anfallenden Gebühren, wenn er an der Hauptverhandlung (erster Hauptverhandlungstag bzw. Fortsetzungstage) teilnimmt oder im vorbereitenden Verfahren oder im gerichtlich anhängigen Verfahren außerhalb der Hauptverhandlung einen auf freiem Fuß befindlichen oder inhaftierten Mandanten vertritt. Für den Wahlverteidiger sind die Rahmengebühr und der jeweilige Mittelwert aufgeführt, für den Pflichtverteidiger werden die Gebühren bei Vertretung des auf freiem Fuß befindlichen und des inhaftierten Mandanten genannt, soweit eine Erhöhung durch die Inhaftierung in Betracht kommt.

1.1 Hauptverhandlung: Erster Hauptverhandlungstag

Nach § 83 Abs. 1 erhält der RA im **ersten** Rechtszug eine Gebühr, die von der Ordnung des Gerichtes abhängt, bei dem die Hauptverhandlung stattfindet. Die Hauptverhandlung kann einen oder mehrere Verhandlungstage beanspruchen.

Das Gesetz unterscheidet zwischen dem ersten Hauptverhandlungstag (§ 83 Abs. 1) und den Fortsetzungstagen („weitere Verhandlungstage", § 83 Abs. 2):

Verfahren vor	Rahmengebühr	Mittelgebühr
• OLG, Schwurgericht, Jugendkammer, wenn Schwurgericht zuständig	170,00 DM bis 2 540,00 DM	1 355,00 DM
• Große Strafkammer, Jugendkammer	120,00 DM bis 1 520,00 DM	820,00 DM
• Schöffengericht, Straf- und Jugendgericht	100,00 DM bis 1 300,00 DM	700,00 DM

Die Strafsenate der Oberlandesgerichte sind beispielsweise erstinstanzlich für die Verhandlung von Vorwürfen des Landesverrates oder der geheimdienstlichen Agententätigkeit zuständig. Schwurgerichte verhandeln regelmäßig Verbrechen des versuchten oder vollendeten Mordes bzw. Totschlages, Große Strafkammern sind für die Aburteilung schwer wiegender Taten und die Amts- und Schöffengerichte für die geringer bestrafte Kriminalität zuständig.

© Verlag Gehlen

Gebühren des Wahlverteidigers in Strafsachen

Instanz Gericht	Hauptverhandlung				Erhöhung für Fortsetzung, weiterer Verhandlungstag			Vorbereitendes Verfahren; in anhängigen Verfahren außerhalb der Hauptverhandlung			
	Wahlverteidiger		Pflichtverteidiger		Wahlverteidiger		Pflichtverteidiger	Wahlverteidiger		Pflichtverteidiger	
	Rahmengebühr	Mittelwert	Keine Haft	Haft	Rahmengebühr	Mittelwert		Rahmengebühr	Mittelwert	Keine Haft	Haft
Erster Rechtszug											
OLG, Schwurgericht, Jugendgericht, wenn Schwurgericht zuständig	170–2 540	1 355	680	850	170–1 270	720	635	85–1 270	677,50	340	425
Große Strafkammer, Jugendkammer	120–1 520	820	480	600	120– 760	440	380	60– 760	410	240	300
Schöffengericht, Straf- und Jugendrichter	100–1 300	700	400	500	100– 650	375	325	50– 650	350	200	250
Berufung	120–1 520	820	480	600	120– 760	440	380	60– 760	410	240	240
Revision											
BGH	170–2 540	1 355	680	850	170–1 270	720	635	85–1 270	677,50	340	340
OLG	120–1 520	820	480	600	120– 760	440	380	60– 760	410	240	240

© Verlag Gehlen

> **Merke:**
> Je höher die Ordnung des Gerichtes, desto höher sind die gesetzlichen Gebühren.

Die Gebühr entsteht grundsätzlich mit dem Aufruf der Sache, die durch den Protokollführer oder den Gerichtsvorsitzenden erfolgt. Ist ein Prozessbeteiligter nicht erschienen (z. B. ein Schöffe, der Staatsanwalt oder der Angeklagte), unterbleibt gelegentlich der Aufruf der Sache, obwohl der Vorsitzende das Verfahren aussetzt oder vertagt. Dann ist in aller Regel keine Gebühr entstanden. Deshalb muss der Verteidiger immer darauf achten, dass das Verfahren aufgerufen und der Aufruf im Protokoll dokumentiert wird.

Der Verteidiger muss ferner persönlich anwesend sein. Erscheint er nicht, kann die Gebühr nicht entstehen.

Die Verhandlungsdauer am Hauptverhandlungstag ist für die Frage der Entstehung der Gebühr unerheblich. Die Gebühr ist auch dann entstanden, wenn die Hauptverhandlung nur zwei Minuten dauert und danach ausgesetzt oder vertagt wurde.

Befindet sich der angeklagte Mandant nicht auf freiem Fuß und reicht der Gebührenrahmen des § 83 Abs. 1 deshalb nicht aus, um die gesamte Tätigkeit des RA angemessen zu entgelten, so kann der Gebührenrahmen nach § 83 Abs. 3 um bis zu 25 % überschritten werden.

Kommt die Gebührenrahmenerhöhung in Betracht, so sind der Mindestbetrag und der Höchstbetrag jeweils um bis zu 25 % (also 1/4 des Grundbetrages) zu steigern. Damit trägt das Gesetz dem Umstand Rechnung, dass die Vorbereitung der Hauptverhandlung mit einem nicht auf freiem Fuß befindlichen Mandanten für den Verteidiger eine besondere Erschwernis darstellt. In aller Regel muss er den inhaftierten Angeklagten in der Untersuchungs- oder Strafhaft oder auch in einer psychiatrischen Anstalt aufsuchen, in der der Mandant untergebracht ist. Dem Untersuchungshäftling kann nach dem Gesetz grundsätzlich kein Urlaub gewährt werden, sodass er den Verteidiger nicht in dessen Kanzlei sprechen kann. Für die Erhöhung der Gebühr spielt es keine Rolle, ob gegenüber dem angeklagten Mandanten in der Sache, in der die Gebühr entsteht, die Haft angeordnet worden ist. Wesentlich ist nur der Umstand, dass sich der Beschuldigte in Haft befindet, unerheblich ist, ob in diesem oder in einem anderen Verfahren. Auch die Unterbringung in der Sicherungsverwahrung oder in einer psychiatrischen Anstalt in der gleichen oder in einer anderen Sache ist für die Anwendung des § 83 Abs. 3 ausreichend.

> **Beispiel:**
> Der Verteidiger vertritt den Angeklagten vor dem Amtsrichter in einem Verfahren wegen des Verdachts des Diebstahls. Der Angeklagte verbüßt derzeit wegen Raubes eine Strafhaft im geschlossenen Vollzug einer Justizvollzugsanstalt. Im gerichtlich anhängigen Diebstahlsverfahren besteht kein Haftbefehl. Hier ist § 83 Abs. 3 anwendbar.

1.2 Hauptverhandlung: Fortsetzungstermin

Erstreckt sich die Hauptverhandlung über einen Kalendertag hinaus, so erhält der RA für **jeden weiteren Verhandlungstag** jeweils eine weitere Gebühr. § 83 Abs. 2 bestimmt die Rahmengebühren beim Fortsetzungstag wie folgt:

Verfahren vor	Rahmengebühr	Mittelgebühr
• OLG, Schwurgericht, Jugendkammer, wenn Schwurgericht zuständig	170,00 DM bis 1 270,00 DM	720,00 DM
• Große Strafkammer, Jugendkammer	120,00 DM bis 760,00 DM	440,00 DM
• Schöffengericht, Straf- und Jugendgericht	100,00 DM bis 650,00 DM	375,00 DM

Die Gebühren für die Fortsetzungstermine sind etwas geringer, weil der Aufwand für die Vorbereitung des ersten Hauptverhandlungstages in aller Regel größer ist als für den Fortsetzungstag. Grundsätzlich gilt auch hier, dass der Verteidiger persönlich erscheinen und die Sache aufgerufen sein muss, damit die Gebühr entstehen kann.

Nach § 229 Abs. 1 StPO darf die Hauptverhandlung in der Regel nur bis zu zehn Tage unterbrochen werden. Hiervon gibt es die in § 229 Abs. 2 StPO benannten Ausnahmen.

Wird die Hauptverhandlung aber unterbrochen und kann sie nicht innerhalb von zehn Tagen fortgesetzt werden, so ist sie auszusetzen. Gebührenrechtlich hat das zur Konsequenz, dass die Hauptverhandlung gänzlich von neuem beginnen muss. Der Verteidiger erhält dann für den ersten Tag der neuen Hauptverhandlung die jeweilige Rahmengebühr nach § 83 Abs. 1. Es sind also dann wieder die Gebühren für den ersten Hauptverhandlungstag und erst danach die Gebühren für Fortsetzungstage in Ansatz zu bringen.

Merke:
Muss mit einer Hauptverhandlung – unerheblich aus welchen Gründen – von neuem begonnen werden, so findet gebührenrechtlich keine „Fortsetzung" statt. Der Verteidiger erhält dann in der neuen Hauptverhandlung zunächst wieder die Gebühren des § 83 Abs. 1 und erst für die Fortsetzungstage in der neuen Hauptverhandlung die Gebühren des § 83 Abs. 2.

Beispiel:
Nach siebentägiger Hauptverhandlung platzt vor dem Schwurgericht ein Verfahren, weil ein Beamter des Bundeskriminalamtes auf dem Weg zur Hauptverhandlung verunfallt ist. Die Vorsitzende unterbricht die Hauptverhandlung, setzt das Verfahren aus, bis mit der Vernehmung des verunglückten Beamten gerechnet werden kann. 17 Tage später beginnt die Hauptverhandlung von neuem. Hier hat der Verteidiger im Rahmen der abgebrochenen Hauptverhandlung eine Gebühr gem. § 83 Abs.1 Nr. 1 und sechs Gebühren gem. § 83 Abs. 2 i. V. m. Abs. 1 Nr. 1 verdient. Für die neue Hauptverhandlung ist der erste Hauptverhandlungstag wieder gem. § 83 Abs. 1 Nr. 1 zu vergüten.

© Verlag Gehlen

Gelegentlich kommt es vor, dass in Fällen, in denen die Mitwirkung eines Verteidigers nicht geboten ist oder der Wahlverteidiger sich vertreten lässt, der neue Verteidiger oder der Verteidiger erst am zweiten oder späteren Fortsetzungstermin erstmals erscheint. Seine Gebühr ist nicht der Vorschrift des § 83 Abs. 2 zu entnehmen. Zwar wird er erstmals an einem Fortsetzungstag tätig, für ihn selbst aber ist es der erste Hauptverhandlungstag, an dem er tätig wird. Deshalb bestimmt sich seine Gebühr nach § 83 Abs. 1.

> *Beispiel:*
> *Der Angeklagte wählt vor dem sechsten Hauptverhandlungstag vor dem Amtsgericht einen Verteidiger. Der tritt erstmals am sechsten Hauptverhandlungstag auf. Für seine Tätigkeit stehen ihm die Gebühren des § 83 Abs. 1 Nr. 3 zu; für ihn ist es der erste Hauptverhandlungstag.*

Anders als bei der Gebühr für den ersten Hauptverhandlungstag kann der Verteidiger eines nicht auf freiem Fuß befindlichen Angeklagten für seine Tätigkeit an den Fortsetzungstagen keine Erhöhung der Rahmengebühren begehren. § 83 Abs. 3 verweist ausschließlich auf Abs. 1 – auf den ersten Hauptverhandlungstag – und nicht auch auf § 83 Abs. 2, in dem die weiteren Verhandlungstage geregelt sind.

> *Merke:*
> Ist der Verteidiger an einem Fortsetzungstag erstmals tätig, kann die Erhöhung wegen des inhaftierten Mandanten gem. § 83 Abs. 3 greifen, weil der „erste" Verhandlungstag hier gem. § 83 Abs. 1 abzurechnen ist.

1.3 Vorverfahren

Das vorbereitende Verfahren (= Ermittlungsverfahren) wird durch § 84 Abs. 1 als das Verfahren bis zum Eingang der Anklageschrift oder des Antrages auf Erlass des Strafbefehls bei Gericht beschrieben. Der Verteidiger, der seinen Mandanten im Vorverfahren vertritt, erhält gem. § 84 Abs. 1 die Hälfte der Gebühren des § 83 Abs. 1.

Auch für die Tätigkeit im vorbereitenden Verfahren gilt damit, dass die Vergütung von der Ordnungs des Gerichtes, das im Falle der Anklageerhebung zuständig wäre, abhängt. Stellt die Staatsanwaltschaft in ihrer Schlussverfügung das Ermittlungsverfahren ein, ist daher stets zu prüfen, bei welchem Gericht die Sache im Falle der Anklageerhebung hätte anhängig gemacht werden müssen.

Im vorbereitenden Verfahren betragen die Rahmengebühren:

Verfahren vor	Rahmengebühr	Mittelgebühr
• OLG, Schwurgericht, Jugendkammer, wenn Schwurgericht zuständig	85,00 DM bis 1 270,00 DM	677,50 DM
• Große Strafkammer, Jugendkammer	60,00 DM bis 760,00 DM	410,00 DM
• Schöffengericht, Straf- und Jugendgericht	50,00 DM bis 650,00 DM	350,00 DM

Die Gebühr entsteht durch jede noch so geringe Tätigkeit, die sich nicht nur in einem Rat erschöpft. So kann der Verteidiger, der ausschließlich ein Akteneinsichtsbegehren auf den Weg an die Staatsanwaltschaft gebracht hat, die Gebühr geltend machen.

Beispiel:
Der Verteidiger teilt gegenüber der Kriminalpolizei mit, dass der beschuldigte Mandant zur Vernehmung nicht erscheinen werde. Die Gebühr ist entstanden. Der Verteidiger fertigt im Rahmen des Ermittlungsverfahrens (vorbereitenden Verfahrens) in einm Schriftsatz eine umfassende Anmerkung zur Verdachtslage. Die Gebühr ist verdient.

Wie lange das vorbereitende Verfahren dauert und wann es endet, ist von großer praktischer Bedeutung. Es endet mit Eingang der Anklageschrift oder des Antrags auf Erlass eines Strafbefehls bei Gericht. Wird der Verteidiger nach Erhebung der Anklage durch die Staatsanwaltschaft, aber noch vor Eingang der Akten nebst Anklageschrift beim erkennenden Gericht (§ 199 Abs. 2 S. 2 StPO) tätig, so hat er die Vorverfahrensgebühr verdient. Ist die Anklage indessen schon bei Gericht eingegangen, kann eine spätere Tätigkeit des Wahlverteidigers keine Vorverfahrensgebühr auslösen.

Befindet sich der beschuldigte Mandant während des vorbereitenden Verfahrens nicht auf freiem Fuß, so sind auch hier die oben genannten Gebührenrahmen um 25 % überschreitbar.

Unbeachtlich ist auch hier, ob sich der Beschuldigte in der abzurechnenden oder einer anderen Sache in Haft oder in der Unterbringung in der Sicherungsverwahrung oder in der psychiatrischen Anstalt befindet.

§ 84 Abs. 2 Nr. 1 gewährt dem Verteidiger das Doppelte der Gebühr des § 84 Abs. 1 – mithin die Gebühr des § 83 Abs. 1 –, wenn das Verfahren nicht nur vorläufig eingestellt wird und der Verteidiger an einer solchen Verfahrensbeendigung mitgewirkt hat.

Die Regelung erfasst die Fälle der (endgültigen) Verfahrenseinstellung gem. § 170 Abs. 2 StPO mangels Tatverdachtes und auch die Fälle der Einstellung gem. §§ 153, 153 b Abs. 1, 153 c Abs. 1 und Abs. 2, 153 d Abs. 1, 153 e Abs. 1, 154 Abs. 1, 154 b Abs. 1, Abs. 2, Abs. 3, 154 c und 154 d S. 3 StPO.

Einstellungen nach § 153 a I StPO fallen indessen nicht unter die Vorschrift, denn hier wird das Verfahren nur vorläufig bis zur Erfüllung der Auflagen und Weisungen eingestellt, erst danach endgültig. Ist es allerdings endgültig eingestellt worden, und war der Verteidiger bis zur endgültigen Einstellung tätig, so ist nach § 84 Abs. 2 abzurechnen.

Hat der Verteidiger zur Förderung des Verfahrens nichts beigetragen, so kann die Gebühr des § 84 Nr. 1 auch nicht verdient worden sein.

© Verlag Gehlen

> **Beispiel:**
> In einem Ermittlungsverfahren beantragt der Verteidiger Akteneinsicht. Er gibt die Akten zurück und trägt weder zur Verdachtslage vor noch beantragt er die Verfahrenseinstellung. Verfügt die Staatsanwaltschaft die Einstellung mangels Tatverdachts, kann der Verteidiger nur gem. § 84 Abs. 1 i. V. m. § 83 Abs. 1 abrechnen, nicht aber nach § 84 Abs. 2 Nr. 1.

Regt der Verteidiger im vorbereitenden Verfahren die Einstellung der Sache wegen geringer Schuld an und wird dieser Anregung ohne Weisungen und Auflagen im Sinne des § 153 I StPO entsprochen, ist das Verfahren mithin nach § 153 I StPO eingestellt. Die Gebühren berechnen sich nach § 84 II Nr. 1 (vgl. hierzu 3. Teil, Abschnitt 1.4, S. 194 f.).

1.4 Gerichtlich anhängiges Verfahren außerhalb einer Hauptverhandlung

§ 84 Abs. 1 regelt nicht nur die Gebühren im vorbereitenden Verfahren, sondern auch im gerichtlich anhängigen Verfahren, in dem der Verteidiger nur außerhalb der Hauptverhandlung tätig ist, oder in einem Verfahren, in dem eine Hauptverhandlung nicht stattfindet. Das sind die Sachen, in denen das Gericht z. B. die Anklage nicht zulässt und die Eröffnung ablehnt, in denen die Staatsanwaltschaft eine Anklage oder den Antrag auf Erlass eines Strafbefehls zurücknimmt oder in denen das Verfahren außerhalb der Hauptverhandlung eingestellt wird.

Ein gerichtlich anhängiges Verfahren setzt also stets entweder eine Anklage oder den Antrag auf Erlass eines Strafbefehls voraus. Findet in einer solchen Sache allerdings eine Hauptverhandlung statt, so bleibt keinerlei Raum für die Anwendung der Bestimmung, die die Gebühren im gerichtlich anhängigen Verfahren außerhalb der Hauptverhandlung regelt. Die Tätigkeit des Verteidigers nach Anklageerhebung oder nach Antrag auf Erlass eines Strafbefehls wird dann, wenn es zur Hauptverhandlung kommt, nach § 83 Abs. 1 und ggf. Abs. 2 abgegolten.

§ 84 Abs. 2 gewährt dem Rechtsanwalt für seine Tätigkeit im gerichtlich anhängigen Verfahren außerhalb der Hauptverhandlung die vollen Gebühren des § 83 Abs. 1, wenn

1. das Verfahren nicht nur vorläufig eingestellt wird oder
2. das Gericht beschließt, das Hauptverfahren nicht zu eröffnen, oder
3. sich das gerichtliche Verfahren durch Zurücknahme des Einspruchs gegen einen Strafbefehl erledigt (ist bereits ein Termin zur Hauptverhandlung bestimmt, jedoch nur, wenn der Einspruch früher als zwei Wochen vor Beginn des Tages, der für die Hauptverhandlung vorgesehen war, zurückgenommen wird) und
4. ein Beitrag des Verteidigers zu einer solchen Verfahrensförderung geleistet worden ist.

Das Gesetz gewährt also auch in solchen Fällen dem Verteidiger den vollen Gebührenanspruch des § 83 Abs. 1, wenn die Sache ohne Belastung des Gerichtes durch eine Hauptverhandlung unter Mitwirkung eines Verteidigers beendet wird.

© Verlag Gehlen

Beispiel:
Der RA verteidigt den Beschuldigten im Ermittlungsverfahren. Seinem Antrag, das Verfahren einzustellen, widersetzt sich die Staatsanwaltschaft und bringt beim Amtsgericht den Antrag auf Erlass eines Strafbefehls an. Dort wird die Sache dann außerhalb der Hauptverhandlung auf neuerlichen Antrag des Verteidigers gegen Zahlung einer Geldbuße von 1 000,00 DM zugunsten der Staatskasse vorläufig und nach Zahlung des Betrages endgültig gem. § 153 a Abs. 2 StPO eingestellt.

Legt man Mittelgebühren zugrunde, hat der Verteidiger für seine Tätigkeit im Vorverfahren 350,00 DM gem. § 84 Abs. 1 (1. Alt.) verdient. Für seine Verteidigung im gerichtlich anhängigen Verfahren außerhalb der Hauptverhandlung ist eine weitere Gebühr gem. § 84 Abs. 1 (2. Alt.) entstanden zuzüglich Auslagen und Mehrwertsteuer. Die Gebühr des § 84 Abs. 1 1. Alt. kann neben den Gebühren des § 84 Abs. 1 2. und 3. Alt. entstehen. Die Gebühren sind nicht aufeinander anzurechnen.

Wäre im Beispielsfall die Sache außerhalb der Hauptverhandlung wegen geringer Schuld gem. § 153 Abs. 2 StPO eingestellt worden (endgültige Verfahrenseinstellung), hätte der Verteidiger unter Berücksichtigung von Mittelgebühren für die Verteidigung im Vorverfahren 350,00 DM gem. § 84 Abs. 1 (1. Alt.) und 700,00 DM für die Verteidigung außerhalb der Hauptverhandlung gem. § 84 Abs. 2 Nr. 1 zuzüglich Auslagen und Mehrwertsteuer verdient.

Die volle Gebühr entsteht jedoch nur, wenn eine Mitwirkung des Verteidigers ersichtlich ist. Das darf nicht kleinlich beurteilt werden. Jeder Beitrag, der mit ursächlich ist, muss genügen. Beispielsweise reicht die Anregung oder der Antrag, das Verfahren einzustellen aus; ebenso:

die Anbringung eines Beweisantrages; die Übermittlung einer Erklärung zur Sache, die den Tatverdacht entkräftet; ein Schriftsatz zur Verdachtslage; die Begleitung zur Vernehmung; materiellrechtliche Ausführungen oder die Beanstandung von Rechtsfehlern, wenn die endgültige Erledigung dadurch gefördert wird.

Beschließt das Gericht, das Hauptverfahren nicht zu eröffnen und die Anklage nicht zuzulassen, dann erhält der Verteidiger im Verfahren außerhalb der Hauptverhandlung wiederum die volle Gebühr des § 83 Abs. 1; es sei denn, ein Beitrag des RA zur Förderung des Verfahrens ist nicht ersichtlich.

Beispiel:
Im Rahmen des Zwischenverfahrens erhebt der Verteidiger Einwendungen gegen die Eröffnung des Hauptverfahrens. Das Gericht lehnt die Eröffnung ab. Hier hat der Verteidiger die volle Gebühr des § 84 Abs. 2 Nr. 2 i. V. m. § 83 I verdient.

Gleich zu behandeln wie die Ablehnung der Eröffnung des Hauptverfahrens sind übrigens die Fälle, in denen die Staatsanwaltschaft ihre Anklage oder den Strafbefehlsantrag gem. § 411 Abs. 3 StPO zurücknimmt und der Verteidiger daran mitgewirkt hat.

© Verlag Gehlen

Nimmt der Verteidiger im Strafbefehlsverfahren den Einspruch früher als zwei Wochen vor Beginn des Tages, auf den die Hauptverhandlung anberaumt worden war, zurück, so bestimmt sich seine Gebühr für die Tätigkeit im gerichtlich anhängigen Verfahren außerhalb der Hauptverhandlung ebenfalls nach dem vollen Gebührenrahmen des § 83 Abs. 1.

Nimmt der Verteidiger mit seinem Schriftsatz das Rechtsmittel zurück, hat er mitgewirkt. Nichts anderes kann gelten, wenn der Angeklagte – nach Beratung durch den Verteidiger – den Einspruch selbst zurücknimmt.

Die volle Gebühr entsteht also stets, wenn das Rechtsmittel des Einspruchs zurückgenommen wird – unabhängig von der Frage, ob der Hauptverhandlungstermin bereits verfügt worden war. Im letzteren Fall ist das Rechtsmittel allerdings früher als zwei Wochen vor Beginn des Hauptverhandlungstages zurückzunehmen.

Gem. § 84 Abs. 2 S. 3 ist § 83 Abs. 3 ebenfalls anzuwenden, d. h., dass der Gebührenrahmen auch für die Tätigkeit im gerichtlich anhängigen Verfahren außerhalb der Hauptverhandlung und in einem Verfahren, in dem eine Hauptverhandlung nicht stattfindet, um bis zu 25 % erhöht werden kann, wenn dies zur angemessenen Vergütung der Tätigkeit des RA notwendig ist.

1.5 Trennung, Verbindung, Zurückverweisung und Verweisung

Die Trennung und die Verbindung von Verfahren sind bei Staatsanwaltschaften und Gerichten tägliche Praxis. Mit der Verfahrensverbindung lässt sich prozessökonomisch operieren, wenn beispielsweise 34 einem Beschuldigten zur Last gelegte Betrugsfälle zu einem Verfahren und damit eventuell auch zu einer Hauptverhandlung verbunden werden können.

Die Verfahrenstrennung ist dort angezeigt, wo einzelne Komplexe nur mit großen Mühen aufgeklärt, einfachere Sachverhalte aber schnell zur Aburteilung gebracht werden können.

Im Übrigen geht die Verweisung bzw. Zurückverweisung mit dem Instanzenzug eines Rechtssystems Hand in Hand.

Wird ein einheitliches Verfahren z. B. in vier unterschiedliche Verfahren getrennt, weil sich dies im Hinblick auf unterschiedliche Taten und Mittäter anbietet, so erwachsen mit der Trennung die Gebühren mehrfach.

Beispiel:
Die Staatsanwaltschaft trennt ein einheitliches Verfahren in vier Verfahren. Der Verteidiger erhält, wenn er in allen vier Verfahren im Ermittlungsstadium die Verteidigung fortführt, viermal die Gebühr des § 84 Abs. 1 1. Alt. und kann im Übrigen auch jeweils seine notwendigen Auslagen – auch die Auslagen des § 26 – und die Mehrwertsteuer geltend machen.

© Verlag Gehlen

Nach der Trennung führen die Verfahren auch gebührenrechtlich ein völlig selbstständiges Leben.

Werden mehrere Verfahren miteinander verbunden, so stellen sie auch im Hinblick auf die Gebühren nach der Verbindung eine Einheit dar. War der Verteidiger schon vor der Verbindung der Sachen tätig, bleiben ihm die jeweils im einzelnen Verfahren entstandenen Gebühren erhalten.

Beispiel:

Die Staatsanwaltschaft führt vier Verfahren gegen einen Beschuldigten, in denen er von einem Verteidiger im Ermittlungsverfahren vertreten wird. In allen vier Verfahren erhebt die Staatsanwaltschaft Anklage zum Amtsgericht. Das Gericht verbindet die Verfahren vor der Eröffnung. Die eintägige Hauptverhandlung, an der der Verteidiger ebenfalls teilnimmt, endet mit der Verurteilung des Angeklagten.

Hier kann der Verteidiger viermal die Vorverfahrensgebühr gem. § 84 Abs. 1 (1. Alt.) und einmal die Gebühr des § 83 Abs. 1 geltend machen. Hinzu kommen viermal Auslagen gem. § 26, da auch sie jeweils in den selbstständigen Verfahren entstanden waren.

Verweist ein übergeordnetes Gericht die Sache nach der Aufhebung des Urteils an ein untergeordnetes Gericht zurück, handelt es sich bei dem weiteren Verfahren vor diesem Gericht gem. § 15 Abs. 1 S. 1 um einen neuen Rechtszug (siehe S. 29 f.).

Beispiel:

Auf die Revision hebt der 5. Strafsenat des Bundesgerichtshofs ein Urteil einer Großen Strafkammer des Landgerichts Hamburg auf und verweist die Sache zur neuen Verhandlung und Entscheidung an eine andere Strafkammer des Landgerichts Hamburg zurück.

Beginnt die andere Strafkammer nach der Zurückverweisung mit der Hauptverhandlung von neuem, entstehen für den Verteidiger dort wieder die Gebühren des § 83 Abs. 1 und Abs. 2.

Nach § 14 Abs. 1 sind die Verfahren vor dem verweisenden oder abgebenden und vor dem übernehmenden Gericht ein Rechtszug, wenn die Sache an ein anderes Gericht verwiesen oder abgegeben wird. Ein neuer Rechtszug ist aber gegeben, wenn die Sache an ein Gericht eines niedrigeren Rechtszugs verwiesen oder abgegeben wird, § 14 Abs. 1 S. 2 (siehe S. 27 f.).

Beispiele:

a) Eine allgemeine Strafkammer verweist die Sache an eine Wirtschaftsstrafkammer. Der RA kann die Gebühren in derselben Angelegenheit nur einmal fordern.

b) Das Schöffengericht verweist am ersten Hauptverhandlungstag nach einem Teil der Beweisaufnahme die Sache an eine Große Strafkammer, da es der Auffassung ist, seine Strafgewalt reiche nicht aus. Der Verteidiger vertrat den Angeklagten im Ermittlungsverfahren, vor dem Schöffengericht und verteidigte ihn auch in der eintägigen Hauptverhandlung vor der Großen Strafkammer. Für den Hauptverhandlungstag bei der Großen Strafkammer steht ihm die Gebühr des § 83 Abs. 1 Nr. 2 zu. Für den Hauptverhandlungstag vor dem Schöffengericht ist umstritten, ob er die Gebühr des § 83 Abs. 1 Nr. 2 oder Nr. 3 geltend machen kann. Richtig dürfte im Hinblick auf die Verweisung und den Grundsatz der Einheitlichkeit die Geltendmachung einer Gebühr nach dem für die Strafkammer geltenden Gebührenrahmen, § 83 Abs. 1 Nr. 2, sein. Dasselbe muss dann auch für die Vorverfahrensgebühr gelten.

c) Die Staatsanwaltschaft erhebt wegen eines Messerstiches Anklage zum Schwurgericht; die Kammer verneint die Tötungsabsicht und eröffnet beim Schöffengericht. Wegen der Verweisung an ein untergeordnetes Gericht beginnt dort ein neuer Rechtszug. Hat der Verteidiger bereits im Ermittlungsverfahren vertreten und verteidigt er auch vor dem Schöffengericht, so ist die Vorverfahrensgebühr dem in § 83 Abs. 1 Nr. 1 und die Hauptverhandlungsgebühr dem in § 83 Abs. 1 Nr. 3 beschriebenen Rahmen zu entnehmen.

1.6 Rechtsmittelverfahren

Gegen erstinstanzliche Urteile des Straf- und Jugendrichters, des Schöffen- und Jugendschöffengerichtes steht dem Angeklagten das Rechtsmittel der Berufung zu. Gegen erstinstanzliche Urteile der Großen Strafkammern, der Schwurgerichte sowie der Strafsenate des OLG kann der Angeklagte das Rechtsmittel der Revision einlegen. Die zweitinstanzlichen Urteile der Kleinen Strafkammern, die über die Berufungen gegen die Urteile der Amts- und Schöffengerichte entscheiden, kann der Angeklagte ebenfalls mit dem Rechtsmittel der Revision angreifen. Mit der Sprungrevision können Urteile der Amtsrichter und Schöffengerichte überprüft werden. Eine Berufungshauptverhandlung vor der Kleinen Strafkammer entfällt dann.

Grundsätzlich wird die Einlegung eines Rechtsmittels durch den Verteidiger, der in der Instanz tätig war, in der das angefochtene Urteil ergangen ist, durch die Gebühren der §§ 83, 84 abgegolten. Das Einlegen des Rechtsmittels gehört gebührenrechtlich zur ersten Instanz.

Im **Berufungsverfahren** erhält der Verteidiger gem. § 85 Abs. 1 folgende Gebühren:

1. Hauptverhandlungstag		Fortsetzungstage	
Rahmengebühr	Mittelgebühr	Rahmengebühr	Mittelgebühr
120,00 DM bis 1 520,00 DM	820,00 DM	120,00 DM bis 760,00 DM	440,00 DM

Auch für die Hauptverhandlung vor dem Berufungsgericht gilt, dass dann, wenn mit dem Verfahren von neuem begonnen wird, für den ersten Tag der neuen Hauptverhandlung der in § 85 Abs. 1 genannte Gebührenrahmen (erster Hauptverhandlungstag) anzuwenden ist.

§ 85 Abs. 4 verweist auf § 83 Abs. 3. Befindet sich der Angeklagte nicht auf freiem Fuß, so ist der Gebührenrahmen, aus dem die Gebühr für den ersten Hauptverhandlungstag zu entnehmen ist, um bis zu 25 % zu erhöhen, wenn nur so eine angemessene Vergütung der Tätigkeit des Verteidigers erlangt werden kann.

© Verlag Gehlen

Gebühren des Wahlverteidigers in Strafsachen

Beispiel:
Im Fall des inhaftierten Angeklagten verteidigt der RA ihn in der Berufungsinstanz an zwei Tagen. Unter Zugrundelegung von Mittelgebühren sind für die Verteidigung am ersten Berufungshauptverhandlungstag 1 025,00 DM (825,00 DM plus 25 % Erhöhung) und für den Fortsetzungstag 440,00 DM Gebühren entstanden.

Gem. § 86 Abs. 1 erhält der Verteidiger für den ersten Hauptverhandlungstag im **Revisionsverfahren** folgende Gebühren:

Verfahren vor	Rahmengebühr	Mittelgebühr
• BGH	170,00 DM bis 2 540,00 DM	1 355,00 DM
• OLG	120,00 DM bis 1 520,00 DM	820,00 DM

§ 86 Abs. 2 bestimmt den Gebührenrahmen für die Fortsetzungstage, wenn die Hauptverhandlung über einen Kalendertag hinausgeht:

Verfahren vor	Rahmengebühr	Mittelgebühr
• BGH	170,00 DM bis 1 270,00 DM	720,00 DM
• OLG	120,00 DM bis 760,00 DM	440,00 DM

Auch hier ist dann, wenn mit dem Verfahren von neuem begonnen wird, der erste Hauptverhandlungstag gem. § 86 Abs. 1 zu berechnen.

Auch im Revisionsverfahren ist gem. § 86 Abs. 4 die Vorschrift des § 83 Abs. 3 entsprechend anzuwenden. Beim inhaftierten Mandanten ist der Gebührenrahmen für die Tätigkeit am ersten Hauptverhandlungstag um bis zu 25 % zu erhöhen, nicht aber hinsichtlich der Fortsetzungstage.

Das Verfahren, das die **Beschwerde** oder die **sofortige Beschwerde** zum Gegenstand hat, führt in Strafsachen zu keiner eigenen Instanz. Gebühren wie im Berufungs- oder Revisionsverfahren fallen daher nicht an, weil sich das Verfahren nicht insgesamt in eine andere Instanz verschiebt. Die durch die Rechtsmittel der Beschwerde oder sofortige Beschwerde ausgelöste Mehrarbeit ist bei der Bestimmung der Gebühr im Gebührenrahmen zu berücksichtigen (vgl. Abschn. 1.8, S. 204 ff.).

1.7 Einlegen von Rechtsmitteln zwischen den Instanzen

Mit der Verkündigung des Urteils wird die Hauptverhandlung in der ersten Instanz abgeschlossen. Das Urteil einer Kleinen Strafkammer schließt die Hauptverhandlung in der zweiten Instanz ab. Legt der Verteidiger Rechtsmittel ein, z. B. Berufung, Revision oder Sprungrevision, so wird diese Tätigkeit, das Einlegen des Rechtsmittels, durch die Gebühren der ersten Instanz und bei einem Urteil der Kleinen Strafkammer der zweiten

© Verlag Gehlen

Instanz ebenso abgegolten wie die auf die Einlegung des Rechtsmittels bezogenen übrigen Tätigkeiten, die Erörterung mit dem Mandanten, die vorläufige Prüfung der Erfolgsaussichten der Berufung oder der Revision und die Beratung des Auftraggebers. Ausdrücklich ist das in § 87 S. 2 bestimmt, wonach die in §§ 83 bis 86 benannten Pauschgebühren auch die Einlegung von Rechtsmitteln bei dem Gericht desselben Rechtszuges umfassen.

> **Merke:**
> In Strafsachen ist das Rechtsmittel der Berufung, der Revision oder der Sprungrevision stets bei dem Gericht einzulegen, das das angefochtene Urteil gefällt hat.

Legt der Verteidiger das Rechtsmittel der Berufung oder Revision ein und war er in der Vorinstanz nicht tätig, so entsteht mit der Einlegung des Rechtsmittels der Berufung die Gebühr des § 85 Abs. 3 und mit der Einlegung des Rechtsmittels der Revision die Gebühr des § 86 Abs. 3. Beide Mal beträgt die Gebühr die Hälfte der Gebühren des jeweils in Abs. 1 genannten Rahmens. Auf die entstehenden Gebühren ist die Vorschrift des § 83 Abs. 3 jedenfalls dann anzuwenden, wenn der Gebührenrahmen des § 85 Abs. 3 bzw. § 86 Abs. 3 nicht ausreicht, um die gesamte Tätigkeit des Rechtsanwalts angemessen zu entgelten, weil sich der Angeklagte nicht auf freiem Fuß befindet.

▶ Rücknahme des Rechtsmittels: Besonderheiten bei der Berufung

Nach § 85 Abs. 4 Hs. 2 ist die Bestimmung des § 84 Abs. 2 im Berufungsverfahren entsprechend anzuwenden. Findet im Berufungsverfahren keine Hauptverhandlung statt und leistet der RA einen Beitrag zur endgültigen Einstellung der Sache, so kann er die Gebühr des § 85 Abs. 3 aus dem vollen Gebührenrahmen des § 85 Abs. 1 entnehmen.

> *Beispiel:*
> *Vor der Berufungshauptverhandlung stimmen Staatsanwaltschaft und Gericht der Anregung der Verteidigung zu, das Verfahren nach § 153 Abs. 2 StPO wegen geringer Schuld einzustellen. Dann steht dem Verteidiger im Berufungsverfahren eine volle Gebühr zu.*

Nimmt der Verteidiger früher als zwei Wochen vor dem Hauptverhandlungstermin über die Berufung das Rechtsmittel zurück, so steht ihm auch dann über § 85 Abs. 4 2 Hs. 2 i. V. m. § 84 Abs. 2 Nr. 3 eine volle Gebühr zu.

> *Beispiel:*
> *Der Verteidiger legt das Rechtsmittel der Berufung ein und nimmt es nach Erörterung mit dem Angeklagten vier Wochen vor der Hauptverhandlung wieder zurück. Hier ist ebenfalls eine volle Gebühr für die Verteidigung im Berufungsverfahren außerhalb der Hauptverhandlung nach § 85 Abs. 1 entstanden.*

© Verlag Gehlen

▶ Rücknahme des Rechtsmittels: Besonderheiten bei der Revision

Revisionshauptverhandlungen kommen sehr viel seltener vor als Verhandlungen über die Berufung eines Angeklagten. Zum einen bringen nur wenige Revisionsrechtsmittel Erfolg und zum anderen kann über die Revision auch ohne Hauptverhandlung durch Beschluss entschieden werden. In vielen Fällen ist der Verteidiger daher, wenn er in der Revisionsinstanz vertritt und beispielsweise prozessuale oder materiellrechtliche Rügen in der Revisionsschrift vorbringt, nur im Verfahren außerhalb der Hauptverhandlung tätig. Dann gilt § 86 Abs. 3. Er erhält die Gebühren des § 86 Abs. 1 zur Hälfte.

Verfahren vor	Rahmengebühr	Mittelgebühr
• BGH	85,00 DM bis 1 270,00 DM	677,50 DM
• OLG	60,00 DM bis 760,00 DM	410,00 DM

Im Unterschied zu der Regelung im Berufungsverfahren ist hinsichtlich der Tätigkeit außerhalb der Hauptverhandlung im Revisionsverfahren die Anwendung des § 84 Abs. 2 nicht vorgesehen (vgl. § 86 Abs. 4 im Unterschied zu § 85 Abs. 4). Nimmt der RA das Rechtsmittel der Revision zurück, so kann er stets nur den in Abs. 3 des § 86 bestimmten, um die Hälfte reduzierten Gebührenrahmen anwenden.

Beispiel:

Drei Wochen vor der Revisionshauptverhandlung vor dem Oberlandesgericht nimmt der Verteidiger das Rechtsmittel der Revision zurück. Hier ist nur die Gebühr des § 86 Abs. 3 entstanden. Eine Erhöhung zur vollen Gebühr über § 84 Abs. 2 Nr. 3 ist nicht vorgesehen.

Legt die Staatsanwaltschaft oder ein Nebenkläger gegen das Urteil ein Rechtsmittel ein und entfaltet der Verteidiger des Angeklagten eine wie auch immer geartete Tätigkeit (Beratung des Angeklagten über die Erfolgsaussicht des Gegners; das Rechtsmittel des Gegners zu verwerfen), dann entsteht eine Gebühr aus § 85 Abs. 3 bzw. § 86 Abs. 3, weil diese Tätigkeit nicht mehr zur Vorinstanz rechnet. Selbst wenn der Gegner sein Rechtsmittel der Berufung oder Revision zurücknimmt, kann der Verteidiger die ihm entstandene Gebühr im Hinblick auf § 85 Abs. 3 bzw. § 86 Abs. 3 geltend machen.

Merke:

In der Regel entstehen für die Tätigkeiten im Verfahren zwischen den Instanzen keine gesonderten Gebühren. Das gilt insbesondere dann, wenn der RA in beiden Instanzen tätig war. Das Rechtsmittel einzulegen und die damit verbundenen Arbeiten rechnen zur ersten Instanz; nach der Einlegung des Rechtsmittels ist die Tätigkeit bis zur Hauptverhandlung durch die Gebühr für die Verteidigung in der Hauptverhandlung in zweiter Instanz mit umfasst.

© Verlag Gehlen

1.8 Bestimmung der Höhe der Gebühren, § 12

Der Gesetzgeber hat die in §§ 83 bis 86 beschriebenen Gebühren als so genannte Betragsrahmengebühren ausgestaltet. Nach § 12 Abs. 1 bestimmt der RA die Gebühr im Einzelfall unter Berücksichtigung aller Umstände, insbesondere der Bedeutung der Angelegenheit, des Umfangs und der Schwierigkeit der anwaltlichen Tätigkeit sowie der Vermögens- und Einkommensverhältnisse des Auftraggebers nach billigem Ermessen.

In der täglichen Praxis und in der Rechtsprechung begegnet man vielfach der so genannten Mittelgebühr. Sie ergibt sich aus der Addition der halben Mindest- und der halben Höchstgebühr und bezieht sich auf den Tag für Tag vorkommenden Durchschnittsfall, bei dem die Bedeutung der Angelegenheit, der Umfang und die Schwierigkeit der anwaltlichen Tätigkeit und die Einkommensverhältnisse des Auftraggebers im unauffälligen Durchschnittsbereich liegen. Die Wahl der Mittelgebühr kann nie die konkrete Bestimmung der Gebühr ersetzen. Stets ist im einzelnen Fall individuell der Ansatz der Gebühr im Rahmen zu prüfen.

Alleine der RA vermag die Gebühr zu bestimmen. Nur er kann die Gebühr im Betragsrahmen zutreffend ansetzen. Weder die Rechtsanwaltsfachangestellte noch ein Vertreter des RA sind zur Bestimmung befugt.

Wenn die vom RA gewählte Gebühr von einem Dritten (Staatskasse, Verfahrensgegner) zu ersetzen ist, kann die getroffene Bestimmung auf ihre Billigkeit überprüft werden. In aller Regel ist die vom RA getroffene Gebühr verbindlich, wenn die vom Rechtspfleger oder Richter als billig erscheinende, berechnete Gebühr nicht mehr als 20% abweicht.

Zu den Auslagen des Strafverteidigers vgl. 1. Teil, Abschnitt 4.6, S. 61.

Statt gesetzliche Gebühren geltend zu machen, trifft der Wahlverteidiger häufig eine Honorarvereinbarung (zu den Einzelheiten vgl. Abschnitt 6, S. 222 ff.).

1.8.1 Kriterien des § 12

Der Vorschrift des § 12 kommt im Strafverfahren zentrale Bedeutung zu. Deshalb werden die Kriterien vor dem Hintergrund der Besonderheiten im Strafverfahren umfassend abgehandelt.

Bei der Bestimmung der Gebühr ist jede Schematisierung zu vermeiden. In Fällen, die sich von dem gedachten Durchschnittsfall nicht wesentlich unterscheiden, kann die Mittelgebühr angemessen sein. Liegen mehrere Umstände vor, die die in § 12 genannten Kriterien erfüllen, so ist die Gebühr aus dem oberen Bereich des vorgegebenen Rahmens auszuwählen. Allerdings kann schon jeder in § 12 genannte Umstand Anlass geben, nach unten oder nach oben im Gebührenrahmen abzuweichen. Schon ein einziger Umstand kann so sehr und so erheblich ins Gewicht fallen, dass schon deshalb eine Gebühr im oberen Bereich, ja sogar die Höchstgebühr in Betracht kommen kann.

© Verlag Gehlen

1.8.2 Beispiele für die einzelnen Kriterien

▶ *Bedeutung der Angelegenheit für den Auftraggeber*

Für einen unbestraften Beschuldigten von tadellosem Ruf ist eine drohende Verurteilung von erheblich größerer Bedeutung als die 12. Verurteilung eines mehrfach vorbestraften Angeklagten. Auswirkungen auf die soziale Stellung des Angeklagten erhöhen die Bedeutung der Sache. Die drohende Verurteilung eines Lehrers wegen des ihm zum Nachteil einer Schülerin zur Last gelegten Sexualdeliktes ist wegen der beamtenrechtlichen Konsequenzen von erheblich größerer Bedeutung als die Verurteilung einer Hausfrau wegen Beleidigung. Weitere Beispiele, die für eine höhere Bedeutung sprechen: drohende Entziehung der Fahrerlaubnis eines Berufskraftfahrers; Vorwurf der Untreue gegenüber einem Bankangestellten oder Rechtsanwalt; drohende hohe Freiheitsstrafe; drohende Freiheitsstrafe, die nicht zur Bewährung ausgesetzt werden kann; mit der Verurteilung verbundene soziale Ächtung; im Fall der Verurteilung drohendes Berufsverbot oder drohende Abschiebung; drohende zivilrechtliche Inanspruchnahme bei Verurteilung; generelle wirtschaftliche Auswirkungen des Verfahrens.

▶ *Umfang der anwaltlichen Tätigkeit*

Selbstverständlich ist von Bedeutung, ob der Verteidiger im Rahmen des Vorverfahrens nur ein auf 120 Seiten dokumentiertes Ermittlungsergebnis untersuchen oder 10 000 bis 20 000 Blatt zur Kenntnis nehmen muss; einzelne Umstände: besonders umfangreiches Wirtschaftsstrafverfahren; besonders umfassende Schriftsätze zur Bewertung der Verdachtslage und zu Rechtsfragen; besonders lange Verfahrensdauer, die sich über Jahre hinstreckt; Haftsache, die die Notwendigkeit langer und intensiver Haftbetreuung mit sich bringt; lange Verhandlungszeit am Hauptverhandlungstag; umfangreiche prozessuale Rügen in der Begründungsschrift zur Revision; tagelange Vernehmungen des Beschuldigten bei den Ermittlungsbehörden.

▶ *Schwierigkeit der anwaltlichen Tätigkeit*

Während der Umfang die Arbeitszeit betrifft, stellt der Schwierigkeitsgrad auf die intellektuellen Anforderungen ab. Schwierig sind Verfahren, sie sich mit seltenen, besonders wenig bearbeiteten Rechtsgebieten beschäftigen, die z. B. auch ausländisches Recht berücksichtigen müssen. Beispiele sind eine außerordentlich schwierige Persönlichkeits- und Charakterstruktur des Beschuldigten, mit dem die Vorbereitungserörterungen nur mit größter Mühe zu bewerkstelligen sind; außerordentlich umfassendes Beweismaterial, das unüberbrückbar widersprüchlich ist und das jeweils hinsichtlich seiner Beweiskraft aus dem damit im Zusammenhang stehenden prozessualen Hintergrund herausgeschält werden muss; Studium von Urkunden in einer fremden Sprache; die Notwendigkeit von Fremdsprachenkenntnissen; Auseinandersetzungen mit diffizilen Gutachten von Psychiatern oder Psychologen oder schwierigen technischen Gutachten; Schwierigkeiten durch unwahrhaftige Verfahrensbeteiligte.

© Verlag Gehlen

▶ **Die Vermögens- und Einkommensverhältnisse**

Sind die Einkommensverhältnisse des Auftraggebers vorzüglich, so rechtfertigt das eine Gebühr aus dem oberen Bereich des Rahmens. Grundsätzlich ist beim Vergleich von den Verhältnissen auszugehen, die beim Durchschnitt der Bevölkerung anzutreffen sind.

2 Besondere Gebühren des RA in Strafsachen

Der Verteidiger ist in aller Regel nicht nur im Ermittlungsverfahren, in der Hauptverhandlung oder in der Rechtsmittelinstanz tätig. Besondere Gebühren kennt das Gesetz u. a.

- bei der Einziehung gem. § 88
- beim vermögensrechtlichen Anspruch gem. § 89
- beim Wiederaufnahmeverfahren gem. § 90
- bei einzelnen Tätigkeiten gem. § 91
- beim Gnadengesuch gem. § 93
- bei der Privatklage gem. § 94 und
- bei der Nebenklage gem. § 95.

2.1 Einziehung und verwandte Maßnahmen, § 88

Selten wird eine Vorschrift, die dem Rechtsanwalt eine erhebliche gebührenrechtliche Besserstellung bringt, so häufig übersehen wie § 88. Wenn der RA für den Beschuldigten eine Tätigkeit ausübt, die sich auf die Einziehung, den Verfall usw., das Fahrverbot oder die Entziehung der Fahrerlaubnis erstreckt, muß die Anwendung des § 88 geprüft werden.

▶ *Einziehung, Verfall usw.*

Bei der Einziehung, dem Verfall und den übrigen im Gesetz genannten Umständen ist der Gegenstandswert gem. § 7 angemessen zu berücksichtigen. Der Gebührenrahmen kann um einen Betrag bis zu einer nach diesem Gegenstandswert berechneten vollen Gebühr (§ 11) überschritten werden, soweit der Rahmen nicht ausreicht, um die gesamte Tätigkeit des Rechtsanwalts angemessen zu entgelten. Das ist häufig dann der Fall, wenn ein bei der Straftat benutztes hochwertiges Tatwerkzeug eingezogen werden soll oder ein bestimmter Betrag für verfallen erklärt wird.

Beispiele

a) Dem Angeklagten wird vorgeworfen, zum siebten Male ohne Fahrerlaubnis einen 100 000,00 DM teuren Pkw geführt zu haben. Der Pkw steht im Eigentum einer Leasinggesellschaft. Der Verteidiger, der im Rahmen seiner Tätigkeit erreicht, dass die Einziehung des Kfz unterbleibt und der Pkw an die Leasingfirma herausgegeben werden kann, darf unter Berücksichtigung einer beim Amtsgericht betriebenen Hauptverhandlung und der Mittelgebühr folgende Kostennote schreiben:

© Verlag Gehlen

Der Gebührenrahmen beträgt für die Verteidigung vor dem Amtsgericht am ersten Hauptverhandlungstag 100,00 DM bis 1 300,00 DM, die Mittelgebühr 700,00 DM. Erhöht man den Gebührenrahmen um die nach dem Gegenstandswert von 100 000,00 DM berechnete volle Gebühr, nämlich 2 125,00 DM (= 10/10 Gebühr aus einem Gegenstandswert von 100 000,00 DM), liegt der Gebührenrahmen jetzt zwischen 2 225,00 DM und 3 425,00 DM. Da die Erhöhung des Rahmens erforderlich ist, um die Tätigkeit des RA angemessen zu entgelten, und will der RA den Mittelwert wählen, erhält er für seine Verteidigung in der Hauptverhandlung und die Tätigkeit, die sich auf die Einziehung erstreckte, eine Mittelgebühr in Höhe von 2 825,00 DM zuzüglich Auslagen und Mehrwertsteuer.

b) *Der Angeklagte, der für das Ministerium für Staatssicherheit der DDR zehn Jahre geheimdienstliche Tätigkeit betrieben und dafür einen Agentenlohn von 200 000,00 DM erlangt hat, wird vom zuständigen Strafsenat des Oberlandesgerichtes zu einer Freiheitsstrafe verurteilt; gleichzeitig wird der Verfall des erlangten Agentenlohnes in Höhe von 200 000,00 DM angeordnet. Damit kann die Staatskasse beim Angeklagten 200 000,00 DM vollstrecken. Wenn sich die Tätigkeit des Verteidigers auch auf die Abwehr dieser drohenden Verfallsanordnung erstreckte, kann er den Gebührenrahmen des § 83 Abs. 1 Nr. 1 jedenfalls für die Hauptverhandlungstage, an denen über den Verfall verhandelt wurde, um die volle 10/10 Gebühr aus einem Gegenstandswert von 200 000,00 DM = 2 765,00 DM erhöhen, um die angemessene Gebühr anschließend zu bestimmen.*

▶ *Fahrverbot oder Entziehung der Fahrerlaubnis*

In aller Regel werden bei Trunkenheitsfahrten oder den in § 69 StGB benannten Taten im Ermittlungsverfahren Entscheidungen über die vorläufige Entziehung der Fahrerlaubnis getroffen; in der Hauptverhandlung wird in der Regel die Fahrerlaubnis entzogen. Meist richtet sich die Tätigkeit des Verteidigers in solchen Verfahren zuerst gegen die von den Angeklagten besonders gefürchtete Entziehung der Fahrerlaubnis. Dann kann der sich aus § 83 Abs. 1 bzw. § 84 ergebende Gebührenrahmen um bis zu 25 vom Hundert überschritten werden, wenn dies für die angemessene Vergütung erforderlich ist.

Beispiel:
Dem Berufskraftfahrer wird in der Hauptverhandlung dank einer professionellen und engagierten Verteidigung die Fahrerlaubnis nicht entzogen. Kern der Verteidigertätigkeit war die Verhinderung der Fahrerlaubnisentziehung. Hier kann der Gebührenrahmen um bis zu 25 v. H. überschritten werden. Innerhalb dieses neuen Rahmens bestimmt der Verteidiger dann die zutreffende Gebühr.

2.2 Vermögensrechtliche Ansprüche, § 89

§ 89 regelt das so genannte Adhäsionsverfahren. §§ 403 bis 406 StPO eröffnen die Möglichkeit, bürgerlich-rechtliche Entschädigungsansprüche in Strafprozessen geltend zu machen. Dafür erhält der RA (für die Geltendmachung oder Abwehr dieser Ansprüche) eine 20/10 Gebühr nach dem Gegenstandswert der anhängig gemachten oder abgewehrten Ansprüche. Diese Ansprüche treten zu den Gebührenansprüchen der §§ 83 bis 86 hinzu. Die Vorschrift ist in der Praxis von geringer Bedeutung, wegen ihrer Einzelheiten wird auf das Gesetz verwiesen.

2.3 Wiederaufnahme, § 90

Der RA, der einen Antrag auf Wiederaufnahme des rechtskräftig abgeschlossenen Verfahrens vorbereitet, einen solchen Antrag anbringt und die Vertretung im Verfahren zur Entscheidung über den Antrag führt, erhält die in § 83 Abs. 1 bestimmten Gebühren. Der Gebührenrahmen bestimmt sich dabei nach der Ordnung des Gerichts, das im ersten Rechtszug entschieden hat.

Befindet sich der Verurteilte in Haft, ist § 83 Abs. 3 entsprechend anzuwenden. Der Gebührenrahmen kann bis zu 25 vom Hundert erhöht werden.

Bei § 90 ist zu beachten, dass das Wiederaufnahmeverfahren in zwei Teile zerfällt: zum einen in das Verfahren über die Zulässigkeit, in dem der Antrag auf Wiederaufnahme gem. § 368 StPO als unzulässig verworfen werden kann, und zum anderen in das Verfahren über die Begründetheit des Antrages, in dem gem. §§ 369, 370 StPO die Beweise erhoben und das Verfahren als unbegründet verworfen oder mit der Anordnung zur Erneuerung der Hauptverhandlung abgeschlossen werden kann. § 90 gilt die gesamte Tätigkeit ab.

Wird die Erneuerung der Hauptverhandlung angeordnet, beginnt ein neues, wieder aufgenommenes Verfahren, das nach den §§ 83 ff. abzurechnen ist.

2.4 Einzelne Tätigkeiten, § 91

§ 91 billigt dem RA für einzelne Tätigkeiten, auf die er beschränkt ist, Gebühren zu.

Für die Einlegung eines Rechtsmittels, die Anfertigung oder Unterzeichnung anderer Anträge, Gesuche oder Erklärungen oder sonstige Beistandsleistungen erhält der Verteidiger eine Gebühr von 30,00 DM bis 340,00 DM. Die Mittelgebühr beläuft sich auf 185,00 DM.

Für die Anfertigung oder Unterzeichnung einer Schrift zur Rechtfertigung der **Berufung** oder zur Beantwortung der von dem Staatsanwalt, Privat- und Nebenkläger eingelegten Berufung, die Führung des Verkehrs mit dem Verteidiger (Korrespondenz), die Beistandsleistung für den Beschuldigten bei einer staatsanwaltlichen oder richterlichen Vernehmung oder eine Augenscheineinnahme außerhalb der Hauptverhandlung oder bei der Vertretung im Klageerzwingungsverfahren erhält der RA eine Gebühr in Höhe von 50,00 DM bis 640,00 DM. Die Mittelgebühr beträgt 345,00 DM.

Für die Anfertigung oder Unterzeichnung einer Schrift zur Begründung der **Revision** oder zur Erklärung auf die vom Staatsanwalt, Privat- oder Nebenkläger eingelegte Revision (auch hier darf der Verteidiger nicht in der gesamten Revisionsinstanz auftreten, sonst gilt § 86) erhält der RA eine Gebühr von 70,00 DM bis 1 010,00 DM. Die Mittelgebühr beläuft sich auf 540,00 DM.

§ 91 ist von erheblicher Bedeutung. Die darin genannten Gebühren gelten für alle Einzeltätigkeiten des Verteidigers in der Strafsache, soweit die Pauschgebühren der §§ 83 bis 86 dies nicht abgelten. § 91 beschreibt die Vergütung für die in der Strafverteidigerpraxis

© Verlag Gehlen

häufig vorkommende Vollstreckungsbeistandstätigkeit, beispielsweise die zur Bewährung ausgesetzte Freiheitsstrafe nicht zu widerrufen, den Verurteilten gem. § 57 StGB nach der Halb- oder Zweidrittelverbüßung seiner Freiheitsstrafe auf Bewährung zu entlassen und sonstigen Tätigketien in Strafvollzugsangelegenheiten.

2.5 Gnadengesuche, § 93

RAe werden häufig mit der Vertretung in Gnadensachen beauftragt. Hierzu gewährt § 93 eine eigene Gebühr in Höhe von 40,00 DM bis 500,00 DM. Da die Verteidigung mit der Rechtskraft des Urteils endet, stellt eine Gnadensache immer eine besondere Angelegenheit dar.

2.6 Privatklage, § 94

Nach § 374 Abs. 1 StPO kann der Verletzte im Wege der Privatklage die dort aufgeführten Vergehen verfolgen, ohne dass es einer vorherigen Anrufung der Staatsanwaltschaft bedarf. Der RA, der einen Privatkläger vertritt, liquidiert nach den Vorschriften der §§ 83 bis 93 entsprechend; so sieht es § 94 vor. Der Privatkläger kann unter den Einschränkungen des Gesetzes wie ein Staatsanwalt operieren. Bei bestimmten Delikten ist die Möglichkeit der Erhebung der Privatklage allerdings von einem vorangegangenen Sühneversuch abhängig, § 380 StPO. Die Beistandsleistung des RA in dem Sühneverfahren, das nicht zum Strafverfahren zählt, ist in § 94 Abs. 5 geregelt. Der RA erhält hierfür eine Gebühr in Höhe von 30,00 DM bis 250,00 DM und – wenn sich Privatkläger und Beschuldigter im Sühnetermin einigen – eine weitere Gebühr aus dem gleichen Rahmen. Der Mittelwert beträgt 140,00 DM.

Scheitert der Sühnetermin, wird die Privatklageschrift (wie eine Anklageschrift) bei Gericht eingereicht. Im Falle der Eröffnung findet die Hauptverhandlung in der Regel ohne Staatsanwaltschaft statt.

Beispiel:
Der RA vertritt den Verletzten im Privatklageverfahren und begleitet ihn zum Sühnetermin. Der Sühnetermin platzt. Daraufhin fertigt der RA eine Privatklage und reicht sie beim Amtsgericht ein. Das Verfahren wird eröffnet. Der Privatbeklagte wird verurteilt. Hier kann der RA unter Berücksichtigung von Mittelgebühren
* *für die Tätigkeit als Vertreter im Sühnetermin 140,00 DM,*
* *für seine Tätigkeit im Vorverfahren 350,00 DM und*
* *für die Vertretung des Privatklägers in der Hauptverhandlung 700,00 DM*
zuzüglich Auslagen und Mehrwertsteuer verlangen.
Würden sich in der Hauptverhandlung Privatkläger und Privatbeklagter vergleichen, indem der Privatbeklagte sich wegen seiner Beleidigung entschuldigt und der Privatkläger auf die Bestrafung verzichtet, könnte der RA gem. § 94 Abs. 3 für die Mitwirkung beim Abschluss eines solchen Vergleichs noch eine zusätzliche Gebühr in Höhe von 30,00 DM bis 250,00 DM (Mittelgebühr 140,00 DM) verdienen.

> **Merke:**
> Die Vergleichsgebühr des § 94 Abs. 3 darf nicht mit der Einigungsgebühr des § 94 Abs. 5 verwechselt werden. In Abs. 3 wird der im Vorverfahren nach dem Sühnetermin oder in der Hauptverhandlung abgeschlossene Vergleich angesprochen; in Abs. 5 die vergleichsweise Einigung in dem dem Vorverfahren vorgelagerten Sühneversuchsverfahren.

Vertritt der RA mehrere geschädigte Privatkläger, erhöht sich nach § 6 Abs. 1 S. 3 die Mindest- und die Höchstgebühr für jeden weiteren Auftraggeber um 3/10. Mehrere Erhöhungen dürfen das Doppelte des Mindest- und Höchstbetrages nicht übersteigen (vgl. 1. Teil, Abschnitt 4.5 und 4. Teil, Abschnitt 2.7, S. 49 ff.).

2.7 Nebenklage, § 95

Für die Tätigkeit als Beistand oder Vertreter eines Nebenklägers oder die Vertretung eines Verletzten gelten die Vorschriften der §§ 83 bis 93 sinngemäß. Wird der RA jedoch nur als Beistand oder Vertreter des Verletzten und nicht als Nebenklagevertreter tätig, erhält er die Hälfte der jeweils bestimmten Gebühren.

Die Nebenklage besitzt in der Praxis große Bedeutung. Gerade bei versuchten Tötungsverbrechen, bei Sexualdelikten oder Körperverletzungstaten betreiben Geschädigte zunehmend die Nebenklage. Die Voraussetzungen benennt § 395 StPO. Danach kann die Nebenklage ab der Erhebung der öffentlichen Klage verfolgt werden. Im Strafbefehlsverfahren kann sich der Geschädigte als Nebenkläger gem. § 396 Abs. 1 StPO erst dann anschließen, wenn Termin zur Hauptverhandlung anberaumt oder der Antrag auf Erlass eines Strafbefehls abgelehnt worden ist.

▶ *Höhe der Gebühren*

Verteidiger und Nebenklägervertreter sind vom Gesetz völlig gleichgestellt worden. Sie erhalten unter Berücksichtigung der in § 12 genannten Kriterien für ihre Tätigkeit in den verschiedenen Verfahrensabschnitten dieselben Gebühren. Die immer wieder erörterte Auffassung, die Bedeutung der Tätigkeit eines Verteidigers sei größer, wird von der Rechtsprechung nicht geteilt. Übrigens ist die Nebenklage gem. § 80 Abs. 3 JGG gegenüber Jugendlichen ebenso wenig zulässig wie die Privatklage gem. § 80 Abs. 1 S. 1 JGG. Diese Beschränkungen gelten allerdings nicht bei Verfahren gegen Heranwachsende.

▶ *Mehrere Nebenkläger*

Nimmt der Nebenklagevertreter das Mandat mehrerer Nebenkläger wahr, erhöhen sich der Mindest- und Höchstbetrag der für die Vertretung des ersten Auftraggebers entstehenden Gebühr durch jeden weiteren Auftraggeber um 3/10; auch hier dürfen mehrere Erhöhungen das Doppelte des Mindest- und Höchstbetrages nicht übersteigen.

© Verlag Gehlen

Beispiel:
Der RA vertritt vier nigerianische Nebenkläger, die sich der zum Amtsgericht erhobenen öffentlichen Klage der Staatsanwaltschaft wegen gefährlicher Körperverletzung durch einen Neonazi angeschlossen haben. Die Hauptverhandlung endet nach einem Tag mit der Verurteilung des Angeklagten. Ausgehend von der Mittelgebühr ergibt sich folgende Berechnung:
1. *erster Nebenkläger:*
   350,00 DM Vorverfahren + 700,00 DM Hauptverhandlung = 1 050,00 DM;
2. *für die drei weiteren Nebenkläger:*
   von 1 050,00 DM sind 3/10 315,00 DM
   315,00 DM x 3 (für drei weitere Nebenkläger) = 945,00 DM
   945,00 DM + 1.050,00 DM = 1 995,00 DM

Das Doppelte des Mindest- und Höchstbetrages beläuft sich auf 4 200,00 DM (50,00 DM + 650,00 DM) + (100,00 DM + 1 300,00 DM) = (2 100,00 DM x 2 = 4 200,00 DM). Die Höchstgebühr des § 6 Abs. 1 ist damit noch lange nicht erreicht.

3 Gebühren des Verteidigers in Bußgeldverfahren, § 105

Die Gebühren des Verteidigers in Bußgeldverfahren sind in § 105 geregelt.

3.1 Vorverfahren

Das Vorverfahren in Bußgeldverfahren beginnt mit dem Eingang einer Anzeige bzw. mit der Aufnahme der Ermittlungen durch die Verwaltungsbehörde. Es endet nach § 105 Abs. 1 mit dem Eingang der Akten bei Gericht. Für seine Tätigkeit im Vorverfahren steht dem Verteidiger **die Hälfte** der in § 83 Abs. 1 Nr. 3 benannten Gebühren zu. Ist der Betroffene der ihm zur Last gelegten Ordnungswidrigkeit noch nicht verjährt, erlässt die Bußgeldbehörde in aller Regel einen Bußgeldbescheid. Der Verteidiger, das Rechtsmittel des Einspruchs einlegt und damit vor Eingang der Akten beim Gericht tätig wird, verdient damit die Gebühr des § 105 Abs. 1 i. V. m. § 83 Abs. 1 Nr. 3.

3.2 Hauptverhandlung

Wird der Verteidiger auch im Bußgeldverfahren vor dem Amtsgericht tätig – entweder durch die Verteidigung in der Hauptverhandlung oder im bei Gericht anhängigen Verfahren außerhalb der Hauptverhandlung –, erhält er gem. § 105 Abs. 2 die in §§ 83 Abs. 1 Nr. 3 und 84 bestimmten Gebühren. Im Übrigen gilt nach § 105 Abs. 3 der 6. Abschnitt – die Gebühren in Strafsachen gem. §§ 83 ff. – im Bußgeldverfahren entsprechend. Damit findet auch § 84 Abs. 2 im Bußgeldverfahren Anwendung:
Stellt die Verwaltungsbehörde die Sache im Vorverfahren endgültig ein und ist eine hierauf ausgerichtete Verfahrensförderung des Verteidigers ersichtlich, bestimmt sich nach § 105 Abs. 3 i. V. m. § 84 Abs. 2 Nr. 1 die Gebühr aus dem vollen Rahmen des § 83 Abs. 1 Nr. 3.

> **Beispiel:**
> Dem Betroffenen wird zur Last gelegt, eine Lichtzeichenanlage bei Rotlicht überfahren zu haben. Im Verfahren vor der Verwaltungsbehörde weist der Verteidiger darauf hin, dass das wesentliche Beweismittel, das Foto, nicht den Betroffenen, sondern einen Dritten zeigt. Daraufhin wird das Verfahren mangels Tatverdacht von der Verwaltungsbehörde eingestellt. Die Gebühren des Verteidigers berechnen sich damit – wenn Mittelwerte zugrunde gelegt werden – nach §§ 105 Abs. 3, 84 Abs. 2 Nr. 1 und 83 Abs. 1 Nr. 3 auf 700,00 DM zuzüglich Auslagen und Mehrwertsteuer.

3.3 Rücknahme des Einspruchs im Verfahren vor dem Gericht

Über § 105 Abs. 3 ist auch die Vorschrift des § 84 Abs. 2 Nr. 3 anzuwenden, wenn der Einspruch gegen den Bußgeldbescheid früher als zwei Wochen vor Beginn des Tages, der für die Hauptverhandlung bestimmt ist, zurückgenommen wird. Dann verdient der Rechtsanwalt seine Gebühr aus dem vollen Gebührenrahmen des § 83 Abs.1 Nr. 3.

Eine **Besonderheit** ist zu beachten: Hat das Rechtsmittel des Einspruchs das Verfahren noch nicht von der Verwaltungsbehörde zum Gericht gebracht, beispielsweise weil die Verwaltungsbehörde nach § 69 Abs. 2 OWiG prüft, ob sie dem Einspruch selbst abhelfen will, kann die Rechtsmittelrücknahme zu einem solchen Zeitpunkt nicht die Gebühr des § 84 Abs. 2 Nr. 3 i. V. m. § 83 Abs. 1 Nr. 3 auslösen. Voraussetzung ist in jedem Fall, dass die Sache schon bei Gericht anhängig ist.

Wird übrigens der Einspruch gegen den Bußgeldbescheid in der Hauptverhandlung oder im Hinblick auf einen in der Hauptverhandlung angebrachten Aussetzungsantrag nach der Hauptverhandlung zurückgenommen (das geschieht relativ häufig, um den Betroffenen in den Fällen des Fahrverbotes den Zeitpunkt der Wirksamkeit des Fahrverbotes wählen zu lassen), ist die Gebühr für die Tätigkeit in der Hauptverhandlung entstanden. Sie schließt § 84 Abs. 2 Nr. 3 aus.

3.4 „Doppeltes Vorverfahren"

Immer wieder ermitteln in Verkehrsstrafsachen zunächst die Staatsanwaltschaften nur, um dann das Verfahren einzustellen und an die Verwaltungsbehörde abzugeben. Ist der Verteidiger in allen Verfahrensabschnitten tätig, ist strittig, ob er zwei Vorverfahrensgebühren (Verteidigung im Ermittlungsverfahren und Vorverfahren vor der Verwaltungsbehörde) abrechnen darf. Es ist letztlich unerheblich, wie der Verteidiger abrechnet: Entweder bringt er eine Gebühr nach § 84 Abs. 1 für seine Tätigkeit im Ermittlungsverfahren und eine Gebühr nach § 105 Abs. 1 in Ansatz und berücksichtigt dann über die in § 12 genannten Kriterien einen jeweils geringeren Aufwand oder aber er setzt nur eine Gebühr gem. § 84 Abs. 1 bzw. § 105 Abs. 1 an und berücksichtigt den Aufwand durch die Wahl einer höheren Gebühr im Rahmen. Im Ergebnis muss der gleiche Betrag herauskommen, denn die Tätigkeit war dieselbe.

© Verlag Gehlen

Das einzige Rechtsmittel, das gegen die Entscheidung des Amtsrichters in Bußgeldverfahren im Gesetz vorgesehen ist, ist die **Rechtsbeschwerde** gem. § 79 OWiG. Die Rechtsbeschwerde ist der Revision nachgebildet. Damit gelten für die Tätigkeit im Rahmen des Rechtsbeschwerdeverfahrens über § 105 Abs. 3 die Vorschriften in § 86 (vgl. Abschnitt 1.6.2, siehe S. 201).

4 Gebühren des Pflichtverteidigers

Die Voraussetzungen für die Bestellung eines Verteidigers (sprachlich unklar häufig auch Beiordnung genannt) regelt § 140 StPO. Um einen Fall notwendiger Verteidigung, d. h. die Mitwirkung eines Verteidigers ist notwendig, handelt es sich, wenn die Hauptverhandlung im ersten Rechtszug z. b. vor dem Oberlandesgericht oder Landgericht stattfindet oder ein Verbrechen angelastet wird oder das Verfahren zu einem Berufsverbot führen kann oder der Beschuldigte sich mindestens drei Monate aufgrund richterlicher Anordnung oder mit richterlicher Genehmigung in einer Anstalt befunden und nicht mindestens zwei Wochen vor Beginn der Hauptverhandlung entlassen wird oder wenn zur Vorbereitung eines Gutachtens über den psychischen Zustand des Beschuldigten seine Unterbringung nach § 81 StPO infrage kommt, ein Sicherungsverfahren durchgeführt wird oder der bisherige Verteidiger durch eine Entscheidung von der Mitwirkung in dem Verfahren ausgeschlossen ist. Weitere Voraussetzungen, die die Mitwirkung eines Verteidigers erforderlich machen, sind in § 140 Abs. 2 StPO und in anderen Vorschriften geregelt.

Grundsätzlich sollte der Verteidiger, der das Wahlmandat wegen der Leistungsunfähigkeit des Auftraggebers nicht fortführen kann, im Namen seines Mandanten frühzeitig um die Bestellung nachsuchen. Das ist schon im Ermittlungsverfahren über § 141 Abs. 3 StPO möglich. Bestellt wird der Verteidiger stets durch den Vorsitzenden des in der Sache zuständigen oder nach Geschäftsverteilungsplan zuständig werdenden Gerichtes, niemals durch den gesamten Spruchkörper. Ist der RA nicht am Gerichtsort des erkennenden Gerichtes zugelassen, ist § 142 StPO zu achten. Bei der Bestellung eines auswärtigen Verteidigers eine Beschränkung des Vergütungsanspruches anzuordnen, ist rechtswidrig und unzulässig.

Die Gebühren des Pflichtverteidigers sind in § 97 festgelegt. Der Pflichtverteidiger erhält anstelle der gesetzlichen Gebühren des Wahlverteidigers das Vierfache der in den §§ 83 bis 86, 90 bis 92, 94 und 95 bestimmten Mindestbeträge – begrenzt auf nicht mehr als die Hälfte des Höchstbetrages. Die Zahlungen leistet die Staatskasse. Damit sind die Pflichtverteidigergebühren erheblich geringer also die des Wahlverteidigers. Sie sind nicht rahmen-, sondern betragsmäßig genau bestimmte Gebühren.

4.1 Übersicht über die Gebühren, § 97

Die nachfolgende Übersicht zeigt die Gebühren des Pflichtverteidigers unter Berücksichtigung der jeweiligen Instanz, der Ordnung des Gerichtes und seiner Tätigkeit im vorbereitenden Verfahren am ersten Hauptverhandlungstag, an den Fortsetzungstagen, in den Rechtsmittelverfahren und bei der Haftanordnung.

© Verlag Gehlen

Übersicht: Gebühren des Pflichtverteidigers					
	1. Hauptverhandlungstag		Fort-setzungs-tage	Vorbereitende Verfahren; in anhängigen Verfahren außerhalb der Hauptverhandlung	
Instanz/Gericht	keine Haft	Haft		keine Haft	Haft
Erster Rechtszug					
• OLG, Schwurgericht, Jugendkammer, wenn Schwurgericht zuständig	680,00 DM	850,00 DM	635,00 DM	340,00 DM	425,00 DM
• Große Strafkammer, Jugendkammer	480,00 DM	600,00 DM	380,00 DM	240,00 DM	300,00 DM
• Schöffengericht, Straf- und Jugendgericht	400,00 DM	500,00 DM	325,00 DM	200,00 DM	250,00 DM
Berufung	480,00 DM	600,00 DM	380,00 DM	240,00 DM	240,00 DM
Revision					
• BGH	680,00 DM	850,00 DM	635,00 DM	340,00 DM	340,00 DM
• OLG	480,00 DM	600,00 DM	380,00 DM	240,00 DM	240,00 DM

▶ *Rechtsmittelinstanz*

Im Berufungsverfahren fallen für den ersten Hauptverhandlungstag bei der Kleinen Strafkammer 480,00 DM und für den Fortsetzungstag je 380,00 DM an.

Im Revisionsverfahren vor dem Bundesgerichtshof entstehen für die Mitwirkung am ersten Hauptverhandlungstag 680,00 DM und im Rahmen der Fortsetzungstage je 635,00 DM.

Ist das Revisionsverfahren beim Oberlandesgericht anhängig, beträgt die Gebühr für den ersten Hauptverhandlungstag 480,00 DM und für den Fortsetzungstag 380,00 DM.

Finden im Revisionsverfahren keine Hauptverhandlungen statt, beträgt die Gebühr im anhängigen Verfahren beim Bundesgerichtshof außerhalb der Hauptverhandlung 340,00 DM und beim Oberlandesgericht 240,00 DM.

© Verlag Gehlen

▶ *Besonderheiten beim inhaftierten Mandanten*

Gem. § 97 Abs. 1 S. 3 ist die Gebühr für die Verteidigung zwingend vom Vierfachen auf das Fünffache der Mindestgebühr anzuheben, wenn sich der Beschuldigte nicht auf freiem Fuß befindet. Für die Tätigkeit am ersten Hauptverhandlungstag ergeben sich die aus der Tabelle ablesbaren Erhöhungen. Für die Fortsetzungstage gilt wie beim Wahlverteidiger, dass die Gebühr nicht erhöht wird. Für den ersten Hauptverhandlungstag im Berufungs- oder Revisionsverfahren ist die Gebühr indessen vom Vierfachen auf das Fünffache der Mindestgebühr zu erhöhen, wenn sich der Beschuldigte nicht auf freiem Fuß befindet.

Die Gebühren für die Tätigkeit im vorbereitenden Verfahren sind ebenfalls vom Vier- auf das Fünffache der Mindestgebühr zu erhöhen, wenn sich der Beschuldigte nicht auf freiem Fuß befindet.

4.2 Besonderheiten bei der Rücknahme des Rechtsmittels

Legt der Pflichtverteidiger das Rechtsmittel der Berufung oder der Revision ein und nimmt er dieses Rechtsmittel zu irgendeinem Zeitpunkt zurück, so erhöht sich die Gebühr auch dann nicht, wenn die Berufung früher als zwei Wochen vor Beginn des Tages, der für die Hauptverhandlung vorgesehen war, zurückgenommen wird. § 85 Abs. 4 Hs. 2 i. V. m. § 85 Abs. 3 gilt mangels Verweisung in § 97 nicht. Bei der Rücknahme der Revision ist ohnehin eine entsprechende Erhöhung nicht vorgesehen.

Wird die Hauptverhandlung gegen den Angeklagten oder Angeschuldigten entbehrlich, weil das Verfahren endgültig eingestellt oder die Eröffnung des Verfahrens abgelehnt wird, so ist auch beim Pflichtverteidiger § 84 Abs. 2 anzuwenden mit der Folge, dass das Vierfache der Mindestgebühr des § 83 Abs. 1 – u. U. durch die Inhaftierung auf das Fünffache erhöht – verdient wird. Damit wird auch der Pflichtverteidiger in solchen Fallkonstellationen gebührenrechtlich so behandelt, als hätte die Hauptverhandlung stattgefunden.

4.3 Zeitpunkt der Bestellung

Nach § 97 Abs. 3 erhält der Rechtsanwalt, der im ersten Rechtszug zum Verteidiger bestellt wird, die Vergütung auch für seine Tätigkeit als Verteidiger vor dem Zeitpunkt seiner Bestellung einschließlich seiner Tätigkeit vor Erhebung der öffentlichen Klage.

Diese notwendige Klarstellung erhellt sich im folgenden Beispiel.

Beispiel:
Der Verteidiger vertritt den Beschuldigten schon im Ermittlungsverfahren, steht ihm im Zwischenverfahren bei und verteidigt den Angeklagten dann an fünf Hauptverhandlungstagen als Wahlverteidiger. Am sechsten Hauptverhandlungstag wird er zum Pflichtverteidiger bestellt und nimmt zusätzlich noch weitere acht Hauptverhandlungstage als Pflichtverteidiger wahr. Dann hat der Verteidiger Anspruch auf die Vorverfahrensgebühr, die Gebühr für den ersten Hauptverhandlungstag und vier weitere Fortsetzungstage sowie die restlichen Verhandlungstage jeweils nach den Bestimmungen des § 97 Abs. 1.

© Verlag Gehlen

4.4 Auslagen

Auch dem Pflichtverteidiger stehen die sonstigen Auslagen wie Entgelte für Post- und Telekommunikationsdienstleistungen gem. § 26, Schreibauslagen gem. § 27 und Auslagen nach § 28 zu (vgl. 1. Teil, Abschnitt 4.6, siehe S. 62 ff.).

Um Streitigkeiten über die Erforderlichkeit von Reisekosten (insbesondere Besuchsreisen zu nicht am Kanzleisitz inhaftierten Mandanten) zu vermeiden, sollte der Pflichtverteidiger die Notwendigkeit der etwa entstehenden Reisekosten und der damit verbundenen Auslagen über § 126 Abs. 2 beim Gericht des Rechtszuges vor Antritt der Reise feststellen lassen. Eine solche Feststellung ist, wenn sie ergeht, bindend.

4.5 Pauschgebühr, § 99

§ 99 gibt dem Pflichtverteidiger in besonders umfangreichen oder schwierigen Strafsachen die Möglichkeit, für das ganze Verfahren oder für einzelne Teile eine Pauschvergütung bewilligt zu erhalten, die über die Gebühren des § 97 hinausgeht.

Anträge auf die Bewilligung einer Pauschvergütung nach § 99 sind bei dem zuständigen Strafsenat über den dortigen Kostenprüfungsbeamten dem Senatsvorsitzenden zuzuleiten. In aller Regel holt der Senat die Stellungnahme des Vorsitzenden des erkennenden Gerichtes ein. Die Staatskasse ist ebenfalls zu hören. Eine Pauschgebühr kann auch dann bewilligt werden, wenn die in § 99 genannten Kriterien nicht kumulativ nebeneinander vorliegen. Auch eine „nur" besonders umfangreiche Strafsache kann eine Pauschgebühr rechtfertigen. Dasselbe gilt, wenn die Sache nicht besonders umfangreich, aber besonders schwierig gewesen ist. Stets ist ein solcher Antrag sorgfältigst und penibel zu begründen. Manche Oberlandesgerichte, z. B. das OLG Schleswig, haben Richtlinien für die Bewilligung von Pauschgebühren erlassen, die angefordert werden können.

Der Antrag auf Bewilligung einer Pauschvergütung kann erst nach Abschluss des Verfahrens angebracht werden. Ob Vorschüsse auf die Pauschvergütung beantragt werden können, ist umstritten. Grundsätzlich kann der Pflichtverteidiger gem. § 127 angemessene Vorschüsse fordern. § 127 wird in der Regel aber nur auf die nach § 97 anfallenden Gebühren angewendet.

Hinweis: Für den nach dem Prozesshilfegrundsätzen beigeordneten **Privat-** bzw. **Nebenklägervertreter** gelten die Vorschriften der §§ 97 ff. entsprechend. Dies gilt auch für die Pauschvergütung nach § 99.

Hinsichtlich der **Gebührenerstattungsanträge** des Pflichtverteidigers, zum Problem Pflichtverteidiger und **Freispruch** sowie zur Frage Pflichtverteidiger und **Honorarvereinbarung** wird auf S. 221 ff. verwiesen.

4.6 Anrechnung von Vorschüssen und Zahlungen, § 101

Vorschüsse und Zahlungen, die der Rechtsanwalt vor oder nach der gerichtlichen Bestellung zum Pflichtverteidiger für seine Tätigkeit in dieser Strafsache von dem Beschuldigten oder einem Dritten nach der BRAGO oder aufgrund einer Honorarvereinbarung erhalten hat, sind auf die von der Staatskasse zu zahlenden Gebühren anzurechnen. Hat

© Verlag Gehlen

der Pflichtverteidiger von dem Beschuldigten oder einem Dritten Zahlungen empfangen, nachdem er Gebühren aus der Staatskasse erhalten hat, so ist er zur Rückzahlung an die Staatskasse verpflichtet, wie § 101 Abs. 1 regelt.

§ 101 Abs. 2 ordnet an, dass die Anrechnung oder Rückzahlung unterbleibt, soweit der Rechtsanwalt durch diese insgesamt weniger als den doppelten Betrag der ihm nach § 97 zustehenden Gebühr erhalten würde. Die Norm ist unklar gefasst; die mit der Anrechnung verbundenen Fragen sind höchst umstritten.

1. Grundsätzlich ist aus den Vorschüssen und Zahlungen, die der RA eingenommen und für die er in der Regel die Umsatzsteuer abgeführt hat, die Umsatzsteuer herauszurechnen.

Beispiel:

Hat der Verteidiger 2 320,00 DM Vorschuss inkl. USt erhalten, sind die 16 % USt in Höhe von 320,00 DM zunächst abzuziehen. Nur 2 000,00 DM verbleiben für die Anrechnung.

2. Hinsichtlich der Anrechnungsmodalitäten gibt es zwei – durchaus ernst zu nehmende und bedeutende – Auffassungen.

Zum einen gilt die Meinung, dass Zahlungen nur dann nicht auf die von der Staatskasse zu leistenden Gebühren angerechnet werden müssen, wenn der Verteidiger insgesamt weniger als das Doppelte des in § 97 genannten Betrages erhält.

Beispiel:

Der Pflichtverteidiger tritt am ersten Hauptverhandlungstag vor dem Schwurgericht auf; Gebühr gem. §§ 83 Abs. 1 Nr. 1, 97: 680,00 DM. Wenn der RA 600,00 DM Vorschuss erhalten hat, ist nichts anzurechnen. 2 x 680,00 DM = 1 360,00 DM. Dieser Betrag, den der RA verdienen dürfte, wird durch den Vorschuss und die Gebühr aus der Staatskasse – 600,00 DM + 680,00 DM = 1 280,00 DM – nicht erreicht.

Hätte der RA 800,00 DM erhalten, dürfte er von der Staatskasse 559,99 DM fordern (rechnerisch 1 Pfennig weniger als das Doppelte, also 1 359,99 DM).

Andere verstehen § 101 Abs. 2 so, dass dem beigeordneten Verteidiger das Doppelte der Vergütung aus § 97 anrechnungsfrei verbleibt.

Beispiel:

Im o. g. Fall beträgt die Pflichtverteidigergebühr wieder 680,00 DM; wenn der Verteidiger 1 500,00 DM Vorschuss erhalten hat, betrüge die Differenz zur doppelten Gebühr 140,00 DM und auf die Gebühr gem. § 97 in Höhe von 680,00 DM wären 140,00 DM anzurechnen. Dann müsste die Staatskasse noch 540,00 DM leisten.

Die Modelle unterscheiden sich also erheblich. Die gesetzgeberische Intension dürfte hier für die erste Auffassung sprechen.

© Verlag Gehlen

3. Übrigens wird man berücksichtigen müssen, dass der Verteidiger Vorschüsse und Zahlungen stets nur innerhalb einer Instanz anzurechnen braucht. Wenn er beispielsweise erst in der Berufungsinstanz bestellt wird, muss er Zahlungen, die er in der ersten Instanz erlangt hat, unter keinen Umständen anrechnen. Diese Auffassung hat sich trotz der Gesetzesfassung „für seine Tätigkeit in der Strafsache" durchgesetzt.

4. Der RA ist verpflichtet, Vorschüsse und Zahlungen, die für die Anrechnung oder Pflicht zur Rückzahlung nach den Abs. 1 und 2 von Bedeutung sind, der Staatskasse anzuzeigen.

5 Kostenfestsetzung

5.1 Allgemeines

Gem. § 464 StPO muss jedes Urteil, jeder Strafbefehl und jede eine Untersuchung einstellende Entscheidung (z. B. ein Beschluss) darüber bestimmen, von wem die Kosten des Verfahrens und die notwendigen Auslagen zu tragen sind.

Gem. § 464 a StPO sind Kosten des Verfahrens die Gebühren und Auslagen der Staatskasse. Zu ihnen gehören beispielsweise die Auslagen für Zeugen und Sachverständige usw. Zu den notwendigen Auslagen zählen insbesondere die Gebühren und Auslagen eines RA.

> *Merke:*
> Will der RA die seinem Auftraggeber entstandenen Anwaltsgebühren festsetzen lassen, muss das Gericht eine Entscheidung getroffen haben, dass die Staatskasse auch die notwendigen Auslagen des Auftraggebers zu tragen hat.

▶ *Festsetzung im Namen des Mandanten*

Die Kostenfestsetzung betreibt der Verteidiger stets im Auftrag des Mandanten. Will er sichergehen, dass ihm der Auftraggeber, der noch keine Zahlung geleistet hat, nun nicht das Mandat kündigt und die Kostenfestsetzung selbst oder über einen anderen Anwalt betreibt, muss er sich bei Entscheidungen, die der Staatskasse die notwendigen Auslagen aufbürden, die Erstattungsansprüche **abtreten** lassen. Sonst geht sein Erstattungsanspruch ins Leere.

▶ *Sorgfalt*

Je sorgfältiger der Kostenfestsetzungsantrag begründet ist, desto größere Aussicht auf Erfolg hat er. Deshalb muss im Kostenerstattungsantrag eine sorgfältige Auseinandersetzung mit den in § 12 genannten Kriterien stattfinden. Die den einzelnen Fall prägenden gebührenrechtlichen Aspekte sind im Kostenfestsetzungsantrag zu erörtern.

© Verlag Gehlen

▶ *Zuständiges Gericht*

Kostenfestsetzungsanträge sind stets bei dem Gericht anzubringen, das in der ersten Instanz mit der Sache befasst war.

Beispiel:
Das Amtsgericht spricht den Angeklagten frei. Im von der Staatsanwaltschaft angestrengten Berufungsverfahren vor dem Landgericht wird der Angeklagte nunmehr verurteilt. Auf seine Revision spricht ihn ein Strafsenat des Oberlandesgerichtes aus Rechtsgründen erneut frei. Der Kostenerstattungsantrag für die Tätigkeit des Verteidigers über drei Instanzen ist hier beim Amtsgericht und nicht beim Land- oder dem Oberlandesgericht anzubringen.

§ 464 b StPO regelt auch, dass mit der Entscheidung über den Kostenfestsetzungsantrag die festgesetzten Kosten und Auslagen von der Anbringung des Festsetzungsantrages mit 4 % zu verzinsen sind. Da die Staatskasse sich für ihre Zahlungen stets sehr viel Zeit nimmt, sollte auf den Verzinsungsanspruch geachtet werden. Im Übrigen empfiehlt es sich, Kostenerstattungsanträge unverzüglich nach Rechtskraft der Entscheidung zu stellen.

▶ *Streit um Auslagen (Fotokopien)*

Für die geltend gemachten Auslagen (insbesondere die Fotokopiekosten) ist der Verteidiger beweispflichtig. Er hat u. U. den Nachweis zu führen, dass er die geltend gemachten Kopien auch anfertigen musste. Hier ist Selbstbewusstsein empfohlen. Dass ein Verteidiger bewusst keine falschen Erklärungen abgibt, ist selbstverständlich. Die Herausgabe der Kopien, um sie durch den Kostenbeamten durchzählen zu lassen, kommt nicht in Betracht. Häufig enthalten die Kopien Notizen und Hervorhebungen. Im äußersten Fall reicht es aus, die in den Akten kopierten Seiten zu benennen. Auf Diskussionen über die Notwendigkeit der Ablichtungen kann sich der Verteidiger nicht einlassen. Er bestimmt alleine, was er benötigt. Ein Kostenbeamter vermag das nicht zu übersehen. Erforderlichenfalls muss die Sache dem Richter vorgelegt werden.

Beispiel:
Oftmals streichen Kostenbeamte die Auslagen für die Ablichtungen von Verfügungen oder von in den Akten enthaltenen Beschlüssen (beispielsweise handschriftlicher Eröffnungsbeschluss) heraus. Das ist barer Unsinn. Ohne Eröffnungsbeschluss fehlt dem Strafprozess eine wesentliche Verfahrensbedingung. Ein etwaiges Urteil ist wertlos. Ohne Eröffnungsbeschluss ist das Verfahren stets einzustellen. Selbstverständlich muss der Verteidiger derart wesentliche prozessuale Vorgänge in seinen Akten dokumentiert vorhalten können.

5.2 Aufrechnung durch die Staatskasse bei Wahlverteidigung

Sehr oft rechnet die Staatskasse bei Freisprüchen oder Teilerfolgen gegenüber dem Anspruch des Freigesprochenen auf Ersatz seiner notwendigen Auslagen mit älteren Ansprüchen auf Zahlung von Gerichts- und Verfahrenskosten auf. Hat der Verteidiger keine Gebührenvorschüsse von seinem (vielleicht zahlungsunfähigen) Auftraggeber erhalten, wäre sein Gebührenanspruch vereitelt. Dieser nachteiligen Folge der Aufrechnung begegnet § 96 a. Danach ist eine von der Staatskasse gegenüber dem Angeschuldigten erklärte Aufrechnung insoweit unwirksam, als sie den Anspruch des RA vereiteln oder beeinträchtigen würde, wenn der Angeschuldigte den Anspruch gegen die Staatskasse auf Erstattung von Anwaltskosten als notwendige Auslagen an den RA abtritt. Bedeutsam ist das vor allem in den Fällen, in denen der Auftraggeber seinen Erstattungsanspruch nach der Festsetzungsentscheidung (und der Aufrechnungserklärung) abtritt.

Um sicherzugehen, sollte sich der Verteidiger aber stets vor der Anbringung des Erstattungsantrages die dort aufgeführten Gebühren abtreten lassen. § 96 a schützt nur die gesetzlichen Gebühren, nicht ein vereinbartes Honorar.

5.3 Kostenfestsetzungsantrag und Teilfreispruch bei Wahlverteidigung

Wird ein Angeklagter wegen eines Teils der Vorwürfe freigesprochen und wegen eines anderen Teils verurteilt, so hat das Gericht nach der Rechtsprechung des BGH auszusprechen, dass der Angeklagte die Kosten des Verfahrens zu tragen hat, soweit er verurteilt ist; soweit er freigesprochen ist, fallen die Kosten des Verfahrens und die notwendigen Auslagen des Angeklagten der Staatskasse zur Last.

Da das Gesetz keine diesen Fall treffende Bestimmung kennt, sind die Quoten im Kostenfestsetzungsverfahren zu errechnen.

Beispiel:

Einfach ist die Sache, wenn der Angeklagte, dem zwei Morde zur Last gelegt werden, im ersten Fall verurteilt und im zweiten Fall freigesprochen wird und die Verhandlung über den ersten Vorwurf zehn und über den zweiten Vorwurf sechs Tage in Anspruch nahm. Dann können die notwendigen Auslagen für sechs Verhandlungstage „isoliert" geltend gemacht und berechnet werden.

Schwieriger wird es, wenn die Beweisaufnahmen verwoben sind und sich die Verhandlungszeiten zum jeweiligen Anklagepunkt nicht mehr nach Verhandlungstagen abmessen lassen. Grundsätzlich soll der Angeklagte, der teilfreigesprochen wurde, so gestellt werden, wie er stünde, wenn er sich nur gegen den Vorwurf verteidigt hätte, der zur Verurteilung führte. Nur dafür trifft ihn nach dem Gesetz die Kostenlast.

Beispiel:

Dem Angeklagten werden 14 Fälle des Diebstahls und ein schwerer Raub zur Last gelegt. Hinsichtlich der Diebstahlstaten legt er ein Geständnis ab. Die Raubtat bestreitet er. Zeugen werden nur hinsichtlich des Raubvorwurfes gehört. Die Hauptverhandlung dauert insgesamt zwei Tage und endet mit der Verurteilung wegen Diebstahls in 14 Fällen und hinsichtlich des Raubes mit einem Freispruch.

© Verlag Gehlen

Zur Ausscheidung der dem Angeklagten nicht überbürdbaren Verfahrenskosten bedient sich die Rechtsprechung der Differenztheorie. Sie stellt den Kostenerstattungsantrag (fiktiv) hinsichtlich der gesamten Tätigkeit des Verteidigers dem Kostenantrag hinsichtlich der Tätigkeit, die sich auf die abgeurteilte Tat bezieht, gegenüber. Die Differenz, die Mehrkosten, sind dem teilfreigesprochenen Angeklagten aus der Staatskasse zu erstatten.

Für das oben genannte Beispiel bedeutet dies, dass die Sache wegen der Diebstahlsvorwürfe im Hinblick auf das Geständnis des Angeklagten zügig innerhalb von vielleicht zwei bis drei Stunden hätte abgehandelt werden können; die übrige Verhandlungszeit wurde für die Aufklärung des Hauptvorwurfs verwandt. Ohne Berücksichtigung der Auslagen und Umsatzsteuer usw. könnte eine Differenzberechnung so aussehen:

1. Gesamtkosten
   a) Gebühr gem. § 83 Abs. 1 Nr. 2 1. HV-Tag   1 100,00 DM
   b) Gebühr gem. § 83 Abs. 2   500,00 DM
   c) Gebühr gem. § 84 Abs. 1 i. V. m. § 83 Abs. 1 Nr. 2   550,00 DM
   zusammen   2 150,00 DM

2. Kosten für die Verteidigung wegen der Vorwürfe des Diebstahls
   a) Gebühr gem. § 83 Abs. 1 Nr. 2   820,00 DM
   b) Gebühr gem. § 83 Abs. 2   –
   c) Gebühr gem. § 84 Abs. 2 i. V. m. § 83 Abs. 1 Nr. 2   410,00 DM
   zusammen   1 230,00 DM

   Differenz   920,00 DM

Dieser Betrag wäre zu erstatten.

5.4 Pflichtverteidigung und Freispruch

Der bestellte Verteidiger hat im Falle eines Freispruchs gem. § 467 StPO Anspruch auf die **Erstattung** der Wahlverteidigerauslagen. Dabei ist § 100 zu berücksichtigen. Der gerichtlich bestellte RA kann von dem Beschuldigten die Zahlung der Gebühren eines gewählten Verteidigers verlangen, wenn dem Beschuldigten ein Erstattungsanspruch gegen die Staatskasse zusteht. Das ist bei einem Freispruch in aller Regel der Fall. In der Praxis ist umstritten, wie die Gebühren geltend zu machen sind. Einige verlangen, zunächst den Kostenerstattungsantrag des bestellten Verteidigers auf Auskehrung der Pflichtverteidigergebühren anzubringen und nach der Festsetzung den Differenzkostenbetrag zwischen Pflicht- und Wahlverteidigergebühren festsetzen zu lassen. Andere lassen von vornherein einen auf die Wahlverteidigergebühren ausgerichteten Kostenfestsetzungsantrag zu.

Übrigens gibt § 100 Abs. 2 dem Pflichtverteidiger gegenüber dem verurteilten Angeklagten ebenfalls eine Möglichkeit, Wahlverteidigergebühren geltend zu machen, wenn das Gericht des ersten Rechtszuges auf Antrag des RA nach Anhörung des Beschuldigten feststellt, dass dieser ohne Beeinträchtigung des für ihn und seine Familie notwendigen

Unterhalts zur Zahlung der Wahlverteidigergebühren in der Lage ist. Dieser Feststellungsantrag sollte sinnvollerweise immer schon die Gebühren aufführen, die der Pflichtverteidiger vom leistungsfähigen Beschuldigten abverlangen will und kann.

Waren einem Angeklagten zwei oder mehr Verteidiger gerichtlich bestellt, so erhält nur einer die Wahlverteidigergebühren, wenn der Angeklagte freigesprochen wurde. Bei umfangreichen Verfahren können die übrigen Pflichtverteidiger allerdings stets auch die Pauschgebühr nach § 99 beantragen. Sie ist jedem Verteidiger des Angeklagten zu gewähren, wenn die Voraussetzungen erfüllt sind.

6 Honorarvereinbarung und Honorarsicherung

Nur der Verteidiger, der die Gebühren und die Eigenheiten der BRAGO kennt, weiß, dass er in vielen Fällen ohne Honorarvereinbarung nicht arbeiten kann. In nahezu allen größeren Verfahren, deren Schwierigkeitsgrad und Umfang vom Durchschnitt abweicht, gewährt die BRAGO keine ausreichende Vergütung.

▶ Einzelheiten zur Honorarvereinbarung

Eine der am häufigsten übersehenen Rechtsvorschriften ist § 3. Danach hat der RA andere als die gesetzlichen Gebühren schriftlich mit seinem Mandanten zu vereinbaren. Fehlt es an der Schriftform, so fehlt es an der Wirksamkeit der Vereinbarung. Eine mündliche Absprache oder Bestätigung reicht nicht. Sie führt nur dann, wenn mit dem Mandanten eine mündliche Vereinbarung getroffen wurde, im Zivilprozess zu einer Umkehrung der Beweislast. Wer sich auf die mündliche Honorarvereinbarung verlässt und beispielsweise Gelder, die er von Dritten für den Auftraggeber eingezogen hat, bei der Auszahlung um das vermeintlich vereinbarte Honorar kürzt, setzt sich dem Vorwurf der Untreue aus! Mit Glück wird er im Hinblick auf die mangelnde Pflichtwidrigkeit i. S. des § 266 StGB vielleicht den Freispruch erreichen; dem Anwaltsgerichtsverfahren entgeht dieser RA nicht und auch nicht der Aburteilung zu einer Verwarnung oder zu einem Verweis.

Die Honorarvereinbarung muss die Höhe des Honorars und die sonstigen Einzelheiten umfassen. Die Vereinbarung darf nicht sittenwidrig sein. Für größere Strafsachen empfehlen sich Honorarsätze, die an Stunden ausgerichtet sind. Sie liegen in Großstädten Anfang 1998 bei mindestens 300,00 DM; durchschnittlich 400,00 DM bis 500,00 DM. Auch darüber hinausgehende Honorare sind nicht unüblich. Die Vereinbarung einer niedrigeren als der gesetzlichen Vergütung ist unzulässig.

▶ Regelungsinhalt der Honorarvereinbarung

In der Vereinbarung sollte die Sache, für die das Honorar geschuldet wird, genau bezeichnet werden (Aktenzeichen). Darüber hinaus muss auch der Umfang der Tätigkeit festgeschrieben sein (Verteidigung im Ermittlungsverfahren, Verteidigung in der Hauptverhandlung usw.). Unbedingt ist in der Vereinbarung darauf hinzuweisen, dass die nach ihr geschuldeten Honorare über den gesetzlichen Gebühren der BRAGO liegen. Zu diesem Hinweis ist der RA anwalts- bzw. standesrechtlich verpflichtet.

© Verlag Gehlen

Wer ein Pauschalhonorar vereinbart, muss wissen, dass mangels besonderer Bestimmungen auch die Auslagen damit abgegolten sind. Deshalb sollte stets aufgenommen werden, dass die Auslagen nach § 26, die Kopiekosten, die Reisekosten und die Umsatzsteuer gesondert geschuldet werden. Sinnvoll ist es, den Auftraggeber in der Vereinbarung darauf hinzuweisen, dass im Falle eines Freispruchs oder der Übernahme der notwendigen Auslagen durch die Staatskasse nur die gesetzlichen Gebühren erstattet werden.

Erfolgshonorare zu vereinbaren, ist nach wie vor unzulässig. So kann nicht etwa für den Fall des Freispruchs ein höheres Honorar vereinbart werden als für den Fall der Aburteilung. Immer sollte die Honorarvereinbarung auch den Zusatz enthalten, dass das vereinbarte Honorar nur dann an die Stelle der gesetzlichen Gebühren treten soll, wenn diese nicht höher sind. Durch bestimmte Verfahrensgestaltungen (Verlängerung der Hauptverhandlung über mehrere Tage, weitere Instanzen) können die gesetzlichen Gebühren das vereinbarte Honorar übersteigen.

▶ *Honorarvereinbarung und allgemeine Geschäftsbedingungen*

Vorgedruckte Honorarvereinbarungsentwürfe stellen allgemeine Geschäftsbedingungen von § 1 AGBG dar; nach § 9 Abs. 1 und Abs. 2 AGBG sind solche Geschäftsbedingungen unverbindlich, die den Auftraggeber entgegen Treu und Glauben unredlich und unangemessen benachteiligen. Nach § 24 a AGBG ist jeder vom Verteidiger vorgegebene, auch nur zur einmaligen Verwendung bestimmter Vereinbarungsvorschlag der Kontrolle durch das AGBG unterworfen. Damit muss jede Honorarvereinbarung nicht nur der Regelung des § 3 – insbesondere § 3 Abs. 3 –, sondern auch den Bestimmungen des AGBG standhalten können.

▶ *Pflichtverteidiger und Honorarvereinbarung*

Dem Pflichtverteidiger ist es unbenommen, Honorare zu vereinbaren. Er darf seine Tätigkeit allerdings nicht von der Zahlung eines Vorschusses oder von der Zahlung des vereinbarten Honorars abhängig machen. Will der Verteidiger nach Abschluss des Verfahrens sein Honorar geltend machen, muss er die Leistungsfähigkeit des Mandanten in diesem konkreten Fall anders als bei § 100 Abs. 2 nicht zuvor feststellen lassen.

▶ *Falsche Gebührenrechnungen, Gebührenüberhebungen*

Der Strafverteidiger hat seiner Gebührennote absolute Sorgfalt zuzuwenden. Eine fehlerhaft niedrige Kostennote verletzt seine standesrechtlichen Pflichten. Er darf sich nicht auf Kosten seiner Kollegen Wettbewerbsvorteile verschaffen. Eine zu hohe Kostenrechnung kann den Tatbestand der Gebührenüberhebung nach § 352 StGB erfüllen, wenn die Überhöhung wissend billigend in Kauf genommen wird.

▶ *Exkurs: Rechtsschutzversicherungen*

Vor Vereinbarungen mit Rechtsschutzversicherungen, die zum Gegenstand haben, geringere als die gesetzlichen Gebühren abzurechnen, kann nur gewarnt werden.

© Verlag Gehlen

Gegenüber dem Rechtsschutzversicherer gilt ganz grundsätzlich:

Die Gebühr bestimmt der Verteidiger und nicht die Rechtsschutzversicherung. Und für die Höhe der Gebür innerhalb des Rahmens tritt der Verteidiger mit einer an den Kriterien des § 12 ausgerichteten sorgfältigen Begründung ein.

Auch der Rechtsschutzversicherer ist verpflichtet, Kostenvorschüsse, die auf § 17 gestützt werden, unverzüglich zu begleichen. Es liegt in der Natur der Sache, dass Rechtsschutzversicherungen in aller Regel ihnen günstig erscheinende Kostenentscheidungen begründeten Gebührenrechnungen entgegenhalten. Dagegen hilft nur die Kenntnis der Rechtsprechung und häufig auch eine deutliche Erwiderung.

Wichtig ist der folgende Gebührenhinweis:

Wenn der RA für seinen Mandanten bei einer Rechtsschutzversicherung die auf die Kostenübernahme ausgerichtete Deckungszusage für die Verteidigung einholt, kann er nach allgemeiner Meinung in Literatur und Rechtsprechung eine gesonderte Gebühr nach § 118 Abs. 1 berechnen. Der Gegenstandswert entspricht in aller Regel den Gebühren, die der Rechtsschutzversicherer anstelle des Mandanten dem Verteidiger zur Verfügung stellt.

Beispiel:

Der RA verteidigt den Mandanten im Ermittlungsverfahren und in der Hauptverhandlung vor dem Amtsgericht wegen eines fahrlässig begangenen Deliktes. Er holt die Deckungszusage des Rechtsschutzversicherers ein und begehrt Mittelgebühren.

Die Kostennote beläuft sich auf

Gebühr für das Vorverfahren gem. § 84 Abs. 1	*350,00 DM*
Gebühr für die Hauptverhandlung gem. § 83 Abs. 1 Nr. 3	*700,00 DM*
Post- und Telekommunikationsentgelte gem. § 26 S. 2	*30,00 DM*
Schreibauslagen gem. § 27 (45 Seite à 1,00 DM)	*45,00 DM*
16 % Mehrwertsteuer gem. § 25 Abs. 2	*180,00 DM*
Gesamtbetrag	*1 305,00 DM*

Dieser Betrag von 1 305,00 DM ist damit der Gegenstandswert, der für die Einholung der Deckungszusage zugrunde gelegt werden kann.

© Verlag Gehlen

Abkürzungsverzeichnis

Abs.	Absatz
AG	Amtsgericht
AGBG	Gesetz zur Regelung des Rechts der Allgemeinen Geschäftsbedingungen
AktG	Aktiengesetz
Alt.	Alternative
AnwBl	Anwaltsblatt (Zeitschrift)
ArbG	Arbeitsgericht
ArbGG	Arbeitsgerichtsgesetz
AsylVfG	Asylverfahrensgesetz
BerHG	Beratungshilfegesetz
BetrVG	Betriebsverfassungsgesetz
BGB	Bürgerliches Gesetzbuch
BGBl.	Bundesgesetzblatt
BGH	Bundesgerichtshof
BMG	Bruttomonatsgehalt
BNotO	Bundesnotarordnung
BO	Berufsordnung
BRAGO	Bundesrechtsanwaltsgebührenordnung
BRAO	Bundesrechtsanwaltsordnung
BSG	Bundessozialgericht
BVerwG	Bundesverwaltungsgericht
DAV	Deutscher Anwaltverein
EG	Europäische Gemeinschaft
etc.	et cetera
EuGH	Europäischer Gerichtshof
ff.	folgende
FGG	Gesetz über die Angelegenheiten der freiwilligen Gerichtsbarkeit
FGO	Finanzgerichtsordnung
GebrMG	Gebrauchsmustergesetz
gem.	gemäß
ggf.	gegebenenfalls
GKG	Gerichtskostengesetz
GVKostG	Gesetz über Kosten der Gerichtsvollzieher
GWB	Gesetz gegen Wettbewerbsbeschränkungen
HausratsV	Verordnung über die Behandlung von Ehewohnung und des Hausrats
h. M.	herrschende Meinung
Hs.	Halbsatz
HV	Hauptverhandlung
i. S. v.	im Sinne von
i. V. m.	in Verbindung mit
JGG	Jugendgerichtsgesetz
JurBüro	Das Juristische Büro (Zeitschrift)

© Verlag Gehlen

km	Kilometer
KO	Konkursordnung
KostO	Kostenordnung
KSchG	Kündigungsschutzgesetz
KV	Kostenverzeichnis des GKG
LAG	Landesarbeitsgericht
LG	Landgericht
LwVG	Gesetz über das gerichtliche Verfahren in Landwirtschaftssachen
MarkenG	Gesetz über den Schutz von Marken und sonstigen Kennzeichen
MwSt.	Mehrwertsteuer
NJW	Neue Juristische Wochenschrift (Zeitschrift)
Nr.	Nummer
OLG	Oberlandesgericht
OVG	Oberverwaltungsgericht
OwiG	Gesetz über Ordnungswidrigkeiten
p. a.	pro anno (per annum)
PatAnwO	Patentanwaltsordnung
PatG	Patentgesetz
PKH	Prozesskostenhilfe
RA	Rechtsanwalt
RAe	Rechtsanwälte
RAin	Rechtsanwältin
Rpfleger	Der Deutsche Rechtspfleger (Zeitschrift)
S.	Satz
SG	Sozialgericht
SGB	Sozialgesetzbuch
SGB X	Sozialgesetzbuch – Zehntes Buch
SGG	Sozialgerichtsgesetz
StBGebV	Steuerberatergebührenverordnung
StGB	Strafgesetzbuch
StPO	Strafprozessordnung
UStG	Umsatzsteuergesetz
u. a.	unter anderem
usw.	und so weiter
UWG	Gesetz über den unlauteren Wettbewerb
vgl.	vergleiche
VO	Verordnung
VwGO	Verwaltungsgerichtsordnung
WEG	Wohnungseigentumsgesetz
WZG	Warenzeichengesetz
z. B.	zum Beispiel
ZPO	Zivilprozessordnung
ZSEG	Gesetz über die Entschädigung von Zeugen und Sachverständigen
zzgl.	zuzüglich

© Verlag Gehlen

Sachwortverzeichnis

A
Abrategebühr 43
Abwesenheitsgeld 65
Adhäsionsverfahren 207
Anerkenntnisurteil 75
Angelegenheit
– besondere 84, 89 f., 130 ff.
– dieselbe 21, 26, 38, 49 f., 91, 129
Anrechnung
– Beratungsgebühr 43, 111
– Erörterungsgebühr 80 f.
– Geschäftsgebühr 162 ff.
– Mahnbescheidsgebühr 95 ff.
– Prozesskostenhilfe 104
– Urkundenverfahren 88
– Vorschüsse bei Pflichtverteidigung 216 ff.
– Vorschüsse bei PKH 109 f.
Anspruchshäufung 35
Anwaltsvergleich, Vollstreckbarerklärung 138
Arbeitsgerichtsverfahren
– Beschlussverfahren 178 f.
– Urteilsverfahren 174 ff.
Arrestverfahren 89 ff., 113
Aufforderungsschreiben 70
Aufrechnung
– Gegenstandswert 36 ff.
– Kostenfestsetzung 108
– Staatskasse 219 f.
Aufrundung 20, 62
Auftraggebermehrheit 49 ff., 63 f., 94 f., 125
Auslagen 58, 62 f., 216, 219
Außergerichtliche Tätigkeit 110, 159 ff.
Aussöhnungsgebühr 49, 149
Austauschpfändung 133

B
Beendigung, vorzeitige 25 f., 69, 124
Benachrichtigungsschreiben 19
Beratung 42
Beratungshilfe 49, 110 f.
Berufungsverfahren
– Familiensachen 154 f.

– Strafsachen 200 ff.
– Zivilsachen 20, 39 f., 75
Beschwerde
– Familiensachen 112, 155
– Strafsachen 201
– Zivilsachen 20, 112 f., 135
Besprechungsgebühr 152, 161 f.
Betriebsgebühr 50, 52 f., 68, 160, 166
Beweisanwalt 122 ff.
Beweisaufnahmegebühr 152, 162
Beweisgebühr 77 ff.
Beweisverfahren, selbständiges 99 ff.
Bewilligungsverfahren, PKH 102 ff.
Bußgeldverfahren 211 ff.

D
DAV-Gebührenabkommen 164 f.
Duldung, Erzwingung von 135

E
Ehesachen 138 ff.
Ehewohnung 144
Eidesstattliche Versicherung 128
Einfaches Schreiben 166
Einspruch
– Versäumnisurteil 84 ff.
– Vollstreckungsbescheid 95
Einstweilige Anordnung 142 ff., 153 f.
Einstweilige Verfügung 89 ff., 113
Einzeltätigkeiten
– Strafsachen 208 f.
– Zivilsachen 26 f., 124
Einziehung 206 f.
Entziehung der Fahrerlaubnis 207
Erfolgshonorar 223
Erinnerung 114
Erledigungsgebühr 49
Ermittlungsverfahren 194 ff.
Erörterungsgebühr 79 ff.
Erstberatung 42 f.

© Verlag Gehlen

Sachwortverzeichnis

F
Fahrtkosten 64
Fahrverbot 27
Fälligkeit 11 f.
Familiensachen 138 ff.
Finanzgerichtsverfahren 188 f.
Forderungspfändung 127, 133
Freispruch 221

G
Gebührenarten
- Betragsrahmengebühren 16 ff., 181 f., 192, 204 f.
- Satzrahmengebühren 16 ff., 42, 160 ff.
- Wertgebühren 17, 20, 31
Gebührenvereinbarung 204, 222 f.
Gegenstandswert
- nichtvermögensrechtlich 31 f.
- vermögensrechtlich 31 f.
- wechselnder 82 f.
Geschäftsgebühr 160 f.
Geschäftsreisen 64 ff.
Gnadengesuch 209
Gutachten 19, 44

H
Handlung, Erzwingung von 134
Hauptbevollmächtigter 120 ff.
Hauptforderung 37 f.
Hauptverhandlung
- erster Tag 190 ff.
- Fortsetzungstermin 193 f.
- Verfahren ohne Hauptverhandlung 196 ff.
Hausrat 145
Hebegebühr 44 f.
Herausgabevollstreckung 128, 134
Hilfsaufrechnung 36
Honorarvereinbarung 204, 222 f.

I
Insolvenzverfahren 138

K
Kindesherausgabe 141 f.
Klageänderung 38
Korrespondenzanwalt 114 ff.

Kostenfestsetzung
- Strafsachen 218 ff.
- Zivilsachen 14 f., 108
Kündigungsschutzklage 175

M
Mahnbescheid 93 ff., 115
Mediation 49
mehrere Auftraggeber 49 ff., 63 f., 94 f., 125
Mehrwertsteuer 59 ff.
Mindestgebühr 19 f.
Mittelgebühr 19, 70, 182, 204 ff.

N
Nachverfahren 88 ff.
Nebenforderung 37 f., 126
Nebenklage 56, 210 f.
Nichtzulassungsbeschwerde 30, 174

O
Offenbarungsversicherung 134

P
Pauschgebühr 16, 21, 216
Pfändungs- und Überweisungsbeschluss 133
Pflichtverteidiger 213 ff., 221 f.
Post- und Telekommunikationsentgelte 61 f.
Privatklage 209 f.
Prozess- und Sachleitung 76, 86
Prozessgebühr 69 ff.
Prozesskostenhilfe 102 ff.

R
Rat 42 ff., 53
Ratenzahlung
- PKH 107 f.
- Vergleichsgebühr 125
Rechtszug 21 f., 28 ff.
Regelgebühren 67 ff.
Reisekosten 64
Revisionsverfahren
- Strafsachen 201
- Zivilsachen 20, 39 f., 75

S
Scheidung 139 ff.
Scheidungsfolgesachen 141 ff.
Scheidungsvereinbarung 155

© Verlag Gehlen